XINGSHI QIANGZHI YILIAO CHENGXU
SHIZHENG YANJIU

刑事强制医疗
程序实证研究

李筱永◎著

中国政法大学出版社

2023·北京

声　明	1. 版权所有，侵权必究。
	2. 如有缺页、倒装问题，由出版社负责退换。

图书在版编目（CIP）数据

刑事强制医疗程序实证研究/李筱永著.—北京：中国政法大学出版社，2023.6
ISBN 978-7-5764-0975-8

Ⅰ.①刑… Ⅱ.①李… Ⅲ.①精神病患者(法律)-治疗-强制执行-研究-中国 Ⅳ.①D924.399.4

中国国家版本馆CIP数据核字(2023)第124685号

出版者	中国政法大学出版社
地　址	北京市海淀区西土城路25号
邮寄地址	北京100088 信箱8034 分箱　邮编100088
网　址	http://www.cuplpress.com（网络实名：中国政法大学出版社）
电　话	010-58908285(总编室) 58908433（编辑部）58908334(邮购部)
承　印	固安华明印业有限公司
开　本	720mm×960mm　1/16
印　张	16
字　数	261千字
版　次	2023年6月第1版
印　次	2023年6月第1次印刷
定　价	75.00元

本书系作者主持的国家社会科学基金项目"我国精神病人强制医疗的实证研究"（17BFX060）的研究成果。

序 PREFACE

《刑事强制医疗程序实证研究》一书，是李筱永教授主持的国家社会科学基金项目"我国精神病人强制医疗的实证研究"的研究成果。从项目的申报、开题、调研、写作到专著的出版，凝结了作者辛劳的付出和深邃的思考，较好地反映出我国精神病人强制医疗程序立法和司法实践的发展与进步。

习近平总书记在党的二十大报告中指出，要加快建设公正高效权威的社会主义司法制度，努力让人民群众在每一个司法案件中感受到公平正义。强制医疗程序是2012年《中华人民共和国刑事诉讼法》（以下简称《刑事诉讼法》）新增的特别程序，作为处理"不负刑事责任的精神病人实施的暴力行为案件"的程序，它承载着维护司法公正、保护当事人合法权益以及精神障碍患者疾病治疗等多项功能，因此广受社会的关注。由于这个特别程序是首次进入《刑事诉讼法》中，其运行效果如何，需要进行深入的实证研究。在此背景下，作者克服疫情影响等诸多困难，深入司法机关广泛收集相关案件材料，实地调研、考察各地强制医疗执行机构的工作状况，收集了大量的第一手材料，掌握了该程序的实际运行状况，总结了精神障碍患者强制医疗的实践经验。同时，作者适当借鉴域外的研究成果，使得本书兼具国际与国内双重视野。本书在一定程度上弥补了我国强制医疗程序实证研究的空缺，对于完善精神病人强制医疗程序的立法，指导精神病人强制医疗实践，具有重要的意义。

本书主体共有三部分：第一部分"实证发现篇"，根据调研成果，对该程序进行了系统性分析，指出了精神病人强制医疗审理程序中存在的漏洞，分析了"复议庭审虚化""执行机构缺位""强制医疗解除困难""证据制度缺乏合理性""检察监督难以产生实效"等现实问题，切中强制医疗程序司法实践的要害，具有强烈的问题意识和鲜明的实证研究色彩。本书第二部分"靶向归因篇"，从问题入手审视制度，探究该程序存在问题的深层原因。作者回顾了强制医疗程序产生与发展的历程，对强制医疗的正当性根源、合法性证成以及核心价值进行了深入的理论思考，体现出一定的理论创新。本书第三部分"对策建议篇"，呼应第一部分提出的问题，因循强制医疗程序的运行轨迹，分别回应了程序运行中存在的问题，并提出对策性建议。书中提出的"关注强制医疗之解除""解除程序与社区管理治疗、监控体系相衔接""关注被强制医疗者的权利保障"等观点，为相关立法的完善、程序的良性运行提供了指导性意见。

总之，我认为本书观点正确，论据充分，论证有力，是一本实证研究精神病人强制医疗程序的力作。我愿意为其作序，将其推荐给广大读者。

2023 年 2 月 28 日

目 录
CONTENTS

绪 论 ··· | 001
  一、研究背景 ·· | 001
  二、国内外研究现状 ·· | 003
  三、研究方法 ·· | 008

实证发现篇

第一章 强制医疗的决定 ··· | 017
  一、适用条件 ·· | 017
  二、强制医疗审前程序 ··· | 030
  三、强制医疗审理程序 ··· | 036
  四、强制医疗决定的复议 ····································· | 051

第二章 强制医疗的执行 ··· | 054
  一、强制医疗执行机构不明确且数量不足 ············· | 055
  二、强制医疗经费缺乏保障 ································· | 057
  三、被执行人的合法权益难以保障 ······················· | 058

第三章 强制医疗的解除 ··· | 060
  一、强制医疗解除难的现象 ································· | 061

二、影响强制医疗解除决定的因素分析 …………………… | 062
　　三、强制医疗解除中存在的问题 ……………………………… | 068

第四章　强制医疗的证据问题 …………………………………… | 080
　　一、有些材料陷入证据资格的"身份危机" …………………… | 081
　　二、证明责任分配立法语焉不详 ……………………………… | 082
　　三、事实要件和主体要件的证明标准因案而异 ……………… | 082
　　四、"继续危害社会的可能"的证明标准把握较为宽松 ……… | 085

第五章　强制医疗的检察监督 …………………………………… | 087
　　一、强制医疗法律监督对象缺位错位 ………………………… | 088
　　二、强制医疗执行检察监督虚化弱化 ………………………… | 094

靶向归因篇

第六章　强制医疗的理论定位 …………………………………… | 101
　　一、强制医疗制度的产生和发展 ……………………………… | 101
　　二、强制医疗的正当性根源：社会防卫 ……………………… | 115
　　三、强制医疗的合法性证成：比例原则 ……………………… | 121
　　四、强制医疗程序的核心价值：正当程序 …………………… | 124

对策建议篇

第七章　强制医疗决定之完善 …………………………………… | 131
　　一、适用条件 …………………………………………………… | 131
　　二、强制医疗程序的主要制度 ………………………………… | 143
　　三、强制医疗审理程序 ………………………………………… | 154

第八章　强制医疗执行之完善 …………………………………… | 176
　　一、吸收公共卫生资源满足强制医疗执行的需要 …………… | 176

二、由公安机关负责监督强制门诊治疗的执行 …………………… | 180
　　三、规范强制医疗定期评估的期限和内容 ……………………… | 183
　　四、保障精神病人在执行期间的权利 …………………………… | 185
　　五、有条件地开展针对性的康复训练 …………………………… | 188

第九章　强制医疗解除之完善 …………………………………… | 191
　　一、规范与保障强制医疗解除的建议权和申请权 ……………… | 191
　　二、明确委托人身危险性评估司法鉴定的"必要时" …………… | 192
　　三、强制医疗解除程序的司法化改造 …………………………… | 193
　　四、规范强制医疗解除的认定标准 ……………………………… | 194
　　五、增加对于强制住院医疗的附条件解除强制医疗 …………… | 197
　　六、将强制医疗解除后的精神病人纳入社区管理治疗和监控体系 | 207

第十章　强制医疗证据制度之完善 ……………………………… | 215
　　一、非鉴定类的专家咨询意见和诊断评估报告的质证问题有待完善 … | 215
　　二、关于精神病人过去相似行为证据问题 ……………………… | 216
　　三、举证责任 ……………………………………………………… | 217
　　四、证明标准 ……………………………………………………… | 221

第十一章　强制医疗检察监督之完善 …………………………… | 226
　　一、强制医疗检察监督体现的是单向监督的控权逻辑 ………… | 226
　　二、强制医疗执行检察监督的重点是执行活动的合法性 ……… | 227
　　三、优化强制医疗检察监督的具体建议 ………………………… | 228
　　四、建立强制医疗程序违法行为的处理机制 …………………… | 231
　　五、建立强制医疗检察监督的协同配合机制 …………………… | 232

第十二章　强制医疗的两个特殊问题 …………………………… | 235
　　一、对于"高度危险性"的反社会人格障碍者刑满释放后的应对 … | 235
　　二、强制医疗程序与《精神卫生法》非自愿医疗的衔接 ……… | 239

绪 论

一、研究背景

2019年，著名医学杂志《柳叶刀·精神病学》刊登了"中国精神障碍患病率：流行病学现况研究"一文，该文章指出：在中国，任何一种精神障碍（不含老年期痴呆）终生患病率为16.57%，12个月患病率为9.32%。[1]部分精神疾病症状特殊，患者病中缺乏内省能力，约10%病情严重的精神病人具有危害社会的风险。[2]随着精神障碍患者的增多，各地精神障碍患者肇事肇祸行为屡有发生。2017年公安部针对一些地方发布精神障碍者严重肇事肇祸案件的情况，进行了全国范围的通报，每起案件致死伤人数5人~19人不等，社会危害性极大。[3]如何有效地防控精神病人实施暴力危害行为，成为维护社会稳定的重要环节。

依法不负刑事责任的精神病人不能一放了之、放任不管，按照《中华人民共和国刑法》（以下简称《刑法》）第18条第1款的规定，应当责令他的家属或者监护人严加看管和治疗，必要时由政府强制医疗[4]。然而实践中执行情况不容乐观。对于人身危险性大的精神病人，家属或者监护人显得力不

---

[1] *See* Huang Y. Wang Y. Wang H et al., Prevalence of Mental Disorders in China: A Cross-sectional Epidemiological Study, *Lancet Psychiatry*, Vol. 3, 2019.

[2] 参见"常见精神障碍发病率暴增50倍，精神卫生形势严峻"，载微信公众号"健康国策2050"，最后访问日期：2022年3月21日。

[3] 公安部治安管理局《关于近期一些地方发生精神障碍患者肇事肇祸案件的情况通报》。

[4] 需要指出，本书所称的"强制医疗"是针对刑事法律规定的强制医疗，不包括《中华人民共和国精神卫生法》（以下简称《精神卫生法》）规定的非自愿住院医疗。我国确立的是精神障碍患者非自愿住院治疗的双轨制。刑事法律上的"强制医疗"适用对象是实施暴力行为，危害公共安全或者严重危害公民人身安全，经法定程序鉴定依法不负刑事责任，有继续危害社会可能的精神病人。精神卫生法上的非自愿住院治疗，学术上称为"民事性/行政性自愿住院治疗"，它的适用对象包括已经发生危害他人安全的行为或者有危害他人安全危险的精神障碍患者，以及已经发生伤害自身的行为或者有伤害自身危险的精神障碍患者。本书中，如果没有特别指出，强制医疗均指的是刑事领域实施了犯罪行为的精神病人强制医疗。

从心。要么疏于监管，精神病人肇事肇祸现象继续发生；要么一关了之，精神病人被长期拘禁于家中的现象频见报端。此时的强制医疗缺乏配套的刑事程序法，以至于强制医疗一定程度上存在失序，正义存在残缺。

2012年，全国人民代表大会修改了《刑事诉讼法》，在其中增设"依法不负刑事责任的精神病人的强制医疗程序"，这标志着强制医疗向着法治化的目标迈进了一步，不论是保护人民群众生命财产安全免受精神病人侵害，还是保障精神病人的合法权益，均具有重大的意义。自2012年《刑事诉讼法》修订已经过去11年，在此期间，2018年《刑事诉讼法》再次修订，随后最高人民法院、最高人民检察院、公安部分别通过了新的《最高人民法院关于适用〈中华人民共和国刑事诉讼法〉的解释》（以下简称《刑诉解释》）、《人民检察院刑事诉讼规则》（以下简称《高检规则》）、《公安机关办理刑事案件程序规定》（以下简称《程序规定》）[1]，相关司法解释和规章对刑事强制医疗程序的内容作了解释和补充。

所有的法律均存在天然的局限性：具体的案件事实无法被抽象的立法规定所涵摄，立法语言的模糊性可能会造成法律适用的不确定性。如法官对于强制医疗客观条件"暴力行为"的理解不同，[2]对于强制医疗适用证明标准把握不一，[3]导致实践中强制医疗适用案件数量少"落地难"，且各地案件数量不均衡。据不完全统计，2013年全国经司法精神病鉴定无刑事责任能力的2432名犯罪嫌疑人，其中78.5%未被强制医疗。[4]而且即使是完美的法律，要实现应然和实然的和谐统一，也需要执行的实施细则和配套的保障机制。如强制医疗执行机构混乱、费用负担不明确、"人身危险性"解除标准的认定、[5]解除后如何跟踪管理防止其再犯罪，以及如何让精神病人真正地回归社会等问题迫切需要未来明确或者细化。[6]否则"解除难"会导致强制医疗

---

[1] 需要指出的，本书所涉及的法律或司法解释存在不同的版本，在相关条文的引用时除特别指明外，均指最新法律和司法解释的相关条款。

[2] 参见张吉喜："刑事强制医疗客观要件的反思与重构"，载《比较法学研究》2021年第2期。

[3] 参见向静、刘雨禾："刑事强制医疗审批的证据问题研究——以强制医疗申请被驳回案件为视角"，载《证据科学》2020年第6期。

[4] 参见周峰等："强制医疗程序适用情况调研报告"，载《人民司法（应用）》2016年第7期。

[5] 参见胡嘉金、刘志军："解除强制医疗程序实务探析"，载《法律适用》2018第13期。

[6] 参见潘侠："刑事强制医疗解除研究——基于患者再社会化的进路"，载《贵州社会科学》2016年第7期；邓思清："完善刑事强制医疗程序及法律监督制度"，载《国家检察官学院学报》2014年第6期。

和无期徒刑的刑罚同质化,成为影响强制医疗法律实效的重大掣肘。同时,最新研究发现,强制医疗案件涉及的精神疾病的类型发生了变化,除了精神分裂症之外,抑郁症出现凶杀行为的比例也很高。[1]司法实践中,面对一些实施性犯罪的反社会人格障碍者(Antisocial Personality Disorder)[2],预防犯罪和反社会人格障碍者人身自由何者重要,以及如何兼顾是我们不得不面对的新问题。

精神病人强制医疗是一个复杂的问题,如何在社会防卫和保障人权之间寻求平衡,没有一个标准答案,构建完善的强制医疗程序绝非易事。在此背景下,我们力图在既往的研究进路基础上,借助裁判大数据对强制医疗适用的客观表达进行评估,并在此基础上重点访谈了法官、检察官、司法精神病鉴定人、强制医疗执行机构的相关人士以及精神科医生,就强制医疗的决定、执行、解除以及检察监督等环节的实施状况作出分析。通过实证研究发现强制医疗立法和实施中存在的问题,需要我们从理论上进行靶向性分析和论证,通过设定强制医疗的基本价值,对这项制度作进一步的解构,再按照重构的思路,提出相应的完善建议。

二、国内外研究现状

(一)国内研究趋势

课题组在 CNKI 数据库中进行文献检索,检索策略为全文搜索"精神卫生"并全文搜索"刑事诉讼"。时间跨度是从建库到 2020 年 12 月 31 日,初步检索文献共 504 篇,通过查重阅读全文,排除与本书主题相关性较弱的文章,最终纳入文献共 396 篇。使用 Note Express 软件建立文献数据库,并对期

---

[1] 有研究指出,涉及司法鉴定的各类精神病患者中,精神分裂症占 31.7%~50.9%,抑郁症占 20%,两者都可发生凶杀行为。具体参见王靖等:"具有凶杀行为的抑郁症与精神分裂症患者的作案特征对比",载《法医学杂志》2017 年第 3 期。

[2] 医学中的"反社会人格障碍者"(Antisocial Personality Disorder)是否属于刑法上的精神病,刑事立法观点不一。反社会人格障碍很难治愈,可以视为精神障碍中"绝症"。其症状表现为不断反复地对自己、对社会实施破坏性行为,不尊重各种规范。部分国家将其明确排除在刑法的精神病之外,阻却其进入影响精神病人刑事责任能力的精神病范畴。如 1962 年《美国模范刑法典》第 4 条规定,主张"精神疾病或缺陷"抗辩的,不包括异常仅呈现为反复为犯罪或反社会行为者在内。有的则没有。如《德国刑法典》将影响责任能力的精神障碍规定为病理性精神障碍、深度的意识障碍、智力低下或其他严重的精神病态。德国通说认为,反社会人格障碍与精神官能症等无病理依据的精神障碍均属于其他严重的精神病态。

刊论文的发表年份、研究内容等进行文献计量学分析。其中，研究主题涉及强制医疗制度、强制医疗程序、司法鉴定、临时保护性约束措施、强制医疗与人权保障、强制医疗解除、强制医疗适用、强制医疗立法等。

在本书纳入的学术期刊文献中，1993年开始出现第一篇关于程序层面研究强制医疗的论文"强制医疗诉讼程序初探"[1]。1994年~2012年期间文章发表数量总体呈缓慢上升态势，在2012年以后波动较大，并在2013年达到峰值，从2013年至2020年，文章总量波动下降。趋势变化相对明显的第二个阶段是在2018年《刑事诉讼法》确定对于刑事缺席审判程序的立法构建之后，关于具体刑事特别程序的研究热潮再次涌现。随着2019年和2020年相关司法解释的出台，就强制医疗程序、强制医疗检察监督以及临时保护性约束措施等方面的补充和细化，2019年至2020年相关文献总数有所上涨（见图1）。

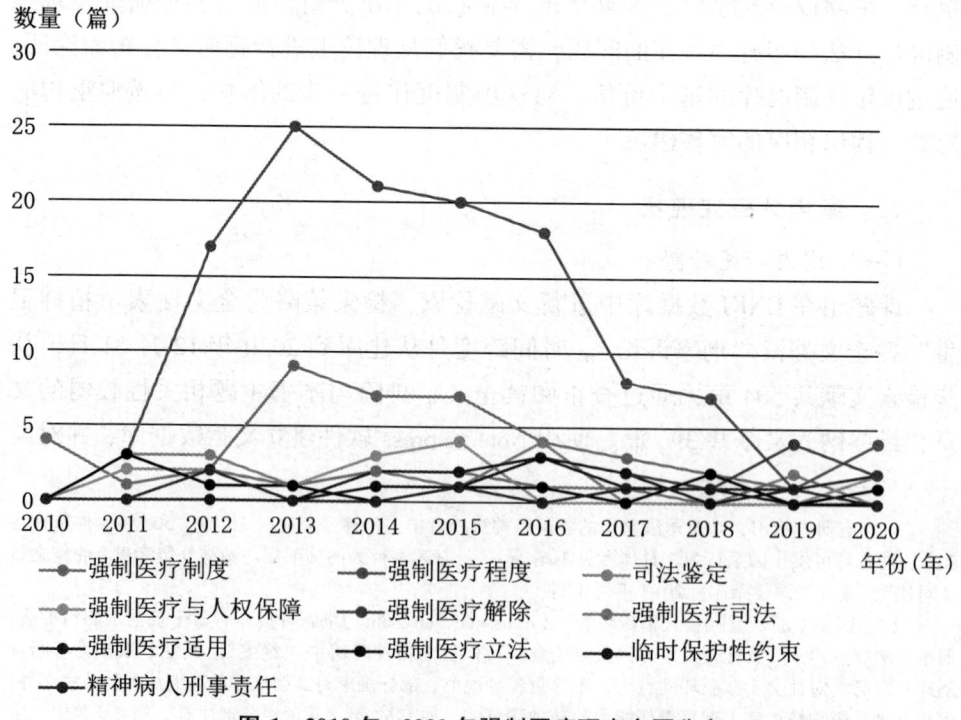

图1 2010年~2020年强制医疗研究主题分布

---

[1] 参见刘文："强制医疗诉讼程序初探"，载《法学》1993年第11期。

绪 论

(二) 国内外研究述评

1. 国内研究述评

既往研究中，刑法学者对于该问题关注比较早，刑法学者关注的问题主要有：一是对精神病人刑事责任能力方面进行研究，如黄丽勤著的《精神障碍者刑事责任能力研究》和张爱艳著的《精神障碍者刑事责任能力的判定》。二是关于强制医疗制度的构建，如卢建平教授和时延安教授等，他们建议在我国刑法中建构保安处分制度，强制医疗属于保安处分措施之一。2012年《刑事诉讼法》修订之前，刑事诉讼法学界主要关注的是强制医疗程序构建的必要性和具体建议，如韩旭教授发表的"论精神病人强制医疗诉讼程序的构建"，还有比较多的研究是关于司法精神病鉴定程序，如陈卫东教授等著的《司法精神病鉴定刑事立法与实务改革研究》。

对强制医疗程序的广泛研究始于2012年《刑事诉讼法》增设强制医疗程序，自此强制医疗的研究取得了长足的发展，涌现出多部学术著作和多篇学术论文。一是研究内容全面。有涉及强制医疗与刑法体系融合，以及强制医疗功能价值等宏观层面的理论分析，也有从具体程序着手，对强制医疗进行微观专题研究，如临时的保护性约束措施、强制医疗审理程序、证据问题、强制医疗的执行、强制医疗的解除、强制医疗的检察监督等。二是研究方法丰富。有的从法教义学角度，阐释强制医疗适用条件等问题，如程雷教授撰写的"强制医疗程序解释学研究"；有的从比较法的视角分析英美法系的精神病抗辩和刑罚的代替措施，以及大陆法系的保安处分制度和强制医疗的条件和程序设计，如张吉喜教授撰写的"中美刑事强制医疗制度相关问题比较研究"、倪润教授撰写的"强制医疗程序中'社会危险性'评价机制之细化"；实证研究方面，有的是实务部门从办案角度分析强制医疗适用中存在的问题，如周峰等撰写的"强制医疗程序适用情况调研报告"；也有学者从裁判文书着手进行定量分析，如吕晓刚等博士撰写的"刑事强制医疗解除程序完善实证研究"、王迎龙博士撰写的"刑事强制医疗解除程序实证研究"等。还有学者通过实地考察的方法剖析问题，如郭志媛教授撰写的"Psychiatric Commitment Under the Criminal Law in China: An Empirical Perspective"，也有学者用历史分析方法，研究强制医疗的历史发展，如裴炜教授撰写的"A Review of the New Provisions for Sanctioning Mentally Disordered Offenders in China, in a Broader Historical Context"。

从系统研究到专题分析，研究者根据各自的研判提出了有针对性的见解，成果十分丰硕。然而关于强制医疗的实证研究较少，为数不多的实证研究要么是实务工作者结合实践经验进行的研究，要么是针对强制医疗的某个专题进行的定量分析。前者讨论的问题具有针对性，不过研究立足点更多的是技术性设定。后者有的研究样本量过小，数据分析方法单一。

2. 国外研究述评

英美法系国家的研究倾向于从强制医疗存在的正当性、人权保护和正当程序的设置上进行论述。比如John Dawson 的 "Fusion of Mental Health and Incapacity Legislation"，他认为英国有计划基于"人权保护原则"对于无行为能力人强制医疗进行单独立法，这样的法律会很大程度上减少对精神障碍者的歧视。Tyshchenko Olga I 的 "European Standards of Respect for Human Rights in the Application of Compulsory Medical Measures in Criminal Proceedings" 重点介绍了刑事强制医疗适用中，保障精神障碍者诉讼主体地位，强调其享有参与庭审的诉讼权利。随着"去机构化"运动的影响，学者开始注重强制社区治疗的正当性、最小限制原则的适用和社区能力的建设的研究。比如Richard O'Reilly 的 "Are Community Treatment Orders Controversial?" 中就强制社区治疗的争议，从包括哲学与伦理、实证、实践之担忧等不同层次进行了阐述。Weich S 的 "Evaluating the Effects of Community Treatment Orders（CTOs）in England Using the Mental Health Services Dataset（MHSDS）：Protocol for a National, Population-based Study" 中介绍了为贯彻落实1988年的《英国人权法》，以及为减少因少数患者不遵守照护而导致的"旋转门"入院情况，强调在限制最少的环境下进行治疗的背景下，英格兰和威尔士引入社区治疗命令（CTOs）。尽管该规定争议很大，但是对于"确保患者遵守治疗并采取行动防止复发"发挥了积极作用。

有研究认为，严重精神障碍在暴力犯罪中的作用被媒体夸大了。研究表明，在美国精神疾病本身只占暴力犯罪的一小部分。Lawrence O. Gostin 的 " 'Old' and 'New' Institutions for Persons with Mental Illness：Treatment, Punishment or Preventive Confinement？" 重点阐述了20世纪中后期"去机构化"运动前后"旧"的和"新"的精神病院已经发生并继续上演的严重侵犯人权的现象。"患有精神疾病的人都是危险的"这种观念为政策制定者提供了一个控制患有精神疾病的人的理由。然而，有研究表明大多数患有精神疾病的人并不比其他人群更危险，而且绝大多数暴力行为是由没有精神疾病的人实施的。Joel A. Dvoskin in "A Brief History of the Criminalization of Mental Illness"指出，考虑到精神卫生资源有限，监狱应保留给那些真正对公共安全构成严重威胁的精神障碍罪犯。对于危险性小的精神障碍患者尽量安排在社区。

有的研究关注到在刑事审判中，司法精神病鉴定的重要性。Nicolas Combalbert et al. 的"Forensic Mental Health Assessment in France: Ecommendations for Quality Improvement"和Katherine E McCallum的"Tipping the Scales of Justice: the Role of Forensic Evaluations in the Criminalization of Mental Illness"两篇文章均指出，司法精神病鉴定专家也会受种族等因素的影响而不能保证客观中立，鉴定意见质量需要改进。其中改进措施之一是要加强伦理约束，如鉴定专家在鉴定之前要始终牢记被鉴定人被推定为无罪，要抵制一切诱惑，权衡自己的言论对被鉴定人的潜在影响等。

有研究认为，对于具有"高度危险性"的精神病人采取预防性监禁具有正当性，但是需要注重在程序上加强保障。Christopher Slobogin的"Preventive Detention in Europe, the United States and Australia"中提到了预防性监禁需要遵循的原则：（1）合法性原则，它要求在预防性监禁发生之前，实施犯罪具有紧急危险性；（2）风险比例原则，要求政府证明风险发生的概率和规模与预期干预措施持续时间和性质成比例；（3）最小限制原则，要求政府采用侵入性最小的手段来实现其预防目标；（4）证据规则，即预防性监禁的当事人可以用临床风险评估反驳政府，即使这些风险评估不可能精准预测；（5）正当程序性原则，即精神病人的风险和风险监管计划必须定期进行审查，应该保障精神病人的发言权和避免行政部门单方决策的程序。

日本学者们更多围绕医疗观察的性质和正当化根据展开讨论。町野朔在"精神保健福利法和心神丧失者医疗观察法"一文中指出，通过医疗改善对象人的精神状况，使其重归社会才是正当化根据，而"可能再犯"只是防止强制医疗不当过分延长的一个限制条件。但是，这样理解的话，《医疗观察法》与以"医疗的必要性"为正当化根据的《精神保健福利法》之间的区别就不存在了[1]。大谷实在其专著《刑事政策学》中指出，在现行法上，应当直

---

[1] 在日本，对触犯刑法的精神障碍患者的强制医疗由不同法律规定，实施重罪的患者适用作为特别刑法的《医疗观察法》，实施一般犯罪的患者适用社会法或卫生法范畴的《精神保健福利法》。

截了当地承认强制医疗以"可能再犯"或者"再犯危险"为要件,为排除保安处分所固有的侵害人权内容,应将改善精神状况,让精神病人回归社会的考虑作为强制医疗的要件;同时,根据法官和精神保健审判员的合议,入院之后每 6 个月进行一次继续住院必要性的司法审查等程序设置,这样就可以将保安要求和医疗要求结合起来了。

到目前为止,国内外对于强制医疗不乏佳作。强制医疗属于医学和法学的一个交叉领域。就法学而言,又横跨了刑法、刑事诉讼法、民法、社会法等多个部门法。应对这样一个多学科多部门法交叉的复杂选题,本书以问题为导向试图对强制医疗的适用情况进行全方位多角度的展示,深入挖掘精神病人强制医疗制度内外的影响因素,对于强制医疗程序的重要乃至关键性环节进行大量的实地考察和问卷调研,揭开强制医疗的神秘面纱,研判强制医疗适用过程中存在的思维误区,分析强制医疗立法和实施之间的关系,对于强制医疗过程中如何实现医学标准和法学标准的无缝对接,如何实现刑事法律与精神卫生法的有效衔接进行深入探索,试图为法律的完善提供循证支撑,以期实现"社会防卫"和"人权保障"的平衡。

三、研究方法

(一)裁判文书分析法

1. 强制医疗决定书的分析

(1)样本概述

本书所采集的判决文书全部来源于中国裁判文书网(以下简称"裁判文书网")。在裁判文书网中进行搜索,"文书类型"均选择决定书,并全文检索"强制医疗",得到 5581 份文书。考虑到 2014 年才开始正式实行"文书上网",为确保数据稳定性,课题组将时间跨度定为 2015 年~2020 年。在 5581 份文书中,剔除国家赔偿与司法救助案件决定书,以及 2013 年和 2021 年强制医疗决定书、强制医疗复议文书、继续强制医疗决定书、解除强制医疗决定书,得到 2015 年~2020 年全国强制医疗决定书总量应为 4710 份。

由于各地文书规范程度不一,在排除文书规范程度较低的省份后,课题组抽取我国东部地区、西部地区、中部地区、南部地区、北部地区省级行政区共 10 个,分别是北京市、湖北省、湖南省、安徽省、福建省、广东省、浙江省、四川省、云南省、青海省,得到文书 1741 份。在此基础上将基本信息

(被申请人基本信息、法定代理人身份、律师信息)不全的文书筛除,最终得到 1002 份强制医疗决定书。本书实事求是,根据决定书实际情况,将规范性较低的文书筛出,对入选省份的决定书进行进一步筛选,有利于确保样本质量。另外,样本容量达千余份,有利于体现数据的代表性。

(2)统计描述

课题组基于检索所获取强制医疗决定书 1002 份,根据研究目的,总结出决定书中与裁决结果可能具有相关性的因素,整理后确定以开庭情况、法定代理人类型、被申请人所患疾病种类、被申请人造成危害结果的性质、危害程度、法定代理人、诉讼律师或法律援助律师是否有异议为分析指标,并结合个案即驳回强制医疗的决定书进行对比,对强制医疗决定环节进行探索性分析。

2. 强制医疗解除裁判文书分析

(1)样本概述

数据样本来源于裁判文书网,通过在该网站检索,得到决定适用强制医疗文书共计 6133 份,已申请解除刑事强制医疗的裁判文书 1496 份,时间跨度为 2015 年~2020 年。然后对相关文书进行逐一判断,将基本信息(性别、年龄、户籍等)严重缺失的决定书排除,纳入吉林省、宁夏回族自治区、北京市、河北省、湖北省、湖南省、安徽省、江西省、福建省、广东省、浙江省、贵州省、四川省、云南省、青海省 15 个省级行政单位的决定书,最终筛选出与刑事强制医疗解除相关的文书 756 份作为最后的研究样本,其中,予以解除强制医疗的决定书数量为 525 份,不予解除强制医疗决定书 231 份。

首先,本着应收尽收的观念,课题组在可能检索到的全部文书中进行筛选,最后决定研究样本。样本数量较大,课题组选取的作为研究对象的样本容量充足,可以克服数据分析中因为样本过少、个案极端的情况对最终研究结果的影响。其次,课题组选择了刑事强制医疗立法以来所有年份的判决文书,可以充分体现不同地区的差异性以及在司法实践中形成的裁判定式,揭示不同变量与是否解除强制医疗的关系。最后,样本的选择是全面铺开,在全国范围内抽取样本,力求各省域的情形在样本中都能得以体现,从而保证研究结果的客观性、真实性、可靠性。

(2)数据分析方法

①变量设定

将是否解除强制医疗设置为因变量。对于自变量的设定,理论上,是否解除取决于被强制医疗的人精神疾病是否痊愈，是否具有人身危险性。但为了全面考察解除强制医疗的影响因素，课题组设定了以下自变量：申请年份、被强制医疗的人年龄、申请解除方、律师出庭情况、是否有强制医疗机构评估报告、是否进行司法鉴定、是否有近亲属的承诺监管、是否有询问笔录、是否以被强制医疗的人身份信息为决定依据、社区意见、是否有听证笔录、检察机关意见。

②卡方检验和二元 Logistic 回归分析

由于解除与未解除是二分类变量，故本部分研究使用二元 Logistic 回归分析方法，并使用 SPSS 统计软件进行分析。为防止样本被不必要去除，本研究首先通过卡方检验确认相关自变量与是否解除因变量之间存在的相关性，之后对相关自变量进行二元 Logistic 回归。需要说明的是，由于不同地区、不同法院的决定书内容记录标准不同，部分自变量存在信息缺失的情况，故无法纳入二元 Logistic 回归模型。

（二）问卷调查方法

1. 抽样方法

鉴于精神疾病容易复发的特点，出于预防犯罪的目的，强制医疗解除后对被强制医疗的人跟踪管理至关重要。为了探究实践情况，课题组采用了问卷调查的方法。调查的对象为基层医疗卫生机构的从事精神病防治管理的人员（以下简称"精防人员"）[1]。

课题组于 2018 年 11 月至 2019 年 3 月进行了研究调查。首先通过分层抽样的方法将北京市 16 个区按城区和郊区分为两层，通过简单随机抽样的方法在 6 个城区中抽取 2 个城区，分别为朝阳区、西城区两个区，同样通过简单随机抽样的方法在 10 个郊区中抽取 2 个郊区，分别为大兴区、房山区两个区，进行问卷调研。以北京市朝阳区、西城区、大兴区、房山区四区辖区内社区卫生服务中心的精防人员为研究对象，由于精防人员人数较少，故将辖区内全部登记在册的精防人员纳入调查范围。[2]

---

[1] 根据国家卫生健康委员会（以下简称"卫健委"）发布的《严重精神障碍管理治疗工作规范（2018 年版）》规定，对辖区内有固定居所并连续居住半年以上的严重精神障碍患者开展随访管理与指导，由基层医疗卫生机构精防人员或签约家庭医师负责。

[2] 参见王昊旻等："《民法典》背景下北京市严重精神障碍发病报告制度研究"，载《中国全科医学》2021 年第 17 期。

绪 论

2. 抽样结果

问卷调查遵循自愿参与、参与无害、避免损害隐私等伦理原则。课题组向 4 个辖区内部分社区卫生服务中心的精防人员发放自编问卷,由精防人员单独填写问卷。课题组对于问卷调查的过程进行了质量控制,通过指导使精防人员尽量如实完整填写问卷,填写完成后由课题组核对,保证排除错填、漏填情况。共发放问卷 216 份,回收有效问卷 214 份,有效回收率 99.1%(具体情况见表1)。[1]

表 1 区精防人员问卷回收情况

辖区	数量（份）
西城区	64
朝阳区	47
大兴区	50
房山区	53
合计	214

3. 统计学方法

通过 EpiData3.1 对于调查问卷数据进行双份录入校对,经 Excel 表进行数据清洗后采用 SPSS25.0 进行统计学分析。运用多重响应分析方法对于部分多选题进行分析,对于不同选项的差异比较采用 χ^2 拟合优度检验,检验水准双侧 $\alpha = 0.05$。

(三) 实地考察方法

由于强制医疗的立法密度不足,为了满足实践需要,解决操作中的障碍,各地纷纷制定了关于办理强制医疗案件的规范性文件。如北京市人民检察院、北京市高级人民法院、北京市公安局联合制定了《关于强制医疗程序的实施办法（试行）》,上海市高级人民法院、上海市人民检察院、上海市公安局、上海市司法局联合制定了《关于本市强制医疗案件办理和涉案精神病人收治管理的暂行规定》,湖北省公安厅制定了《湖北省公安机关办理不负刑事责任

---

[1] 参见王昊旻等:"《民法典》背景下北京市严重精神障碍发病报告制度研究",载《中国全科医学》2021 年第 17 期。

的精神病人强制医疗案件工作规定》等。这些规定对于各地司法实践有着实际的约束力和指导意义,因此考察地方的相关规定和运用情况成为必要。

考虑到我国强制医疗执行机构主要是公安系统的安康医院[1]和普通的精神病专科医院,且安康医院之间的运行模式不一致,最终课题组选择了北京市、上海市、湖南省、广东省、山西省五个省级行政区就强制医疗相关具体规定和适用情况进行实地考察,与法官、检察官、司法精神病鉴定人、强制医疗执行机构的相关人士以及精神科医生就司法精神病鉴定,强制医疗决定、执行、解除,以及检察监督等环节的实施情况进行了深度访谈(具体情况见表2)。

表 2 深度访谈对象一览表

机构	访谈对象	人数(人)
人民法院	北京市第一中级人民法院相关工作人员	2
	北京市海淀区人民法院刑庭相关工作人员	2
	北京市大兴区人民法院刑庭相关工作人员	2
	湖南省高级人民法院相关工作人员	3
	湖南省长沙市中级人民法院相关工作人员	2
	湖南省岳阳市平江县人民法院相关工作人员	1
	上海市金山区人民法院相关工作人员	2
	山西省太原市尖草坪区人民法院相关工作人员	2
检察机关	北京市人民检察院刑事执行检察部相关工作人员	1
	北京市海淀区人民检察院相关工作人员	2
	广东省广州市人民检察院相关工作人员	3

---

[1] 安康医院属于公安系统。20世纪50年代初期,我国成立由卫生、民政及公安3个部门协同管理、收治精神病患者的医疗机构,以适应管理严重危害社会治安的精神病患者的需要。1987年10月公安部在天津市公安局精神病管治院召开全国公安第一次精神病管治工作会议,将全国公安机关收治、管理肇事肇祸精神病患者的机构统一改称为"安康医院"。会议明确了安康医院的主要任务是收治危害社会治安的各类精神病患者(同时也可收治社会上各种精神病患者)。自2004年后,全国各地多家安康医院由事业编改制为行政编,部分医院名称改称为"强制治疗管理处"或者"强制医疗所"。由于名称不统一,本书中除非使用特定名称,如湖南省强制医疗所,其余统一使用"安康医院"。

续表

机构		访谈对象	人数（人）
强制医疗执行机构	安康医院	湖南省强制医疗所相关工作人员	4
		北京市公安局强制医疗处相关工作人员	2
		广东省广州市强制医疗所相关工作人员	4
	精神病专科医院	山西省精神卫生中心相关工作人员	4
司法精神病鉴定机构		湖南省中南大学湘雅医院鉴定中心相关工作人员	1
		北京市回龙观医院鉴定科相关工作人员	1
		首都医科大学附属北京安定医院鉴定科相关工作人员	1
精神卫生中心/精神病专科医院		北京市精神卫生保健所相关工作人员	3
		上海市精神卫生中心相关工作人员	3
		北京大学回龙观医院相关工作人员	3

（四）其他研究方法

除了定量研究之外，课题组还综合运用了文献研究、历史研究、比较分析等方法，通过历史分析方法，梳理了精神病学史从收容院时代到"百忧解"时代，社会对精神疾病不断变化的态度，有的苛刻、有的无情，也有的令人深受鼓舞。考察精神病人刑事处遇的历史，揭示医学因素和文化因素对强制医疗制度的影响。通过比较分析两大法系强制医疗的立法现状和实施效果，我们发现违法精神病人的矫正、假释、治疗、处罚等问题仍然是各国司法领域面临的严峻课题之一。对于没有人身危险性的精神病人，采取最小限制的原则，尽量让他们生活在自由社会。对于危险性精神病人一般要隔离治疗。至于隔离地点，各国根据国情来决定，或者是专门的刑事精神病院或者是普通精神病院。[1]

---

[1] 参见何恬：《重构司法精神医学——法律能力与精神损伤的鉴定》，法律出版社2008年版，第161页。

实证发现篇

2012年《刑事诉讼法》修改之前，在强制医疗程序中，公安机关既是调查者，又是决定者。整个过程没有监督和制约。被强制医疗的人不能积极有效地参与案件的处理过程。最终导致"被精神病"和依法不负刑事责任的精神病人游离于强制医疗之外的矛盾迸发。[1]2012年《刑事诉讼法》将"依法不负刑事责任的精神病人的强制医疗程序"作为特别程序，对以往行政化的强制医疗进行了颠覆性的改革。将强制医疗纳入了我国司法审查轨道，这对强制医疗实践产生了巨大的影响。这意味着由警察主导的行政决策模式让位于一个集警察、检察官、法官、律师和司法鉴定专家等多方主体参与其中的诉讼化模式。无论是司法裁判对个人权利的救济，还是公安司法机关之间的权力制衡，对于实现实体正义和程序正义都具有重要的意义。[2]

---

[1] 参见刘延祥、李兴涛："检察机关强制医疗法律监督问题研究"，载《中国刑事法杂志》2013年第5期。

[2] 参见王迎龙：《刑事强制医疗制度研究》，中国政法大学出版社2016年版，第66~79页。

第一章 强制医疗的决定

一、适用条件

强制医疗剥夺精神病人人身自由的特性决定了并非所有涉刑的精神病罪犯都有必要强制医疗，而且我国现有强制医疗执行能力有限。因此试图将所有涉刑的精神病人均纳入强制医疗范围是不现实的，应该优先考虑那些对公共秩序构成巨大威胁的、患有严重精神疾病、人身危险性极高的人。

我国《刑事诉讼法》规定强制医疗有三项适用要件：一是客观要件，即"实施暴力行为，危害公共安全或者严重危害公民人身安全"；二是主体要件，即"经法定程序鉴定依法不负刑事责任的精神病人"；三是潜在社会危险性要件，即"有继续危害社会可能"。《刑诉解释》第630条与《高检规则》第534条均将社会危害性"已经达到犯罪程度"作为适用条件之一，进一步规范了强制医疗适用的客观要件，并与《刑法》第18条第1款实现了衔接。我们在考察强制医疗的适用条件时发现：强制医疗适用对象范围过窄，行为条件和侵害法益存在被扩大和不规范适用的情形。关于"有继续危害社会可能"这一潜在风险要件如何认定被实务部门普遍认为是一个难题。具体内容如下：

（一）客观要件

1. 行为条件被扩大适用

由于立法未明确强制医疗行为条件——"暴力行为"的具体范围，导致实务部门理解不一致。实践中典型的精神病人哄闹、口头威胁、喊叫是否属于暴力行为？暴力是否包括对财物的暴力？精神病人对国家工作人员办公物品进行打砸，阻挠正常办公的行为是否属于暴力行为？精神病人点燃自己衣物的行为是否属于暴力行为？通过在裁判文书网检索强制医疗决定书，课题组发现，司法实践中有被扩大适用的情形。有些被决定予以强制医疗的精神病人所实施的危害社会行为明显不具有暴力特征。比如以投毒的方式杀人[1]、拐骗儿童[2]、盗窃[3]。

刑法分论多个罪状将暴力与威胁、胁迫等并列为犯罪手段，因此法院将精神病人哄闹、口头威胁、喊叫等行为界定为暴力行为[4]，对其适用强制医疗明显不当。立法之所以将强制医疗行为条件限定为暴力行为，主要是因为暴力行为是对现有法律秩序的强烈破坏，而精神病人所患精神疾病大多属于重症，其监护人往往不具备看管和照护的条件和能力，继续危害社会的风险较大。[5]一位受访谈的法官说，我国《刑法》第20条第3款将行凶、杀人、抢劫、强奸、绑架等界定为暴力犯罪，因此关于暴力行为不宜作扩大解释。这里的暴力主要指手段的暴力性，即通过器械、武器、爆炸物等实施犯罪，也可以借助犯罪人本人体力，但不包括通过言语威胁使他人产生恐惧而形成心理强制的"软暴力"。但是如果精神病人以将要实施暴力进行胁迫的，本质与暴力行为相同，而且暴力行为往往和以暴力胁迫交错使用，故不应将以暴力胁迫排除在外。暴力的对象应该既包括人身也包括财产，实践中精神病人持器械打砸他人财产或者公务人员车辆的，应视为暴力手段。

2. 侵害法益的不规范适用

为了与《精神卫生法》设立的非自愿住院医疗区分，防止国家干预范围的扩张，坚持最小限制原则，精神病人的行为如果没有达到犯罪的程度，就不应该适用刑事强制医疗，而且暴力行为侵害法益的形式是"危害公共安全或者严重危害公民人身安全"。

首先，关于如何定义"公共安全"范围，对于精神病人暴力行为损坏的"财产"是否属于"公共安全"，办案人员存在分歧。如精神病人在一个公共停车场连续撞坏了数十辆汽车，检察官就是否应该提出强制医疗申请存在争议，一些检察官认为不特定多数人的财产安全属于公共安全，应该提出申请；另一些人则认为公共安全只涉及人身安全，因此不应该申请强制医疗；还有

---

[1] 参见福州铁路运输法院（2018）闽8601刑医1号强制医疗决定书。
[2] 参见广东省南雄市人民法院（2014）韶雄法刑强医字第5号强制医疗决定书。
[3] 参见安徽省寿县人民法院（2020）皖0422刑医2号强制医疗决定书。
[4] 参见湖南省新邵县人民法院（2019）湘0522刑医1号强制医疗决定书。
[5] 参见全国人大常委会法制工作委员会刑法室编：《〈关于修改《中华人民共和国刑事诉讼法》的决定〉条文说明、立法理由及相关规定》，北京大学出版社2012年版，第362页。

一些人指出，精神病人破坏财产具有任意性，也可能对人身安全构成威胁，假设精神病人撞车时，被撞的车辆载有乘客，那么财产和人身安全都将受到威胁。关于该问题的理解差距反映了人们对强制医疗制度价值的不同关注角度。那些建议将财产安全纳入公共安全范畴的人倾向于将强制医疗作为社会防卫的手段，相比之下，那些希望严格限制公共安全范围的人则强调保护人权。[1]对于此问题，法官在强制医疗决定案件中亦存在同案不同判的现象。被申请人张某无故持柴刀将李某等人种植在溆浦县××镇××村××组承包土地上的116棵梨树砍断。经鉴定，被砍梨树价值9050元。法院认为其实施毁坏他人财物的犯罪行为不属于危害公共安全或者严重危害公民人身安全的暴力行为，驳回了强制医疗的申请。[2]同样的毁坏财物行为，另一法院认为被申请人郭某用砖头将定远县农村商业银行吴圩支行门外的存取款机及柜门玻璃砸坏的行为，严重危害了公共安全，作出了强制医疗决定。[3]为了统一适用强制医疗，浙江省的做法是将危害公共安全作广义理解，只要是不特定的人或者财物均属于公共安全。比如对于不特定公私财物的毁坏行为、随意殴打他人的行为均符合强制医疗适用的法益条件。该问题虽在浙江省已经解决，但在其他省份仍然存在。

其次，司法实践中将特定人的财产法益异化为公共安全的情况屡见不鲜。如在林某强制医疗案中[4]，被申请人林某用石头依次砸毁农业银行一台自助缴费机和四台自助存取款一体机（经鉴定，损失价值共计人民币11 595元），该案中侵害的对象是"特定"的，而非不特定的，其行为侵害的法益是财产权利，而非"公共安全"。法院认为林某实施了在公共场所持械砸毁他人财物的暴力行为，危害了公共安全，该强制医疗决定明显不具备法益侵害条件，异化了侵害的法益。

强制医疗适用的法益条件对于危害公共安全的暴力行为没有程度要求，但是对于危害人身安全的，要求达到"严重"的程度。根据相关司法解释规定，强制医疗适用的暴力行为的社会危险性要达到犯罪程度。然而，司法实

---

[1] See Zhiyuan G, "Psychiatric Commitment Under the Criminal Law in China: An Empirical Perspective", *International Journal of Law and Psychiatry*, Vol. 73, 2020.

[2] 参见湖南省溆浦县人民法院（2020）湘1224刑医3号强制医疗决定书。

[3] 参见安徽省定远县人民法院（2019）皖1125刑医1号强制医疗决定书。

[4] 参见福建省惠安县人民法院（2016）闽0521刑医1号强制医疗决定书。

践中存在侵害法益被夸大的情形。如在欧某强制医疗案中,[1]被申请人欧某在加油站内持续吸烟十余分钟,且不顾加油站工作人员及旁人的多次劝阻,扬言要点燃加油站,后被赶到现场的民警制止后抓获。法院认为其社会危险性达到犯罪程度。然而根据《中华人民共和国消防法》(以下简称《消防法》)第63条规定,在具有火灾、爆炸危险的场所吸烟的,处警告或者500元以下罚款,情节严重的,处5日以下拘留。本案中欧某在加油站吸烟,仅仅是扬言要点燃加油站,其并没有实施暴力行为,也没有造成危害公共安全的后果,没有达到犯罪的程度,法院的强制医疗决定适用有误。在冯某强制医疗案中[2],冯某在北京市东城区东二环外环朝阳门桥北侧主路上逆向行走,其间不服从执勤民警的现场处置,将民警崔某推倒,造成崔某腰部软组织损伤(经鉴定不构成轻微伤)。危害公民人身安全的"严重"程度应被解释为造成他人轻伤以上的严重后果,[3]本案中冯某推倒警察的行为并没有造成轻伤以上的后果,因此并未达到严重危害人身安全的程度。其不服从处置的行为只是具有危害公共安全的"风险",这种风险不具有现实紧迫性,亦没有造成对公共安全法益的侵害。访谈中有学者认为,按照比例原则,防止刑法的过度扩张,将精神病人置于最小限制的环境中接受治疗应该是保障人权的应有之义。如果现场处置民警认为冯某在二环主路逆向行走,其行为对公共安全及他人人身安全构成了威胁,可以按照《精神卫生法》第28条的规定,立即采取措施将其送往医疗机构,由医疗机构决定是否住院医疗。

实践中,被鉴定人实施暴力行为的结果是轻微伤,没有达到轻伤以上犯罪程度的,能否适用强制医疗也存在争议。第一种意见认为,根据《刑诉解释》的规定,强制医疗适用要求行为人实施的暴力行为的社会危害性已经达到犯罪程度。精神病人实施行为的社会危害性是否达到犯罪程度,应当依据其所造成的危害结果进行认定。如果被鉴定人实施的暴力行为,只是致被害人轻微伤,未造成其他后果,那么就未达到刑法规定的犯罪程度,因此不符合强制医

---

[1] 参见台州市黄岩区人民法院2014台黄刑医字第1号强制医疗决定书。
[2] 参见北京市东城区人民法院(2018)京0101刑医5号强制医疗决定书。
[3] 参见程雷:"强制医疗程序解释学研究",载《浙江工商大学学报》2013年第5期。

疗条件。相反意见则认为，严重危害公民人身安全不能唯伤情论[1]，需综合考虑犯罪手段、犯罪地点、可预期的危害程度、犯罪次数、受害人人数等。[2]如荣某强制医疗案中，荣某两次持"足以致人死亡"的斧子砍击被害人的头面部，虽然伤害结果只是轻微伤，但其所用工具、砍击部位足以证明其行为性质属于故意杀人，已严重危害他人人身安全，其行为已经达到犯罪的程度。受害人张某所受伤害仅为轻微伤，不是因为荣某下手不狠，也不是因为荣某没有致张某重伤、死亡的目的，而是与被害人张某奋力抵抗、拼命呼救有关，有一种侥幸的成分。因此荣某的行为，无论是从主观目的还是从客观行为、后果、因果关系分析，均达到了犯罪程度。最终法院决定对被申请人荣某强制医疗。[3]

（二）主体要件

1. 关于刑法中"精神病"的理解不一

实施危害行为时患有精神障碍是无刑事责任能力评定的关键要素。[4]然而医学对于精神障碍的概念与法学上的概念并非完全相同。[5]精神医学对于精神障碍的分类，基本是基于医疗目的——何种症状值得在医学上进一步研究或值得使用医疗技术加以介入。刑法领域，比较注重的是真正影响到行为人能力的疾病因素，而精神医学中注重的行为人所患疾病名称、种类或症状等基本不是刑法中的重点，法律重视的关键在于必须确定行为人的精神状态，犯案当下的精神状态对其行为产生了多大影响。我国《刑法》第18条和《刑事诉讼法》强制医疗程序采用的是概括式的"精神病"表述，它没有采用德

---

[1]《刑事诉讼法》修正草案一审稿曾将行为要件规定为"致人死亡重伤"，后修正案更改为目前"严重危害公民人身安全"的表述。这一变化一方面表明了危害结果对于危害性大小判断的重要性，另一方面也暗示我们立法者也认识到不能唯伤情论，而应综合考量犯罪手段、犯罪地点、可预期的危害程度、犯罪次数和频率等来判断危害性大小。详细论述参见李露："论刑事强制医疗程序的适用条件及其审查判断"，西南政法大学2014年硕士学位论文。

[2] 参见李露："论刑事强制医疗程序的适用条件及其审查判断"，西南政法大学2014年硕士学位论文。

[3] 参见最高人民法院刑事审判一至五庭主办：《刑事审判参考（总第93集）》，法律出版社2014年版，第102~109页。

[4] 根据《精神障碍者刑事责任能力评定指南》规定，无刑事责任能力评定需考虑三大要素：其一，实施危害行为时患有精神障碍；其二，被鉴定人对危害行为的辨认或控制能力丧失；其三，危害行为与所患精神障碍之间有因果关系。

[5] 参见莫洪宪、刘维新："医事刑法视域中的精神障碍"，载《中国刑事法杂志》2011年第5期。

国刑法具体列举精神障碍类型的立法方式。[1]这种方式过于笼统、可操作性差,但是可以克服列举式立法模式导致法律稳定性差的缺陷,避免随着精神医学发展带来立法滞后的局限性。医学领域关于精神障碍没有公认的定义。那么究竟什么样的情况属于我国刑法意义上的精神病?刑法上的精神病和精神医学领域的精神障碍是什么关系呢?

关于刑法意义上精神病的解释一直存在激烈的争论。刑法学界部分学者认为,刑法中的精神病特指精神活动异常达到严重程度的精神障碍。其立论的主要论据是,1993年《关于刑法修改若干问题的研讨与建议》中指出,"精神疾病"或者"精神障碍"是现代精神医学上普遍适用的疾病总称,其中精神病是最严重的一类精神疾病,即刑法上的精神病采用医学上精神疾病的狭义范围。狭义说认为只有行为人所犯精神障碍属于重症,才可能丧失认知能力,影响对行为本质的辨认或对行为后果的控制;如果属于非精神病的精神障碍,其认知能力不一定完全丧失,仍具有一定的辨认或控制能力。刑法学界另一部分人则认为,刑法上的精神病不仅仅是严重的精神障碍,对于以各种精神活动异常为表现特征的精神障碍都在精神病之列。[2]有些非精神病性精神障碍发病期亦会导致辨认或控制能力丧失。[3]

国际上从20世纪中叶就废弃了重性和轻性精神病的区分。[4]在我国,2009年卫生部制定的《重性精神疾病管理治疗工作规范》,时间上先于《精神卫生法》,因此仍然沿用"精神疾病""重性精神疾病"的概念,并没有使用"精神障碍""严重精神障碍"的表述。该文件规定了包括精神分裂症、分裂情感性障碍、持久的妄想性障碍(偏执性精神病)在内的6种精神疾病为重性精神疾病。按照狭义说的观点,强制医疗适用对象应该是严重精神障碍者,那么其所犯疾病的种类就应该只能是包括精神分裂症在内的6种。然而,课题组通过分析裁判文书网中的强制医疗决定书,统计分析发现:1002份样本中,740份为被申请人患精神分裂症,余下5类严重精神障碍仅占几例到30

---

[1] 《德国刑法典》规定,行为人在行为之际,由于病理性的精神错乱、深度的意识错乱、心智薄弱或其他严重的精神反常,致不能辨认其行为之违法性,或不能依其辨认而行为者,不负刑事责任。
[2] 参见孙东东:《精神病人的法律能力》,现代出版社1992年版,第4页。
[3] 参见林维:"精神障碍与刑事责任能力的判定",载《国家检察官学院学报》2008年第4期。
[4] 参见贾谊诚等编著:《实用司法精神病学》,安徽人民出版社1988年版,第22页。

多例（具体情况见图2）。由此可见，在6种严重精神障碍中，精神分裂症[1]患者人身危险性较高，更容易肇事肇祸。另外，153份决定书中被申请人所患精神障碍是6种之外的，具体包括抑郁症、器质性精神病、脑外伤所致精神障碍、梅毒螺旋体感染所致精神障碍等，以及极少数未进行分型的精神障碍。司法实践中，强制医疗适用的"精神病"不限于严重精神障碍，还包括其他精神障碍。精神病法医鉴定的依据是《精神障碍者刑事责任能力评定指南》，该指南倾向于采取广义说，即刑法上的精神病就是医学的精神障碍。

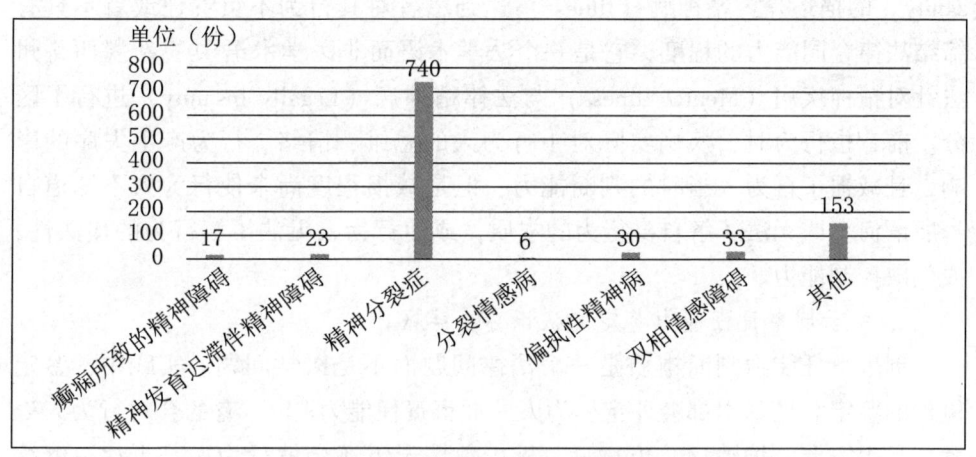

图2 强制医疗决定书中被申请人所患精神疾病统计

2012年的《精神卫生法》采用了"精神障碍"一词，因此有学者建议修改刑事立法中的"精神病"为"精神障碍"[2]，但是我国刑事立法依然沿用"精神病"一词，由此我们可以看出立法部门对于刑法的"精神病"狭义界定说的青睐和支持。立法者认为广义说存在的风险包括：首先，受政治、文

---

[1] 精神分裂症是所有重大精神疾病中最难定义及描述的，而且已确定遗传因素在精神分裂症的病因中占重要角色。其症状随着病程的进行而有所转变。病前个性多为内向、孤立、敏感、奇怪、人际关系差以及适应障碍等问题。病人在开始发病时会出现妄想幻觉症状，最常见的是被害妄想、关系妄想及其完全不可能的持续性妄想，比如呼风唤雨、与外星人通信等超人的能力。和偏执性精神病的妄想不同，偏执性的妄想在现实中可能发生，精神分裂症的妄想则可能十分荒谬。精神分裂症病犯所杀害的对象，主要是最亲近的亲属或熟悉的人，其中男性个案中被害人以成年人为主，女性个案中则往往以自己年幼子女作为被害的对象。

[2] 参见莫洪宪、刘维新："医事刑法视域中的精神障碍"，载《中国刑事法杂志》2011年第5期。

化以及经济因素的影响，国际上精神病学范围有不断扩张的趋势，精神病容易被滥用。将刑法的精神病门槛设定过低和范围界定过广，会被一些犯罪人恶意利用成为"免罪金牌"，脱逃刑事制裁，严重破坏司法正义。其次，将刑法的精神病与医学的精神障碍对接，容易产生"有病推定""以病定责"的现象。[1] 而且，从比较法的视角，有的国家明确将医学的精神障碍和法学的精神病进行了区分，如美国采用法律精神病（Legal Insanity）一词。2004年，美国正式把"Insanity"定位为法律用语，在简明医学英语字典中，关于"Insanity"的描述是：精神病（Illness）达到患者对其行为不负责任或者不具有缔结法律合同能力的程度，它是一个法学术语而非医学术语。[2] 新墨西哥州法针对精神疾病（Mental Illness）与法律精神病（Legally Insanity）进行了区分。前者指行为时，疾病实际对于行为人的思维、情绪、行为产生失序的影响，且减损了行为人当时的判断能力，但是减损程度尚未使行为人不知道自身所谓何事或无法了解自身行为的本质，或使行为人无法了解行为的违法性，或欠缺控制能力。

2. 关于刑事责任能力鉴定的认识存在误区

刑事责任能力判断本质是一个法律问题而不是医学问题。实践中，鉴定机构的鉴定意见基本都会评定行为人的刑事责任能力[3]，有的会对行为人处置、是否需要监护治疗给出意见，极少数情况下还会就行为人是否存在继续危害社会的问题提出意见。我国司法精神病鉴定人一般由精神科医生兼任，受职业习惯的影响，在鉴定方法受"有病推定"惯性思维影响，存在精神障碍诊断扩大化的问题[4]，导致我国精神病司法鉴定诊断率虚高。[5] 鉴定人

---

[1] 参见陈卫东等："刑事案件精神病鉴定实施情况调研报告"，载《证据科学》2011年第2期。

[2] 参见何恬：《重构司法精神医学——法律能力与精神损伤的鉴定》，法律出版社2008年版，第106页

[3] 对于鉴定人能否同时评定行为人的刑事责任能力，大致分为三种立法模式：第一种是鉴定人只能就医学上的问题提出报告，例如奥地利、德国、日本、美国、英国、加拿大、韩国、俄罗斯；第二种是明文规定由鉴定人确认行为人的刑事责任能力，例如法国、巴西、挪威；第三种是规定鉴定人除了要确认行为人的责任能力外，对行为人的处遇问题也要提出意见，如丹麦、瑞士、瑞典。其中，将精神病鉴定权与刑事责任能力认定权分别交由鉴定专家和法官行使的第一种立法模式，是为多数国家所采的更为常见的选择。我国属于第二种模式。详细论述参见周长军："论疑似精神病人刑事责任能力评定的原则"，载《山东大学学报（哲学社会科学版）》2012年第5期。

[4] 参见孙东东："论司法精神医学鉴定的无病推定原则"，载《中外法学》1997年第4期。

[5] 参见刘鑫、陈薛妍："司法精神障碍鉴定的伦理原则"，载《中国法医学杂志》2021年第4期。

一定程度上存在"有病无责"的认识误区，忽视了危害行为与所患精神障碍之间的因果关系和残留的正常精神功能。[1]

3. 适用对象范围过窄

我国强制医疗适用范围仅限定于无刑事责任的精神病人。根据我国《刑法》第18条之规定，限制刑事责任能力的精神病人仍需要承担刑事责任，但可以从轻或者减轻处罚，即限制刑事责任的精神病人在被科以自由刑之时，其仍需要被收监执行。

对此学界有观点认为，强制医疗适用对象范围过窄。理由如下：一是考虑到执行层面存在困难。2012年《刑事诉讼法》颁布之前，限制刑事责任的精神病人可以被送到安康医院进行治疗，病情得到缓解后在监狱中服刑。然而2012年《刑事诉讼法》实施之后，安康医院以违法为理由，不再接收限制刑事责任的精神病罪犯。普通精神病医院因为不具备安保措施，也拒绝接收他们。根据《中华人民共和国看守所条例》（以下简称《看守所条例》）和1994年《中华人民共和国监狱法》（以下简称《监狱法》）规定[2]，看守所收押人犯，经过健康检查，患有精神病不予收押；对交付执行刑罚的罪犯，经过身体检查有严重疾病需要保外就医的，监狱暂不收监。这就造成了在限制刑事责任能力的精神病人被交付执行之时面临无法收监执行的困境。即使收监了，监狱服刑的精神病人如何实施医疗、谁有知情同意权、治疗程序等均成为非常棘手的问题。各种关于无服刑能力的精神病人保外就医的规定亦存在法律冲突，主要症结在于其保外就医可能有社会危险性。对于不具有社会危险性的准许暂予监外执行保外就医的精神病人，如何协调公安机关和其监护人的关系目前的立法亦语焉不详。二是从法条解释的层面。《刑事诉讼

---

[1] 参见李露："论刑事强制医疗程序的适用条件及其审查判断"，西南政法大学2014年硕士学位论文。

[2] 根据《看守所条例》第10条之规定，看守所收押人犯，应当进行健康检查，有下列情形之一的，不予收押：（一）患有精神病或者急性传染病的；（二）患有其他严重疾病，在羁押中可能发生生命危险或者生活不能自理的，但是，罪大恶极不羁押对社会有危险性的除外；（三）怀孕或者哺乳自己不满1周岁的婴儿的妇女。根据1994年《监狱法》（已被修改）第17条规定，监狱应当对交付执行刑罚的罪犯进行身体检查。经检查，被判处无期徒刑、有期徒刑的罪犯有下列情形之一的，可以暂不收监：（一）有严重疾病需要保外就医的；（二）怀孕或者正在哺乳自己婴儿的妇女。对前款所列暂不收监的罪犯，应当由交付执行的人民法院决定暂予监外执行。对其中暂予监外执行有社会危险性的，应当收监。暂予监外执行的罪犯，由居住地公安机关执行刑罚。前款所列暂不收监的情形消失后，原判刑期尚未执行完毕的罪犯，由公安机关送交监狱收监。

法》规定的是，经法定程序鉴定依法不负刑事责任，但并未明确限制是犯罪时还是犯罪后，建议应该适当扩展丧失责任能力的时间宽度，将强制医疗的对象范围作宽泛的界定。[1]三是从社会防卫的角度考虑，认为对于限制刑事责任能力的精神病人，以及实施犯罪后患精神病、无服刑能力的精神病人，同时具有人身危险性的，刑罚的功能有限，强制医疗的社会防卫功能也不能充分发挥。[2]

（三）危险性要件

立法对于"有继续危害社会可能"没有明确规定，在司法实践中如何判断"有继续危害社会可能"并无统一、明确的标准。再犯可能性属于未然的、尚未发生的领域，其实质不是一种客观事实，而是一种主观预判。因此，如何认定有继续危害社会可能成为强制医疗适用过程中特别棘手的难题之一。

1. 是否需要医疗或鉴定机构评估"继续危害社会可能"的理解不一致

立法规定，强制医疗执行期间，强制医疗机构必须定期对被强制医疗人进行诊断评估。强制医疗解除程序中，人民法院应当审查是否附有对被强制医疗人的诊断评估报告。强制医疗机构提出解除意见，未附诊断评估报告的，人民法院应当要求其提供。关于强制医疗决定，是否需要医疗机构或者有关部门评估"继续危害社会的可能"立法未明确。因此，司法实践中，做法也不统一。课题组通过访谈发现：部分检察官或法官认为，如果没有精神病学专家的协助，无法进行评估判断。他们要么就特定精神疾病的潜在危险咨询精神科执业医师，要么委托司法精神病专家评估某些精神疾病罪犯是否有再犯可能性。在目前相关案件的办理过程中，由于精神病学专业知识的缺乏，承办法官对涉案精神病人是否"有继续危害社会可能"的判断主要依据司法精神病鉴定意见和医疗机构的诊断评估报告作出。法律适用过程中，法院认定被申请人再犯可能性小的主要表征有：一是被申请人经过治疗，病情明显好转，处于精神疾病缓解期或者恢复期，已经出院或者转为门诊复诊；二是监护人有较好的监护能力和条件，并承诺积极履行监护职责；三是有的案件被申请人危险度评估等级为0级。但也有法官认为：委托医疗机构或者有关

---

[1] 参见韩旭："论精神病人强制医疗诉讼程序的构建"，载《中国刑事法律杂志》2007年第6期。

[2] 参见王珺："宪治指引下的刑事强制医疗程序核心价值回归"，载《云南行政学院学报》2020年第6期。

部门评估不是必经程序。如徐某某强制医疗案中，诉讼代理人提出被申请人是否有继续危害社会的可能应由医疗机构作出评估，而该案中缺少医疗机构作出评估报告的证据，提出"证据不充分，需要补强"的辩护意见。但该案法官认为，该要件的认定应由法官根据被申请人的行为及本案的证据进行综合判断，而医疗机构的评估也只是对其病情痊愈的评估，立法没有要求医疗机构进行是否有继续危害社会可能方面的评估。[1]

对于医疗机构诊断报告的审查，法院之间把握标准松紧不一。[2]在任某强制医疗案中，考虑被申请人经医院治疗情况良好，幻觉和妄想症状已清除，未出现新发精神症状，病情平稳，经临床评估已达到出院标准而转至门诊治疗。法院认为被申请人继续危害社会的可能较小，不符合强制医疗条件，故对检察机关的申请予以驳回，责令被申请人家属严加看管和医疗。在黄某强制医疗案中，检察院申请强制医疗前，被申请人经医院住院治疗3个月，治疗好转后已出院。黄某法定代理人亦表示被申请人在家里表现正常，会对其履行监护职责，严加监管和督促其定期服药。但是法院并未采纳这一意见，仍然认为黄某有继续危害社会的可能，符合强制医疗条件，作出了强制医疗决定。

接受访谈的法医精神病专家称评估"继续危害社会可能"为暴力危险性评估（Violence Risk Assessment）。B市一位受访者说，一直以来没有关于暴力危险性的鉴定业务。根据最新的《法医类司法鉴定执业分类规定》第四章第31条规定，危险性评估适用于依法不负刑事责任精神病人的强制医疗程序，包括对其决定强制医疗前或解除强制医疗时的暴力危险性进行评估，司法精神病鉴定开始进行探索和尝试。当前我国司法精神病鉴定中暴力危险性评估缺乏统一标准和指南。实践中通常依据《重性精神疾病管理治疗工作规范》进行评估，该规范将危险性评估分为0级~5级，业界多数专家认为该规范主要适用于社区或普通临床环境，不应该适用于强制医疗评估。全球范围来看有200多种针对不同人群的暴力危险性评估工具，大部分工具在我国实践中的效果不佳，且我国当前亦缺乏自主研发的工具[3]。S市的一名专家认

---

[1] 参见郭飞："论司法实践中的融贯性论证——以指导性案例63号'徐加富强制医疗案'为例"，载《法律方法》2017年第1期。

[2] 参见广东省东莞市第二人民法院（2016）粤1972刑医4号强制医疗决定书。

[3] 参见中华医学会精神医学分会司法精神病学组："无刑事责任能力精神障碍者强制医疗暴力危险性评估的专家共识"，载《中华精神科杂志》2022年4月第2期。

为，仅评估因疾病导致的暴力行为，难度较大。此外，一些精神病学专家担心，这种预测暴力风险本身存在风险，如果他们评估这个人并不危险，但这个人后来犯下了严重的暴力犯罪，他们可能会被追究责任。

关于继续危害社会可能的认定，B市一名检察官说，要综合考虑进行潜在危险性评估的因素，比如精神病人暴力犯罪行为所造成的伤害、精神病专家的评估报告、精神病人当前的精神状况、监护人履行照顾和监护的能力和条件等。调查方式不限于阅卷，也会与精神病人面谈，记录其身心状况，并听取监护人的意见。有的时候会走访精神病人的邻居、朋友和前同事，以确保潜在的危险程度得到准确评估。受访的一名法官认为，再犯可能性的判断，需要结合具体案件，分析犯罪人的个人情况，具体包括其生理特征、精神疾病类型、严重程度、疾病治疗以及家庭监护情况，除此之外还应该考量其年龄、婚姻家庭情况、社会地位等。其重点介绍了一起案件，被申请人吴某实施故意杀人的行为，致一人死亡，严重危害公民人身安全，经法定程序鉴定为依法不负刑事责任的精神病人。但是法院考虑到被申请人年纪大（79岁）且身患多种疾病，生活不能自理，综合其他因素，认为他继续危害社会的可能性较小，驳回了强制医疗申请。当然再犯可能性与已然的犯罪事实不是完全没有关联。比如惯犯在一段时间内反复实施同一犯罪行为，这一事实说明了其犯罪行为具有严重的社会危险性，同时也反映了其将来再次实施此种犯罪的概率较大，因此评估其再犯可能性，还应该考虑已然发生的犯罪事实的起因和经过等[1]。如在一起驳回强制医疗申请的案件中，行为人与被害人发生口角，并发生肢体冲突，先是被害人抱住行为人将其撂倒在地，随后被申请人张某才拿出放在口袋里的水果刀将其捅伤。法院经过审理认为，被申请人张某持刀伤害他人并非系没有缘由的随意性行为，结合其他证据，驳回申请。[2]实践中，精神病人既可能因病情自动发作实施攻击行为，也可能受现实因素的刺激侵害他人。显然前者的人身危险性更大，此时精神病人处于随时可能实施攻击行为的状态，何时发作具有极大的不确定性。后者的人身危险性相对较小，此类病人一般病情比较稳定，如无现实因素的刺激，通常不会实施

---

[1] 参见安徽省无为县人民法院（2017）皖0225刑医2号驳回强制医疗决定书，被申请人陈某实施伤害行为，致一人轻伤，经法定程序鉴定为依法不负刑事责任的精神病人。法院考虑到其伤害他人的行为系因其妻子被他人接走而引起，综合其他因素，认为他没有危害社会的可能，驳回强制医疗申请。

[2] 参见湖南省麻阳苗族自治县人民法院（2017）湘1226刑医2号驳回强制医疗决定书。

暴力行为。如《刑事审判参考》中第887号案例宋某强制医疗案中，被申请人宋某在地铁站内无故将他人推下站台，致使被害人被列车碾压，多处受伤，其行为性质非常恶劣，后果极为严重。被申请人实施的暴力行为并非由现实因素引发，具有任意性，表明其随时会对周围不特定人实施侵害，暴力倾向明显。综合其他因素，法院认定被申请人具有"继续危害社会的可能"，具有充分的事实根据。[1]

2. 判断"继续危害社会的可能"是否首先考虑家属有无能力看管和医疗的观点不一

访谈中，关于"家属严加看管和治疗"与"政府强制医疗"之间的关系，学者之间观点不一致。有的观点认为，对于监护条件较好的精神病人，如果具备治疗的条件，保证能得到正规精神病医疗机构的治疗，由医疗机构根据病情变化采取不同的防护措施，并得到监护人有效看管，其再次危害社会的可能性自然较小，被申请人没有继续危害社会的可能性，也就没有必要再对其进行强制医疗，以节约强制医疗执行资源。持相反意见的人则认为，根据《刑法》第18条第1款规定，政府强制医疗与家属看管和医疗是分别适用于不同情形的两种措施，适用条件也不同。结合《刑事诉讼法》的相关规定，造成危害结果的精神病人不符合强制医疗条件的，应当由家属负责看管和医疗；但如果有继续危害社会可能，符合强制医疗条件的，则应当由政府强制医疗。《刑事诉讼法》规定其适用条件就是为了明确《刑法》第18条第1款规定的"必要的时候"，防止强制医疗权力的滥用。因此，人民法院对被申请人是否决定强制医疗，不取决于其家人的看管和治疗条件，而是看是否符合《刑事诉讼法》及相关司法解释规定的适用条件。凡是符合强制医疗条件的精神病人无论家属是否能够、愿意履行监护职责，都应强制入院治疗。[2]

司法实践中，法官们的理解也不一致。《刑事审判参考》第887号案例宋某强制医疗案中，被申请人的父母一再声明其具备相应的经济能力，可对宋某进行治疗和监护，不同意对宋某实施强制医疗。北京市海淀区人民法院在审理时对被申请人父母以往对被申请人的治疗、监护情况进行了全面了解，

---

[1] 参见最高人民法院刑事审判一至五庭主办：《刑事审判参考（总第93集）》，法律出版社2014年版，第97~101页。

[2] 参见陈卫东："构建中国特色刑事特别程序"，载《中国法学》2011年第6期。

并经审查认为，被申请人家庭虽然具有一定的经济条件，可以对被申请人进行治疗，但本案的发生仍充分证明其家庭的监管力度不够，无法做到有效防止其继续危害社会，应当由国家采取强制医疗措施，故对其亲属要求自行看管、治疗的意见不予采纳。决定作出后，宋某的法定代理人不服，申请复议。北京市第一中级人民法院经过审理，最终决定驳回复议申请，维持原决定。[1]

然而，有的法官则认为，强制医疗必要要件——"继续危害社会可能"的审查因素之一就是家属监管和治疗的能力和条件。从文义解释角度，我国《刑法》第18条第1款规定"必要的时候"在"严加看管和医疗"之后，"必要"应当是首先需要考虑监管因素的，不具备监管和治疗能力和条件的，才结合案情综合判断是否需要强制医疗。而且偶尔一次疏于监管就彻底否定其监管能力，有些矫枉过正。

二、强制医疗审前程序

（一）审前程序中程序的转换

人民检察院对于公安机关移送的[2]或者在审查起诉过程中发现的精神病人符合强制医疗条件的，人民检察院应当向人民法院提出强制医疗的申请。这虽然是强制医疗的启动，但实际上已经成为由普通刑事程序向强制医疗程序的"庭审程序转换"问题。[3]因为两者性质、适用条件、当事人权利保障以及具体程序运行等方面存在显著区别，这就要求我们对两种程序的转换问题进行探讨。

强制医疗程序启动建立在其他诉讼程序所作出的事实判断的基础之上。一旦强制医疗成为一个潜在的解决方案，常规的刑事诉讼普通程序将被终止，并为强制医疗特别程序让路。如何实现两种程序之间的转换对于强制医疗程序

---

[1] 参见最高人民法院刑事审判一至五庭主办：《刑事审判参考（总第93集）》，法律出版社2014年版，第97~101页。

[2] 《刑事诉讼法》第303条第2款规定，公安机关发现精神病人符合强制医疗条件的，应当写出强制医疗意见书，移送人民检察院。对于公安机关移送的或者在审查起诉过程中发现的精神病人符合强制医疗条件的，人民检察院应当向人民法院提出强制医疗申请。人民法院在审理案件过程中发现被告人符合强制医疗条件的，可以作出强制医疗的决定。

[3] 参见朱晋峰：《诉讼视野下我国强制医疗程序解析及其完善》，上海交通大学出版社2020年版，第228~230页。

功能的正常发挥至关重要。[1]立法对于普通刑事诉讼程序与强制医疗程序之间转换的问题没有明确规定，但是在课题组调研中，关于程序转换的问题，被多次提到。

首先，公安机关何时撤销案件是一个有争议的问题。一些警察认为，既然犯罪嫌疑人通过司法鉴定被确定因精神失常而无刑事责任能力，他就应该被释放。刑事侦查程序应该被终止，案件应该被撤销。简言之，普通程序不能直接转换成强制医疗程序，撤销案件是启动强制医疗程序的前提。另一些人则认为，在法院决定是否应该对犯罪嫌疑人强制医疗之前，不应撤销刑事案件。因为《高检规则》规定了检察机关审查强制医疗案件可以要求公安机关补充证据。退回公安机关补充侦查的案件在侦查终结移送检察机关时，如果作了撤销案件处理的，程序上如何处理就成为难题，难道公安机关应该再进行立案侦查吗？由于缺乏统一的立法，各地的做法各不相同。北京市规定，一旦犯罪嫌疑人经法定程序鉴定为依法不负刑事责任的精神病人，如其有继续危害社会可能，符合强制医疗条件的，公安机关应当依法撤销刑事案件，然后将强制医疗意见提交给检察院。这个程序问题在北京市已经得到解决，但在其他省市仍然存在。审查起诉阶段也存在类似的程序问题。幸运的是《高检规则》已经明确，公安机关侦查终结后，按照普通诉讼程序移送检察机关审查起诉的，检察机关根据法定程序对犯罪嫌疑人进行精神病司法鉴定，检察机关决定是否向法院提出强制医疗申请之前，犯罪嫌疑人经鉴定是依法不负刑事责任的精神病人的，应当作出不起诉决定。

其次，强制医疗程序转换为普通程序立法也没有明确规定。检察机关在强制医疗程序中，对相关事实和证据进行审查后，认为犯罪嫌疑人不符合强制医疗条件，应该追究刑事责任的，是自行补充侦查，径行向法院起诉，还是退回侦查机关进行补充侦查，也成为一个棘手问题。

最后，强制医疗程序中，公安机关通常会采取临时的保护性约束措施。如果检察机关认为犯罪嫌疑人不符合强制医疗条件，退回公安机关补充侦查的，这意味着强制医疗程序转换为普通程序，这时是否应该撤销临时的保护性约束措施，进而审查是否有必要采取强制措施？如果最终法庭认定行为人

---

[1] 参见吕晓刚："刑事强制医疗程序诉讼衔接问题研究"，载《广西大学学报（哲学社会科学版）》2014年第4期。

有罪的,那么临时的保护性约束措施的执行期限是否可以折抵羁押期限也不明确。

关于此问题,有学者认为,与强制医疗程序相比,普通程序对于行为人提供了更强的程序保障,因此如果是从程序保障程度低的强制医疗转换为程度高的普通程序,可以直接转换,不得进行程序倒流。因为两个程序之间的属性冲突让位给了程序保障,普通程序具有适用上的优先性和包摄性。[1]我们认为这样的观点,如果涉及审理程序,法理上具有说服力。但是具体到审前程序,该观点值得商榷。审前程序中,对犯罪嫌疑人程序保障的重要性更为凸显。强制医疗程序,如果犯罪嫌疑人没有委托诉讼代理人的,法律援助律师介入是在审判阶段。普通程序,辩护律师介入的阶段是采取强制措施之日起或被第一次讯问时。那么试问,审查起诉阶段,检察机关径行起诉,由强制医疗程序转换为普通程序,没有委托辩护人,没有会见,也没有阅卷,如何保障犯罪嫌疑人、被告人的辩护权?

(二)临时的保护性约束措施

临时的保护性约束措施是在人民法院作出强制医疗决定前,为了避免和防止涉案精神病人继续危害他人或自身安全,公安机关对其采取限制人身自由的措施。《程序规定》进一步对临时的保护性约束措施的采取和解除作了补充规定。然而,不完善的立法给司法实践带来了极大的挑战。我国目前的法律法规并没有对临时的保护性约束措施的适用条件、决定机关、期限、执行地点和具体措施作出详细规定,致使办案部门常常出现无法可依的局面。

1. 临时的保护性约束措施和强制措施的关系不明确

检索裁判文书,发现公安机关采取临时的保护性约束措施的流程,主要有以下三种方式:一是先行羁押,经鉴定无刑事责任能力的被申请人被释放,同日被送往医疗机构采取临时的保护性约束措施,多数强制医疗决定书体现了这种方式。被申请人安某因涉嫌妨害公务罪,于2016年2月11日被羁押,次日被拘留。同年2月13日对其进行刑事责任能力鉴定,同年6月8日安某被鉴定为无刑事责任能力,同日被释放并被采取临时的保护性约束措施,现在北京市安康医院治疗。[2]二是公安机关立案后初步查明犯罪嫌疑人具有精

---

[1] 参见王志坤:"刑事强制医疗的程序转换",载《国家检察官学院学报》2016年第5期。
[2] 参见北京市顺义区人民法院(2016)京0113刑医2号刑事决定书。

神病史的，或者作案过程中精神状态失常可能患有精神疾病的，应当采取非羁押的强制措施，如予以取保候审，责令家属严加看管，或者指定监视居住。对于非羁押措施不足以防范犯罪嫌疑人的人身危险的，应当由公安机关送往精神病院治疗。待精神病司法鉴定确认其为无刑事责任能力人，再按照规定采取临时的保护性约束措施。[1] 如山西省太原市迎泽区人民法院审理的一起强制医疗案件，被申请人刘某因涉嫌故意伤害罪于2019年3月6日被太原市公安局迎泽分局监视居住，2019年9月6日被太原市公安局迎泽分局取保候审。现被办案单位采取临时的保护性约束措施于太原市安定精神疾病研究院。[2] 三是个别地方，公安机关立案侦查之后，未经鉴定，直接采取临时的保护性约束措施。[3] 如陕西省西安市长安区人民法院审理的一起强制医疗案件，被申请人刘某于2017年1月19日因涉嫌故意伤害罪被西安市公安局长安分局立案侦查，同日被采取临时的保护性约束措施于西安市公安局安康医院治疗。[4]

实务部门往往认为临时的保护性约束措施适用的对象只能是经鉴定无刑事责任能力的精神病人。公安机关立案后到鉴定前，即未经鉴定无法确认犯罪嫌疑人是否具有刑事责任能力之前，推定其为具有完全刑事责任能力的正常人，确有必要时可以采取强制措施。我们似乎可以推理出，精神正常的犯罪嫌疑人适用强制措施，经鉴定不负刑事责任的精神病人适用临时的保护性约束措施。不同的对象适用不同的强制措施，两者之间互相独立，不存在依附关系。根据立法机关关于刑事诉讼法修改的释义，实施暴力行为的精神病人因具危险性而需予以控制，但采取的措施应以治疗和改善其精神状况为目的，故不能适用逮捕、拘留等刑事强制措施。立法者也更倾向于将临时的保护性约束措施界定为独立的强制措施。[5]

2. 临时的保护性约束措施执行地点不明确

由于法律没有规定临时的保护性约束措施的执行地点，因此实践中存在

---

[1] 参见罗兆丹："强制医疗程序司法运作中的问题与完善——以检察监督权的有效行使为视角"，载《山东警察学院学报》2014年第1期。

[2] 参见山西省太原市迎泽区人民法院（2020）晋0106刑医1号刑事决定书。

[3] 参见朱晋峰：《诉讼视野下我国强制医疗程序解析及其完善》，上海交通大学出版社2020年版，第93~94页。

[4] 参见陕西省西安市长安区人民法院（2017）陕0116刑初210号刑事决定书。

[5] 参见程雷："强制医疗程序解释学研究"，载《浙江工商大学学报》2013年第5期。

很大差异。《北京市关于强制医疗程序的实施办法（试行）》第 3 条规定，由北京市安康医院负责执行临时的保护性约束措施。其他地方，接受临时的保护性约束措施的精神病人要么被关押在安康医院或普通精神病院，要么就在当地的看守所。[1]如河北省怀安县人民法院审理的一起强制医疗案件，被申请人宋某于 2013 年 7 月 20 日因涉嫌故意杀人罪被怀安县公安局刑事拘留，同年 8 月 8 日被鉴定患有精神分裂症，无刑事责任能力。2013 年 8 月 9 日被释放，同日被怀安县公安局送往张家口市沙岭子医院采取临时的保护性约束措施。[2]湖北省武汉市洪山区人民法院审理的一起强制医疗案件，被申请人张某现被临时保护性约束于武汉市洪山区看守所。[3]湖南省东安县人民法院审理的一起强制医疗案件，被申请人席某因涉嫌故意杀人罪于 2016 年 5 月 6 日被刑事拘留，湖南省东安县公安局于 2016 年 5 月 30 日作出撤销案件的决定，席某现暂予羁押在湖南省东安县公安局看守所。[4]

受访的一位 G 市安康医院的医生认为，所有患者都需要治疗，但临时的保护性约束措施和强制医疗应该有所区分。但是事实上，接受临时的保护性约束措施的精神病人和接受强制医疗的精神病人都待在同一个区域，甚至在同一个病房。而且当接受临时的保护性约束措施治疗的精神病人被关押在普通精神病院时，最大的隐患是安全问题。[5]由于普通精神病院没有必要的安保设施，一些医院要求警方至少派遣两名警员 24 小时监视和看守精神病人。还有一些医院要求警方提供财政补贴，以便他们能够从保安公司雇用更多的专业安保人员。

3. 临时的保护性约束措施实施的具体程序缺失

课题组调查发现，大多数省市临时的保护性约束措施已经具有了强制性。也就是说，只要涉嫌犯罪的精神病人，公安机关就会对其采取临时的保护性约束措施。B 市一位受访者指出，如果没有临时的保护性约束措施的约束和

---

[1] 参见田圣斌："强制医疗程序初论"，载《政法论坛》2014 年第 1 期。
[2] 参见河北省怀安县人民法院（2014）安刑医字第 16 号刑事决定书。
[3] 参见湖北省武汉市洪山区人民法院（2013）鄂洪山刑特字第 00003 号刑事决定书。
[4] 参见湖南省东安县人民法院（2016）湘 1122 刑医 2 号刑事决定书。
[5] 2013 年广西藤县第三人民医院男病人区的精神病人挟持该院的巡查护理员，并抢走护理员的钥匙、手机及现金，打开病区大门出走。据统计，出走的精神病人共 42 名，其中包括有犯罪前科精神病人 7 人。该事件暴露出了基层精神病院安保的窘境。详细记载参见"广西 42 名精神病人出逃续：官方否认收治上访者"，载微信公众号"北京市安博律师事务所"，最后访问日期：2023 年 3 月 22 日。

相应的治疗，精神病人发生进一步危险行为的风险很高。因此，这种风险基本上符合采取临时的保护性约束措施的条件。然而，我们认为由于临时的保护性约束措施涉及剥夺精神病人的自由，并强迫他们接受抗精神病治疗，因此对所有强制医疗案件都采取临时的保护性约束措施不应该成为必须。

《程序规定》规定，对于精神病人已没有继续危害社会可能，解除约束后不致发生社会危险性的，公安机关应当及时解除保护性约束措施。然而，实践中解除临时的保护性约束措施的情况几乎没有。绝大多数精神病人被采取保护性约束措施直到法院作出决定。我们认为，不论是从节约成本，还是从保障人权的视角，监护人能够提供有效监护的情况下，公安机关应该及时解除保护性约束措施。[1]

4. 临时的保护性约束措施的具体方法不明确

从临床实践来看，临时的保护性约束措施是为了预防和制止精神病人由于幻觉、妄想等精神症状支配产生的伤人、毁物等激烈的危险行为，作为紧急情况下的干预手段主要形式有体力控制和机械性控制。从法律文本着手，《程序规定》规定，采取临时的保护性约束措施时，应当对精神病人严加看管。公安机关可以采取临时的保护性约束措施。必要时，可以将其送往精神病医院接受治疗。由此我们可以推断，"严加看管"是临时的保护性约束措施的主要方法，治疗应该是临时的保护性约束措施的替代性措施。但课题组调查发现，司法实务中，公安机关在采取临时的保护性约束措施时，大多数精神病人被送到安康医院或普通精神病院进行。在看守所对精神病人进行约束的情况很少，一方面因为看守所里没有必要的精神卫生设施，另一方面进行约束措施具有一定专业性，如胸部约束带使用不当可能导致胃部挤压伤和窒息死亡。[2]为了规避风险，公安机关更倾向于移送专业机构。

在安康医院或普通精神病院实施临时的保护性约束措施带来的问题是，很难有效区分其与治疗行为的界限。临时的保护性约束措施，顾名思义是紧急突发情况下的应急措施，具有"临时"的特征。它不同于"终局"的强制医疗。引用一位受访者的话，在保护性约束措施期间，首先是监管，其次是必

---

[1] 参见张品泽："对精神病人强制医疗程序研究"，载《中国刑事法杂志》2015年第4期。
[2] 参见孙元平："约束用具在临床护理中的使用探讨"，载《中国实用护理杂志》2004年第10期。

要的医疗干预；而在强制医疗期间，首先是治疗，其次是必要的监管。[1]由于立法的不确定导致办案人员对于不同层次"医疗行为"的立法意图"视而不见"，这种误解不仅造成了对临时的保护性约束措施和强制医疗之间的功能混淆，而且很容易以隐蔽的方式侵犯涉嫌犯罪的精神病人的权利，也会造成医疗资源的浪费。

综上，采用临时的保护性约束措施应遵循比例原则。《程序规定》规定，注意约束的方式、方法和力度，以避免和防止危害他人和精神病人的自身安全为限度。该规定一定程度上反映了比例原则。遗憾的是，这一原则在实践中并没有得到充分重视。

5. 临时的保护性约束措施的审查决定

关于临时的保护性约束措施的审查决定主体，相关立法之间存在冲突。《程序规定》规定，经县级以上公安机关负责人批准，公安机关可以采取临时的保护性约束措施。然而，《北京市关于强制医疗程序的实施办法（试行）》第3条规定，经法定程序鉴定依法不负刑事责任的精神病人，符合强制医疗条件的，公安机关、人民检察院、人民法院可以决定对涉案精神病人采取临时的保护性约束措施。由此我们可以推断，该办法的制定者主观上认为临时的保护性约束措施同拘传、取保候审、监视居住等强制措施一样，以限制或剥夺公民人身自由为前提，目的是保障诉讼程序的顺利进行，因此其本质上属于特殊强制措施。[2]故由不同国家机关主导的诉讼阶段，是否采用临时的保护性约束措施的决定主体自然不同。但是，该规定与上位法关于决定主体是公安机关的规定不一致，其合法性值得商榷。另外，临时的保护性约束措施指向精神病人的人身自由权，潜藏着侵犯公民基本人权的风险。目前《刑事诉讼法》将适用临时的保护性约束措施的权力赋予公安机关，缺乏有效程序的制约会增加警察滥用权力任意实施临时的保护性约束措施的风险。

三、强制医疗审理程序

《刑事诉讼法》及《刑诉解释》明确规定了强制医疗案件的庭审程序，

---

〔1〕 See Zhiyuan G, "Psychiatric Commitment Under the Criminal Law in China: An Empirical Perspective", *International Journal of Law and Psychiatry*, Vol. 73, 2020.

〔2〕 参见汪建成："论强制医疗程序的立法构建和司法完善"，载《中国刑事法杂志》2012年第4期。

并对保障被申请人或被告人的诉讼权利作出了规定。具体体现在：原则上人民法院应当组成合议庭开庭审理，并应当通知其法定代理人或其他近亲属到场。最突出的权益保障措施为对没有委托诉讼代理人的被申请人或者被告人，人民法院通知法律援助机构为其提供法律援助。针对庭审，合议庭应当围绕强制医疗的适用条件展开调查，庭审双方应当完成举证质证环节，并针对是否应当予以强制医疗进行法庭辩论。

《刑事诉讼法》及《刑诉解释》明确了，审理强制医疗案件，应当组成合议庭。以开庭审理为原则，以当事人申请不开庭审理为例外。但是，是否公开开庭审理司法实践中做法不一[1]。有研究以北京市东城区人民法院在2015年~2019年审理的强制医疗案件为样本，发现所有案件均以涉及隐私权保障层面的法益为依据，从而选择不公开审理。而湖南省法院对于强制医疗案件却坚持公开开庭审理为原则，不公开为例外。[2]目前强制医疗案件的庭审设计采用了与普通刑事案件基本相同的庭审模式，但由于被申请人和代理人的出庭比例都比较低，导致无法通过讯问、对质等方式查清案件事实。[3]被指派的法律援助律师，因为自身医疗专业知识欠缺以及审限较短等，导致庭审质量较差，无法提出有针对性的辩护意见，基本上都同意检察机关的强制医疗申请。[4]此外相对于被申请人或者被告人，被害人及其近亲属作为精神病人刑事案件中重要的主体之一，应当依法享有相应的诉讼权利，但当前法律并未明确规定被害人的庭审参与权，因而在法庭上很难形成庭审的对抗性。由此我们可以看出，在审理阶段，尤其是最终决定作出时，行政化色彩仍然很浓，庭审构造的诉讼化有待加强。[5]

（一）强制医疗程序正当性不足

强制医疗案件，正当程序的具体内容集中体现在对被申请人或者被告人

---

[1] 参见周峰等："强制医疗程序适用情况调研报告"，载《人民司法（应用）》2016年第7期。

[2] 参见石魏："强制医疗程序庭审虚化之反思与破解——以北京市2015-2019年强制医疗案件为研究样本"，载《北京警察学院学报》2019年第6期。

[3] 参见徐世亮："依法不负刑事责任的精神病人强制医疗程序若干问题研究"，载《法律适用》2016年第12期。

[4] 参见张凡："强制医疗程序的运行现状及制度完善"，载《人民司法》2020年第22期。

[5] 参见朱晋峰、宫雪："强制医疗程序的诉讼化建构——基于强制医疗程序行政化色彩的分析"，载《证据科学》2013年第2期。

诉讼权利的保护。我国相关立法规定，强制医疗案件审理中，被申请人或者被告人的法定代理人享有到场的权利、委托诉讼代理人的诉讼权利，以及没有委托的情况下获得法律援助的诉讼权利等。这些权利在任何时候都不能被剥夺，否则强制医疗的程序正义就无法保障。

1. 直接推定精神病人无受审能力

《刑事诉讼法》只提到了法定代理人和诉讼代理人参与庭审的权利，并没有赋予精神病人出庭的权利。《刑诉解释》规定，被申请人要求出庭，人民法院经过审查其身体和精神状态，认为可以出庭的，应当准许。由此我们可以得出，是否允许涉案精神病人出庭属于法院自由裁量的事项。涉案精神病人出庭的条件一是其主动要求出庭，二是其身体和精神状态适合出庭。根据现场调查，大多数法官不建议涉案精神病人出庭参加庭审，因为他们认为这些人不能有意义地参与审理过程。

强制医疗程序与刑事诉讼普通程序相比，后者解决的是被告人是否构成犯罪的实体性问题。前者是针对依法不负刑事责任的精神病人，审查其是否有继续危害社会的风险，有无强制医疗的必要。无论区别如何，两者之间程序正义的价值追求是不变的。强制医疗对精神病人人身自由的剥夺，与刑罚并无不同。为了避免强制医疗肆意扩大适用范围，防止"被精神病"现象在刑事司法领域出现；防止将病情稳定、危险性较小的精神病人"拘禁"起来，其人身自由被不当限制，严格贯彻正当法律程序就十分必要。程序正义要求被申请人或被告人有获得公平审判的机会，法律应该保障其出庭对质等辩护权利。因此，有研究认为，涉案精神病人不享有出庭的权利，违反了正当程序的要求。[1]当前强制医疗程序从鉴定启动到审理程序，都没有明确规定涉案精神病人的参与，精神病人一定程度上沦为诉讼的客体。[2]也有学者认为，只有在涉及刑事指控的案件中，被指控者的出庭权才是最低限度的程序保证。然而强制医疗适用的行为不具有可罚性，强制医疗不具有刑罚的功能，因此人民检察院的申请不属于刑事指控，涉案精神病人不享有出庭的权利并没有

---

[1] 参见朱晋峰、宫雪："强制医疗程序的诉讼化建构——基于强制医疗程序行政化色彩的分析"，载《证据科学》2013年第2期。

[2] 参见秦宗文："刑事强制医疗程序研究"，载《华东政法大学学报》2012年第5期。

违反正当程序的要求。[1]

暂且不论涉案精神病人的出庭权是否是正当程序的要求。为了查明案件事实，作出正确决定，具有受审能力的涉案精神病人应该均有权出庭实质参与庭审。目前司法实践中，经鉴定不具有刑事责任能力的精神病人被自然推定为无受审能力，将案发时精神状态回溯性评价和当前的受审能力画等号的做法是错误的，不仅难以保障精神病人人权，而且这种陈旧的"医疗保障模式"与国际上残疾人权利保障的"人权保障模式"[2]相违背。

2. 无法形成有效的庭审对抗

（1）法定代理人出庭情况

强制医疗的对象是经鉴定不具有刑事责任能力的精神病人。倘若被申请人或者被告人不具备受审能力，法定代理人出庭参与庭审就至关重要。对此《刑事诉讼法》以及《刑诉解释》均予以明确。然而，实践中许多精神病人实施暴力的受害者是他们的家庭成员，主要包括父母、配偶、子女等与其共同生活、日常联系较为密切的群体。通常情况下，法定代理人也是家庭成员或监护人。他们或者死亡或者情感上难以面对，客观不能或者主观不愿意出庭参与庭审。还有一部分精神病人的法定代理人因在外务工、路途遥远等客观原因，或者出于逃避承担强制医疗费用和民事赔偿责任的心理等主观考虑，接到法院通知后，拒不到场[3]。另外，有少数精神病人属于社会流浪人员，法定代理人无从查找。

---

[1] 参见张吉喜："中美刑事强制医疗制度相关问题比较研究"，载《环球法律评论》2014年第5期。

[2] 残疾人权利保障模式经历了"医疗模式""社会模式""人权模式"三个阶段。"医疗模式"主要关注残疾人的医学特征，强调其身心缺陷或损坏，并认为正是残疾人的这种自身缺陷阻碍了其参与和融入主流社会。在这种模式下，残疾人或是完全被排挤于主流社会之外，依靠社会救济维持生计，抑或是只能有限参与社会，如只能接受特殊教育等。"社会模式"主要关注的是发现、揭示和研究物质环境和社会环境给残疾人所造成的各种限制和障碍，并通过各种手段和方法来消除这些限制和障碍，促进残疾人融入社会生活。在这个阶段，社会不仅接纳了残疾人，而且认为残疾人也可以成为社会物质财富和精神财富的创造者，残疾人应当不受歧视地参与社会生活，社会也应当赋予残疾人平等机会和条件。"人权模式"认为：残疾人是权利的享有者，是社会发展的参与者，应和其他非残疾人一样享有基本人权和自由，并参与社会的各项决策。同时，确认残疾人在充分参与个人发展或社会发展中所遇到的障碍是对人权的侵犯。参见柳琴："残疾人权利保障问题研究——以《残疾人权利公约》为视角"，上海交通大学2008年硕士学位论文。

[3] 参见周峰等："强制医疗程序适用情况调研报告"，载《人民司法（应用）》2016年第7期。

关于法定代理人出庭的问题，法官们观点不一致，有的法官认为，法律规定被申请人或者被告人没有委托诉讼代理人的，人民法院应当为其指派诉讼代理人。即使法定代理人不到场，也不会影响强制医疗案件的审理。浙江省高级人民法院的法官认为，为了保障被申请人、被告人的合法权益，对于没有法定代理人、无法通知到法定代理人或者法定代理人不到场的，可以参照未成年人刑事诉讼程序的规定，通知被申请人或被告人的其他成年亲属、所在单位、居住地基层组织或者精神病人权益保护组织（社会公益组织）的代表到庭参加诉讼。课题组查阅裁判文书网，在1002份强制医疗决定书的研究样本中，近亲属作为法定代理人的比例为93%，占据绝大多数。而被申请人的其他亲属、社区居民委员会或村委会代表的比例各占3%，政府人员的比例仅占1%（见图3）。研究样本分析也验证了课题组调研的结论。

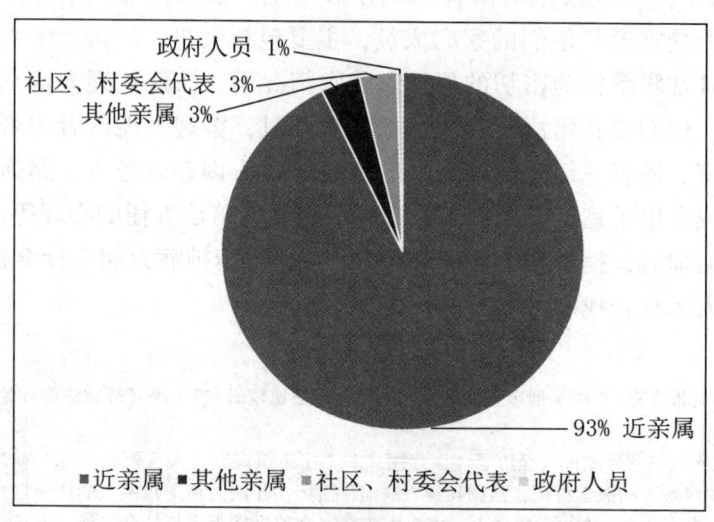

图3　法定代理人类型统计

（2）律师参与情况

强制医疗程序现代化与民主化的标志就是控辩式庭审方式的确立。代表国家申请强制医疗的检察机关或者依职权启动程序的法院本身具有被申请人或被告人不可比拟的优势，代理律师力量的加入，方能保持双方力量的相对平衡。被申请人或者被告人可能被剥夺人身自由而又疑似不具备辨认能力或控制能力，处于十分不利的诉讼地位，没有律师的帮助，将无法充分维护其合法权益。代理律师的帮助，弥补了被申请人自身诉讼能力的欠缺，大大增强了其防御的能力，实现了平等武装理念。同时代理律师的加入也是法官保持中立、居中裁判的保障。法官的中立建立在双方实力均衡、诉讼权利对等的基础上。双方势均力敌，充分对抗有利于发现案件真相，为法官的审判质量提供保障。

如上所述，患有精神疾病的被申请人或者被告人往往缺乏参与庭审的完全能力，而他们的法定代表人有时会以各种理由拒绝出庭。考虑到很少有涉案的精神病人能够负担得起聘请律师作为其诉讼代理人的费用，法律赋予了其获得法律援助的权利。《刑事诉讼法》及《刑诉解释》规定，被申请人或者被告人没有委托诉讼代理人的，人民法院应当通知法律援助机构指派律师担任其诉讼代理人，为其提供法律帮助。但是，受访的一位法官认为，由于法律援助律师没有接受过专门的精神病医学培训，而且通常缺乏代理强制医疗案件的经验，因此他们能否在庭审中提供有效的法律服务是值得怀疑的。而且强制医疗案件的律师援助仅限于审理阶段有违程序公正原则。[1]

（3）有效抗辩的意愿或能力不足

统计结果显示，在 1002 份强制医疗决定书的研究样本中，94%的法定代理人、诉讼代理律师或法律援助律师对于对申请机关提出的事实和证据未持异议，均当庭表示同意对被申请人采取强制医疗。仅有 6%与申请机关持不同意见。其中，仅有的 6%的异议中，也存在一些观点较为模糊、模棱两可的说法，如"是否对被申请人采取强制医疗措施，请人民法院结合其个人情况、社会危害性等依法作出决定""法院应慎重审查被申请人现在的病情，以确定是否需要对其进行强制医疗，如不需强制医疗，则由家属接回家，以保证被申请人的合法权益不受侵害"等。

充分尊重被申请人的诉讼主体地位，全面地维护被申请人的合法权益，就有必要保障其获得代理律师的法律帮助。在普通刑事案件中，不论是被告人的辩护人还是被害人的诉讼代理人，在审查起诉阶段经过司法机关的同意即享有阅卷的权利。但在强制医疗案件中，律师作为涉案精神病人的诉讼代理人，其究竟享有什么权利，法律没有规定。2014 年底，上海市检察机关的回应是，涉案精神病人的诉讼代理人在检察阶段提出阅卷申请，因法律依据

---

[1] 参见秦宗文："刑事强制医疗程序研究"，载《华东政法大学学报》2012 年第 5 期。

不足,暂不予以受理。[1]

罗某强制医疗复议决定中,[2]申请复议人罗某一(原审被申请人罗某的哥哥)提出:原审被申请人罗某目前病情已好转,不再具有社会危害性,请求法院撤销原审法院作出的强制医疗决定。然而,诉讼代理人提出:经会见,被申请人罗某表示其仍需继续接受治疗,根据被申请人的意愿及其近亲属监护能力有限情况,建议对罗某实施强制医疗。

任某被驳回强制医疗案中,[3]被申请人任某对检察机关提出的事实经过没有异议,但提出其病情已经好转,不需进行强制医疗。法定代理人任某一请求对被申请人的强制医疗申请不予支持,其及家人将严加看管和医疗。然而,诉讼代理人对被申请人任某涉案及依法不负刑事责任的事实、证据没有异议,提出任某在精神病发作情况下伤害他人,为免因病情恶化而给社会带来严重后果,建议进行两个月的强制医疗。

法定代理人、诉讼代理律师或法律援助律师的有效抗辩不足,究其原因:一是有些近亲属希望国家免费地强行收治精神病人,使自己能够从繁重的监护任务及其医疗负担中解脱,因此法定代理人对于强制医疗的申请,不仅不反对,甚至积极要求法院作出强制医疗决定。二是由于激励和监督机制的不健全,法律援助律师提供法律帮助的效果有限。三是由于强制医疗案件的特殊性和专业性,法定代理人、诉讼代理律师或法律援助律师对其进行有效抗辩的能力严重不足。[4]

(二)被害人的诉讼权利保障缺失

传统刑事立法对社会利益过分关注,导致对被害人利益的漠视。强制医疗价值目标在于医治精神病人,矫治导致其犯罪的疾病,最终预防其再次实施危害社会的行为。矫治导致犯罪的疾病是手段,保障刑法所保护的法益不受精神病人侵犯是终极目标。强制医疗程序设计兼顾了社会利益和精神病人

---

[1] 内容来源于上海市人民检察院内网,市院案管处《关于强制医疗案件受理审查期间检察机关暂不接待被申请人的诉讼代理人阅卷申请的通知》2014年11月18日。详细记载参见王蕾:"涉案精神病人强制医疗制度实务问题研究",上海交通大学2018年硕士学位论文。

[2] 参见江苏省南京市中级人民法院(2020)苏01刑医复2号继续强制医疗决定书。

[3] 参见广东省东莞市第二人民法院(2016)粤1972刑医4号强制医疗决定书。

[4] 参见吕晓刚:"属性分野视角下刑事非讼程序证据体系研究——以刑事强制医疗程序为例分析",载《证据科学》2020年第5期。

个人利益，兼顾了社会防卫和人权保障，但是被害人的权益却一直被"忽视"或"遗忘"。

首先，参与程序的权利赋予的是可能受到裁判结局直接影响的、和案件处理结果有直接利害关系的当事人。立法机关和司法机关应该充分尊重当事人的诉讼主体地位，不能把当事人当作实现某种目的的工具。刑事诉讼中的当事人主要包括被告人和被害人。强制医疗案件中，直接受到被申请人暴力行为侵害的被害人应有充分的机会表达自己的观点和主张，并对检察机关、被申请人或者被告人的主张和证据进行反驳和抗辩，以便将最终的决定建立在这些证据和辩论等所进行的理性推理的基础上。普通刑事案件中，由刑罚来制裁犯罪行为，以满足社会大众或被害人的正义感，同时避免复仇和私刑的发生是刑罚正当性根据。惩罚罪犯和获得赔偿是被害人的基本诉求。刑罚惩罚的对象必须具有自由意志并能理性思考，由于精神疾病等因素而无法意思自治的精神病人，即使犯罪也不能对其施加刑罚。依法不具有刑事责任能力的精神病人不承担刑事责任。强制医疗案件的被害人的报复的心理诉求无从实现，那么立法允许被害人充分、有效、实质地参与审理过程，对于化解被害人复仇心态、抚平痛苦情绪就显得十分重要。[1]

一般情况下，对于鉴定机构出具的司法精神病鉴定意见是否可以采信，提出强制医疗申请的检察机关和被申请人本人及其亲属基本上不会提出异议，因此难以在案件审理过程中形成对抗。由于我国立法未规定被害人及其近亲属可以参加庭审，导致最有可能对司法精神病鉴定意见提出异议的、直接受到被申请人暴力行为侵害的被害人及其亲属，无法参与庭审程序中，亦丧失了表达自己诉求、反驳鉴定意见的机会。强制医疗解除程序的相关立法亦未明确被害人是否可以参与庭审，也未规定在案件审理过程中是否需要听取被害人方的意见。无论是强制医疗的决定还是解除，法官主要考量的是被申请人是否具有人身危险性，疏于对被害人权利的关注，这不仅不利于强制医疗案件的公正处理，也不利于化解社会矛盾，无法实现法律效应和社会效应的共赢。

司法实践中鲜有考虑刑事和解的。在关于申请解除俞某强制医疗案中，

---

[1] 参见施鹏鹏、周婧："强制医疗程序适用中的疑难问题及对策"，载《人民检察》2015年第7期。

被害人潘某及诉讼代理人在开庭时提出：案发后，潘某的治疗，俞某一方没有给予任何支持，至今潘某尚未完全痊愈，且俞某仍然具有社会危害性，故不建议对俞某解除强制医疗。庭后，被申请人俞某与被害人潘某达成赔偿谅解协议，约定俞某一方赔偿被害人潘某经济损失共计人民币22万元（已履行完毕）。据此被害人潘某对俞某的行为表示谅解，并请求本院依法对俞某给予解除强制医疗。人民法院在审理过程中，充分照顾了被害人利益，这样的做法值得肯定。

由于被害人不能出庭，不能参与法庭调查和法庭辩论，对于案件审理的过程不知情，盲目认为法院的强制医疗决定使得伪装患有精神疾病的被追诉人免予刑事处罚，而申请复议的案件屡见不鲜。

案例1：申请复议人宋某（被害人的妻子）提出：1.《强制医疗决定书》所依据的两份鉴定报告存在事实不清的问题。两份鉴定报告所摘录的被告人妻子梁某的询问笔录从何而来？2.两份鉴定报告均摘录了被告人在中山大学附属第一医院门诊病历（门诊号：5639259），其后两个鉴定机构出具补正书补正的是广州市惠爱医院病历（门诊号：0052830），但广州市惠爱医院病历（门诊号：0052830）显示治疗时间为2015年11月3日。3.两份鉴定报告中相关鉴定人员是否满足拥有5年以上精神病临床经验。4.被告人作案时目标明确，不存在精神不正常、无辨认能力、无刑事责任能力的情况。法院认为：该两份鉴定所摘录的被告人伍某的妻子梁某询问笔录，是高要市公安局河台派出所民警于2015年12月7日在河台派出所依法向梁某询问产生的笔录。该两份鉴定所摘录的被告人病历，已经庭审质证，庭后已由鉴定机构补正。该两份鉴定的鉴定机构及鉴定人具有法定资质，鉴定意见的形式要件完备，鉴定程序符合法律规定，鉴定意见明确，且相关鉴定人员出庭接受法庭询问，对相关问题作出说明。据此，一审法院将该两份鉴定意见采纳为本案证据正确，对被告人伍某作出强制医疗决定正确。[1]

案例2：申请复议人杜某（被害人）及其诉讼代理人复议提出，[2]孙某作案时没有精神病，精神病鉴定所依据的证人证言均为孙某的弟弟事先写好找证人签名，不具有证明力和法律效力，应对孙某重新进行精神病鉴定，撤

---

[1] 参见广东省高级人民法院（2016）粤刑医复1号继续强制医疗决定书。
[2] 参见吉林省白山市中级人民法院（2021）吉06刑医复1号继续强制医疗决定书。

销原审强制医疗决定。法院经审理查明:虽然孙某的家属提出精神病鉴定申请时,提交了关于孙某精神状态不正常并由邻居李某、刘某等人签名的证明一份,而公安机关对李某、刘某进行询问核实时,二人均称该证明是孙某的弟弟事先写好,找其在上面签字,其二人碍于情面签字按指印,对孙某是否有精神病并不了解。但该证据既未作为鉴定的依据,也未作为原审法院认定案件事实的证据。故杜某及其诉讼代理人提出的此点复议申请及代理意见不能成立,本院不予采纳。

通过这两份复议决定书,我们不难发现,原审中检察院提交的材料存在一定的缺陷,但是所有证据只有经过质证才能作为定案根据。被害人质疑的证据材料,经过质证,原审法院经过审查判断,或者要求补正瑕疵,或者没有采纳。由于被害人没有参加庭审,法院作出强制医疗决定缺乏说服力。因此被害人不服决定,盲目申请复议,滥用救济权利,极大地造成了司法资源的浪费。若立法从源头上重视被害人的合法权益,明确其出庭参与程序的诉讼权利,一定程度上会避免这样的现象。

除此之外,《刑事诉讼法》以及《刑诉解释》虽向被害方赋予了申请复议的权利,但是在相关权利的具体运行层面却存在细化空白。被害方如若对强制医疗案件的最终决定不服,于程序性救济权利方面可选择向上级人民法院申请复议,但是倘若被害方参与正式庭审的权利都尚未明确,其知晓强制医疗案件最终的结果走向势必也会存在一定的过程性困难,而以此为基础的复议申请难免成为"空中楼阁",实践效果可能令人心生疑问。

被申请人张某以扼颈的方式将其妻子刘某杀害,经鉴定被害人系机械性窒息死亡。经鉴定,被申请人张某无刑事责任能力。原审法院决定强制医疗。被害人的父母及其诉讼代理人认为:原审法院未通知被害人法定代理人或诉讼代理人参与庭审,也没有向其送达强制医疗决定书,属于程序违法,申请复议。上一级人民法院则认为,申请复议人所提被害人一方参与法庭审理的意见在强制医疗程序中缺乏法律依据,故上述意见不能成立,本院不予采纳。[1]

在强制医疗程序中,被害人方是否可以提起附带民事诉讼我国相关立法未作明确规定,导致司法实践中的不确定。大多数法院认为,强制医疗属于

---

[1] 参见北京市第一中级人民法院(2016)京01刑医复1号强制医疗复议决定书。

特别程序，被害人方提起附带民事诉讼缺乏法律依据，因此不会受理其附带民事诉讼的请求，告知其另行提起民事诉讼。而且强制医疗案件处理的方式是"决定"，而民事赔偿诉讼采用的是判决和裁定，用一个决定附带判决、裁定，显然不妥。课题组认为：法院不受理强制医疗案件附带民事诉讼，难以体现刑事附带民事诉讼对诉讼效率的价值追求。刑事诉讼附带民事诉讼的条件是被害人由于被告人犯罪行为而遭受了物质损失。强制医疗程序与普通程序的区别在于，犯罪主体是经法定程序鉴定依法不负刑事责任的精神病人，就其客观要件而言均要求行为人的行为社会危害性达到犯罪程度，因此被害人因精神病人的暴力犯罪行为造成了物质损害就有权提起附带民事诉讼。刑事司法改革的目标是公正和效率。人民法院审理被申请人或被告人是否有必要强制医疗案件时，举证责任主要由人民检察院承担，被害人方只需要证明相关的物质损失，而且不需要交纳诉讼费，这显然有利于节约诉讼资源，降低诉讼成本，提高诉讼效益，从而满足被害人获得赔偿的诉求。从保护其利益的角度来看，这样可以很好地平衡社会利益、精神病人利益、被害人利益三者间的冲突。如上所述，强制医疗程序兼顾了社会利益和精神病人利益，但是对于被害人而言，其最基本的情感要求——惩罚加害人的诉求已经无法实现，获得赔偿还需要通过另行提起民事诉讼的方式实现，显然有失公允。

（三）精神医学专家参与缺乏制度支撑

强制医疗案件审理中，关于精神病人刑事责任能力司法鉴定意见的证据资格和证明力的审查判断，受审对象继续危害社会的评估认定，对审判组织的专业判断能力提出了特殊要求。为了保证决定作出的公正性，法官需要借助精神医学专家的力量，弥补自己专业知识或者经验的不足。然而现有的法律制度无法为精神医学专家参与强制医疗程序提供制度支持，法官们只能以咨询主治医生或者司法精神病鉴定人的方式进行。

一些精神医学专家会应检察院或法院的邀请，定期就强制医疗问题提供咨询意见。这种咨询主要分为两个阶段：一是在检察机关提出强制医疗申请之前，会寻求专家协助。北京市检察机关审查是否申请强制医疗之前，除了会见涉嫌犯罪的精神病人之外，通常会主动会见其主治医生。二是在法院作出强制医疗决定之前，寻求专业人士的协助。法院通常会委托安康医院进行精神评估，以确定此人是否需要强制医疗。此次评估主要针对精神病人是否有继续危害社会的风险。由于潜在的危险性评估超出了精神病学专业知识的范围，所以大多机构通常仅仅作出潜在风险是高还是低的咨询意见。因为大多数精神疾病是无法治愈的，复发的风险始终存在。安康医院提供的咨询意见有两个部分：精神状态和风险。据北京市一受访者介绍，他们在评估风险时考虑了以下几个因素：（1）暴力行为是否有重复模式。如果有，则潜在的风险较高。（2）经过药物治疗后，精神疾病是否得到了控制。咨询意见还指出了降低风险的步骤，如以后定期到精神病院就诊，按要求服药，以及由监护人密切监管。有关调查研究发现：大多数法院都希望精神医学专家参加庭审，除了强化合议庭对于强制医疗案件的专业审查能力之外，还希望他们在法庭发挥安全保护者的作用。假设患有精神疾病的被申请人或者被告人在法庭上失去了控制，如果他的医生在场，医生可以立即进行应急干预。[1]

当办案机关通过专家咨询方式寻求协助时，带来的法律风险有：一是现行法律只有关于鉴定和专家辅助人的制度，但是对于主治医生或者法医精神医学专家的庭外咨询缺乏法律规定。专家咨询意见的法律性质为何存在争议。否定说认为，因其不属于法定证据，专家咨询意见仅仅是法官的参考材料。该观点也得到部分法官的证实，B市某基层法院的法官说，咨询的大多是精神医学的专业问题，如精神分裂症的发病情况，为什么重性精神疾病容易发生暴力攻击行为。该观点最大的问题是将咨询意见视为"参考"会导致庭外专家咨询意见规避法庭调查，极易导致此类意见的滥用[2]。二是虽然《北京市关于强制医疗程序的实施办法（试行）》第5条明确规定，人民检察院、人民法院可以指定专人办理强制医疗案件，人民法院可以由有精神病医学专门知识的人担任人民陪审员。这似乎解决了目前困境，但是由于缺乏上位法支撑，实施情况欠佳。三是案外接受咨询的主治医生法律地位不明确，作为安康医院的职工，可能存在为了医院利益而无法客观提供咨询意见的情况。

（四）法院强制医疗裁决权旁落的风险

经法定程序鉴定为依法不负刑事责任的精神病人，是强制医疗适用的主体条件。对于强制医疗的启动、决定和解除，司法精神病鉴定均发挥着关键性作用。如果说强制医疗的司法审查可以防止把"非精神病人"作为"精神

---

[1] See Zhiyuan G, "Psychiatric Commitment Under the Criminal Law in China: An Empirical Perspective", *International Journal of Law and Psychiatry*, Vol. 73, 2020.

[2] 参见刘计划、孔祥承："未成年人社会调查报告法律性质之辨——兼谈建构量刑证据规则的可能路径"，载《法学杂志》2018年第4期。

病人"对待的话,鉴定一定程度上可以防止把"精神病人"作为"非精神病人"对待,避免其承受本不该承受的刑事责任。[1]

诉讼活动中,所有证据都要经过质证程序,才能作为定案根据,即使是"披上科学外衣"的鉴定意见也一样。法官对于鉴定意见的采信具有最终的决定权,鉴定人只是法官的辅助人。因为经验事实表明,由不同方通过"对抗"展示不同意见,展开质证辩论,提出对方证据的纰漏,在此基础上得出的结论较单方活动更正确。[2]根据矛盾法则,利用证据之间的矛盾排除伪证。证据之间出现了矛盾,可能是混入了伪证。自相矛盾,必有问题;两证矛盾,必有一假;与众证矛盾,多属假证;与案件矛盾,定是假证。但是,我国目前对于言词证据的法庭调查,普遍通过"宣读案卷笔录的方式"进行。[3]从普通言词证据到专家鉴定意见,从司法鉴定意见到司法精神病鉴定意见,该问题更为突出。首先,鉴定启动难一直没有改变,司法鉴定机构也是"能推则推"。H省受访的一位鉴定机构的负责人兼高校法医学学科带头人说,疑似精神病人的刑事案件比较敏感,这类案件社会关注度往往较高,为了避免麻烦通常不接。其次,精神医学的特殊性加剧了司法精神病鉴定的难度。除了器质性精神障碍,精密客观的仪器设备和理化检验手段无法诊断出精神疾病。大多数精神疾病缺乏客观的诊断指标,主要依据家属对于症状的描述和精神状况的检查来判断。[4]即使可以借助一些评分量表,对于精神状况的评价本质上也是主观判断。

不仅如此,学界认为对鉴定意见的质证无法落实源于鉴定人基本不出庭,课题组认为这样的观点失之偏颇。受访的一位司法精神病学鉴定人说,鉴定人主观上的确不愿出庭作证,因为出庭会影响他们日常非常繁忙的工作。目前从事精神鉴定的专业人员,以医院精神科医生为主,其在司法鉴定机构多属于兼职。受访者也强调,如果法院通知出庭,他们必须出庭,因为出庭是鉴定人的义务。一些精神科医生认为,即使出庭,与外行人交流也很困难,

---

[1] 参见元轶:"强制医疗程序整体构造成因论",载《证据科学》2017年第3期。

[2] 参见左卫民:"实体真实、价值观和诉讼程序——职权主义与当事人主义诉讼模式的法理分析",载《学习与探索》1992年第1期。

[3] 参见陈瑞华:"案卷笔录中心主义——对中国刑事审判方式的重新考察",载《法学研究》2006年第4期。

[4] 参见李从培:《司法精神病学鉴定的实践与理论——附各类鉴定案例97例分析讨论》,北京医科大学出版社2000年版,第78页。

外行人没有专业背景知识，经常问一些无关紧要的问题。还有一些精神科医生认为在法庭上作证会给他们带来麻烦，担心来自被告人或受害者家人的报复。[1]

对于多份不同司法精神病鉴定意见的审查判断，更是考验法官的心证能力。受诸多客观条件限制，鉴定意见可能会不一致。随着时间推移，被鉴定人以及被调查的对象会发生一些记忆缺失的情况。不同地域的鉴定机构、鉴定人接触的案件数量和复杂程度不一样，积累的经验也有差别，这也会影响鉴定意见，被鉴定人是否配合也是重要的影响因素。这种情况下不同的鉴定人组织鉴定，出现鉴定意见不一样的现象实属正常。然而大相径庭的两份甚至多份书面鉴定意见令法官们一筹莫展、不知所措，更无法分辨真伪、评判证明力大小。[2]为了破解该难题，2010年司法部认可了10家"国家级"鉴定机构，代表着权威性和可信度。试图通过将鉴定机构分层级来解决重复鉴定和多头鉴定"认证难"的问题，意图通过确立"等级"解决法官"无力判断取舍"的现状。然而，根据《全国人民代表大会常务委员会关于司法鉴定管理问题的决定》（以下简称"二二八决定"）的规定，各鉴定机构之间没有隶属关系，鉴定机构之间的业务能力、鉴定水平没有高低优劣。国家级鉴定机构的认证与"二二八决定"不允许分级的规定有着明显的冲突，遭到了业内不少人士的质疑。

破解该掣肘的根本在于提高法官的心证能力。法官专业能力的提升需要有专门的庭审训练场域，该场域必须是能真正体现交锋对抗的实质庭审。强制医疗案件庭审实质化的关键在于有专门知识的人出庭，就鉴定人作出的鉴定意见提出意见。然而有研究认为，精神病学是一个相对较小的领域。全国只有大约3000名注册精神科医生有鉴定人资格。在北京，有资格进行司法精神病鉴定的精神科医生只有大约30人，因此专业人士之间的关系使他们不愿相互"挑战"。此外，受我国文化的影响，人们不愿正面交锋，尤其是熟人。[3]

---

[1] See Zhiyuan G, "Psychiatric Evaluation in Chinese Criminal Proceedings: A Legal Perspective", *International Journal of Evidence and Proof*, Vol. 26, 2022.

[2] 参见郭志媛："刑事诉讼中精神病鉴定的程序保障实证调研报告"，载《证据科学》2012年第6期。

[3] See Zhiyuan G, "Psychiatric Evaluation in Chinese Criminal Proceedings: A Legal Perspective", *International Journal of Evidence and Proof*, Vol. 26, 2022.

（五）普通程序与强制医疗程序转换规则不合理

审理阶段，强制医疗程序与普通程序的转换问题发生在以下两种情形中：一是普通程序，一审法院发现被告人可能符合强制医疗条件的，应当对其进行精神病鉴定，如果认定其为无刑事责任能力人的，则应当按照强制医疗程序进行审理。二是强制医疗案件，人民法院审理发现被申请人具有完全或者部分刑事责任能力，依法应当追究刑事责任的，应当作出驳回强制医疗申请的决定，并退回人民检察院依法处理。

强制医疗案件中，属于第一种情形的案件比较少，但也难免有被公安机关、检察院遗漏而进入审判程序的案件[1]。关于此规定学界一直在质疑立法的合理性。有学者认为，这种由人民法院依职权自行启动的强制医疗程序，法院主动委托鉴定、自行审理、自行决定的做法违背了法庭中立地位，破坏了诉讼的三角形结构。[2]也有学者认为，两种程序的裁判结果对应的救济程序是不同的，这种将两个不同程序"合二为一"的处理方式剥夺了被告人对不负刑事责任判决的上诉权。即使被强制医疗人有权申请复议，但显然不可与上诉权相提并论。[3]同时，一旦检察院针对法院作出的不负刑事责任的判决提出抗诉，法院的强制医疗决定是否生效，其程序在抗诉中如何协调也成为问题。[4]

第二种程序转换的原理是，既然强制医疗程序适用的条件——"无刑事责任能力"不存在了，就应该终止该程序，退回去使程序倒流，退回到程序原点，坚持法院不告不理和检察机关起诉垄断的原则。但是产生的问题是，既然都查明了被申请人具有完全刑事责任能力或者限制刑事责任能力，为什么不就地转换，直接适用普通程序继续审理呢？这样既保证了程序的连贯性，也提高了司法效率。

---

[1] 在钟某某放火案中，检察机关以被告人钟某某涉嫌放火罪向法院提起公诉，法院按照普通程序对案件进行了审理，但是在庭审中，法庭发现被告人可能符合强制医疗的条件，并据此委托鉴定机构对其精神状态进行鉴定。后经鉴定，被告人钟某某为依法不负刑事责任的精神病人，并且符合强制医疗条件，法庭最终判决宣告被告人不负刑事责任，并且决定对其进行强制医疗。参见江西省吉安市吉州区人民法院（2017）赣0802刑初112号刑事判决书。

[2] 参见张晓凤："我国刑事强制医疗程序的诉讼化完善"，载《求是学刊》2014年第6期。

[3] 参见程雷："强制医疗程序解释学研究"，载《浙江工商大学学报》2013年第5期。

[4] 参见郭华："程序转换与权利保障：刑事诉讼中精神病强制医疗程序的反思"，载《浙江工商大学学报》2013年第5期。

四、强制医疗决定的复议

辩证唯物主义认为，世界是可知的，然而人类的认识能力具有相对性。受各种因素的影响，强制医疗程序中，法院难免有不当裁决。然而错误的强制医疗决定不仅会使被申请人人身自由被长期剥夺，而且可能会使其遭受歧视甚至是疏离。若法院作出驳回检察院申请的错误决定，精神病人不仅会错失治疗时机，令其及家属痛苦不堪，社会也会承受不确定的风险。为了保证强制医疗的准确适用，我国立法规定被强制医疗人、被害人方不服强制医疗决定可以通过申请复议寻求救济。设置复议程序的目的在于从实体上及时纠正法院的错误决定，并对程序上严重违法的案件及时纠偏。但立法对复议程序的审查形式、范围等问题均没有涉及，[1]现有的强制医疗复议程序在实践中能否有效发挥其应有的功能？课题组通过文献研究、现场调研和检索裁判文书网中的复议决定书，发现的问题如下：

（一）申请复议方式使决定的效力既定

法律救济是个人权利防御功能的必然体现。离开完善的救济机制，任何权利都是空谈。上诉启动的二审程序意味着一审裁判没有发生法律效力，不能执行。立法赋予被强制医疗的人申请复议的救济权利，强制医疗的复议不会停止强制医疗决定的执行。原审法院作出强制医疗决定后，被强制医疗人将被交付执行。如果被强制医疗人不服决定提请复议，由于在复议期间不停止执行原决定，若其并未患病或者已经没有人身危险性的，在执行过程中被要求服用存在较大副作用的抗精神病药物或采取电击等治疗方法，这些医疗措施会对其躯体、精神健康产生不可逆的影响。[2]据此，有学者建议，立法应当尽可能赋予当事人更充分的救济权利。与裁定、决定相比，判决的救济途径和范围是最充分的，因此法院应当以判决的形式作出强制医疗的最后处理结果，以上诉方式提出对于强制医疗的异议。[3]也有学者认为，判断申请复议方式是否符合正当程序的标准是法院是否对强制医疗决定进行了实质性

---

[1] 参见李小明、谢月萍："刑事强制医疗程序救济机制探究"，载《昆明理工大学学报（社会科学版）》2019年第6期。

[2] 参见王君炜："我国强制医疗诉讼救济机制之检讨"，载《法学》2016年第12期。

[3] 参见朱晋峰、宫雪："强制医疗程序的诉讼化建构——基于强制医疗程序行政化色彩的分析"，载《证据科学》2013年第2期。

审查，而不是评判以复议还是上诉的方式处理对于强制医疗决定的异议。[1]

（二）复议庭审虚化的现象严重

司法实践中复议法庭审理均采取阅卷，会见被强制医疗人、申请复议人，听取各相关代理人意见的方式进行。由于涉及被申请人刑事责任能力等专业问题的评判，原审以开庭审理的方式进行，但即使鉴定人出庭，对其进行质问也很难有效进行，质证失去其本来意义。以不开庭的阅卷方式进行复议审理，其弊端更是显而易见：审理的过程不听取双方的辩论，审查的程序价值有限。

（三）发回重审具有很大的任意性

强制医疗原审只要违反了法定规定的程序，可能影响审判的公正性，上一级人民法院就会撤销原决定，发回重审，而不论这种程序违法是否可能影响正确决定，即所有违反法律程序的原审活动都可能招致实体性决定无效的后果。这样的规定凸显了程序法的独立价值，无疑是立法的一大进步。但是，由于立法不像普通二审程序那样[2]，没有罗列违反法定诉讼程序的具体情形，使得上一级人民法院具有很大的自由裁量权，从而使发回重审具有极大的任意性。如福建省漳州市中级人民法院认为，原审法院在审理林某强制医疗案件中，违反法律规定的诉讼程序，剥夺或限制了当事人的法定诉讼权利，可能影响公正审判，作出了撤销漳州市芗城区人民法院（2015）芗刑医字第3号强制医疗决定，发回漳州市芗城区人民法院重新审判的决定。[3]陕西省西安市中级人民法院认为，原审法院对原审被申请人赵某作出的强制医疗决定违反法律规定的诉讼程序，可能影响公正审判，作出了撤销西安市新城区人民法院（2018）陕0102刑医1号强制医疗决定，发回西安市新城区人民法院重新审判的决定。[4]这两份复议决定书写得过于概括和简单，完全没有说明原审法院究竟是违反了何种法定程序，简单地撤销原决定发回重审过于

---

[1] 参见张吉喜："中美刑事强制医疗制度相关问题比较研究"，载《环球法律评论》2014年第5期。

[2]《刑事诉讼法》第238条规定，第二审人民法院发现第一审人民法院的审理有下列违反法律规定的诉讼程序的情形之一的，应当裁定撤销原判，发回原审人民法院重新审判：（一）违反本法有关公开审判的规定的；（二）违反回避制度的；（三）剥夺或者限制了当事人的法定诉讼权利，可能影响公正审判的；（四）审判组织的组成不合法的；（五）其他违反法律规定的诉讼程序，可能影响公正审判的。

[3] 参见福建省漳州市中级人民法院（2016）闽06刑医复1号强制医疗复议决定书。

[4] 参见陕西省西安市中级人民法院（2018）陕01刑医复1号强制医疗复议决定书。

武断。

(四) 不符合强制医疗条件的，只是撤销原决定，没有实体结论

有的复议决定书记载，认为原审被申请人"不完全符合强制医疗的全部要件"，因而作出撤销原强制医疗决定的复议决定，同时法庭认为"本决定为最终决定"。对于被强制医疗的人不该强制医疗的情况，仅撤销原决定是不够的。因为不符合强制医疗条件，要么是对责任能力判断有误，要么是对涉案精神病人的人身危险性判断有误。仅仅撤销原决定，而没有作出实体结论，有回避矛盾之嫌。假设被强制医疗的人通过装病，逃避了刑事责任追究。复议阶段经过审理发现可能具有刑事责任能力的，仅仅是撤销原判，不对是否需要承担刑事责任作出判决，这显然不是复议程序应该具有的品质。针对强制医疗案件，复议程序相当于普通程序的审判监督程序，既然如此，按照实事求是、有错必纠的原则，复议程序中发现不符合强制医疗条件的，应撤销原判，依法改判为宜。另外，如果对不再具有继续危害社会可能的原审被申请人进行强制医疗的，这显然是对其人身自由的不当干预，被强制医疗人是否享有获得国家赔偿的权利值得进一步探讨。

第二章 强制医疗的执行

受"重审轻执"的观念影响,我国刑事执行成为整个诉讼链条中较为薄弱的一环,严重制约着刑事诉讼整体效果的发挥。[1]"执行难"和"执行乱"是我国刑事执行领域的两大突出难题。2012年《刑事诉讼法》新增的强制医疗特别程序的执行亦没有摆脱此困境。[2]相关立法只是规定,法院作出强制医疗决定的,由公安机关将被决定强制医疗的人送交强制执行。然而由谁执行、如何执行、执行期限以及经费保障等问题缺乏明确规定,实践中存在各方主体要么互相推诿,要么争夺执行权,导致部分精神病人无法得到及时收治和有效治疗,严重影响了强制医疗决定的落实,严重制约了强制医疗程序的规范运行。[3]

通过文献研究,课题组发现,当前我国实际执行强制医疗的机构主要是公安系统的安康医院,没有设置安康医院的省份将被执行人就近交付至普通的精神病院,[4]但在法律上并未明确安康医院执行机构的法律地位。并且由于我国患有精神疾病的人逐年增加,被决定强制医疗的精神病人也逐渐增多,仅依靠各地现有的安康医院,是无法完全满足强制医疗需求的。为了探究强制医疗执行环节的现实情况,考虑到执行机构主要分为公安系统的安康医院和卫生系统的普通精神病院两种类型,课题组选择了分别代表这两种类型的北京市、湖南省、山东省、广州市和山西省为研究对象,先后于2017年12月、2019年7月、2020年10月、2021年5月赴北京市强制医疗处、湖南省

---

[1] 参见熊秋红、余鹏文:"刑事裁判执行程序之重构——以检察官指挥执行为目标",载《国家检察官学院学报》2022年第2期。

[2] 参见熊秋红、余鹏文:"刑事裁判执行程序之重构——以检察官指挥执行为目标",载《国家检察官学院学报》2022年第2期。

[3] 参见吴大勇等:"涉案精神病人强制医疗程序研究",载《中国检察官》2020年第3期。

[4] 参见王洪宇、陶加培:"刑事强制医疗制度的世界经验与中国模式",载《河南社会科学》2016年第9期。

强制医疗所、广州市强制医疗所和山西省精神卫生中心进行了实地调研[1]，访谈了相关人员。结合关于强制医疗执行的相关文献，我们发现的问题如下：

一、强制医疗执行机构不明确且数量不足

通过几十年的发展，全国安康医院由1987年前的16所增加到2020年的28所，分布在20个省份。[2]然而，并非每个省都有安康医院，有些省不止一家安康医院（如浙江省有4家，分别分布在杭州市、金华市、宁波市、绍兴市），有些省一家都没有。现将4种具有代表性的强制医疗执行机构进行具体介绍：

（一）隶属于省、直辖市公安厅、局的安康医院：以北京市与湖南省为代表

北京市、湖南省的安康医院隶属于省级公安机关，辖区内的所有强制医疗都在安康医院执行。截至2014年，在湖南省强制医疗所内，住着415名精神病人（年龄最大的79岁，最小的21岁），其中包括在2012年的《刑事诉讼法》实施前就已入院的患者。[3]北京市强制医疗处的人员分为两类，精神卫生专业人士/医生和安保人员。这两类人员都是警察，他们都穿着警服、佩戴警徽，但是他们从事不同的工作。湖南省强制医疗所模式则不同于北京市，监管主要由21名在编民警和若干名辅警承担，医疗则是由政府通过购买平江县第四人民医院服务的方式进行。

（二）隶属于卫生系统的安康医院：以山东省安康医院为代表

1997年10月，山东省戴庄医院经山东省人民政府批准，更名为山东省安康医院。该医院的精神七科拆分为强制医疗病区、戒毒康复病区、惠民病区。按照山东省公安厅、省财政厅等五部门《关于做好强制医疗执行工作的通知》的文件精神，济宁市政府指定其为临时强制医疗执行单位，收治法院决定强制医疗的不负刑事责任能力的肇事肇祸精神病人。山东省安康医院是唯一一家工作人员不穿警服、不戴警徽的安康医院。在他们收治的病人中，有犯罪行为的病人只占一小部分。

---

[1] 山东省的强制医疗执行情况没有进行实地考察，主要资料来自网络和期刊文献。

[2] 参见国家卫生健康委员会疾病预防控制局：《致为精神卫生共同奋斗的70年》，人民卫生出版社2020年版。

[3] 参见汤霞玲、陈昂："湖南省强制医疗所：451人背负623条人命"，载《三湘都市报》2014年7月14日，第2版。

（三）隶属于市公安局的安康医院：以广州市强制医疗所为代表

广东省作为中国经济较发达的省份之一，省级公安机关没有设立专门的强制医疗所，只有广州市公安局下设广州市强制医疗所。[1]其余地市大多由普通精神病医院执行强制医疗，如深圳市被强制医疗的精神病人关押于康宁医院。[2]广州市强制医疗所只接收广州市辖区内人民法院决定强制医疗的精神病人，按照"安全管理由公安负责，医疗保障由民政负责"的模式运行。[3]截至2014年，所里一共集中收治200余名精神病人。该所约有110名工作人员，包括43名警察、44名保安和21名行政管理人员。医务人员则来自强制医疗所旁边的广州市民政局下属的精神病院，合作的精神病院向该所派出了5名精神科医生和12名护士，每名精神科医生负责监督数十名病人。[4]

课题组在广州市强制医疗所调研时，一位受访者指出：目前强制医疗所建设标准不明确。按照强制隔离戒毒所的标准，其建设首要目标是"安全可靠"，关于安全防范及配套警戒设施有专门规定。其中，警戒围墙高度不应低于4.50m，墙体强度应达到370mm实心砌体的安全防护等级。如果按照医疗机构基本标准建设强制医疗所，则是从人员、设备、设置方面进行要求，关于安全防范没有特殊要求。

（四）隶属于卫生系统的精神病医院：以山西省精神卫生中心为代表

山西省精神卫生中心（太原市精神病医院）作为卫生系统的专科医院，该医院主要服务对象是普通的精神障碍患者。人民法院决定强制医疗的精神病人在他们收治的病人中只占一小部分，截至2021年收治了10余例。收治少的原因主要是：一是太原市以外的强制医疗执行选择就近的精神病医院执行，二是强制医疗的经费太高。一位受访者说，普通精神病院不具备安保条

---

[1] 广州市强制医疗所的前身是广州市精神病管治中心。1975年，广州市公安局从维护社会治安稳定的需求出发，设置了广州市精神病管治中心。2003年10月，广州市公安局根据市人大有关决议精神，设立了广州市公安局精神病管治所。2012年《刑事诉讼法》颁布后，广州市公安局按照公安部《关于加强和改进安康医院有关工作的通知》要求，将该所正式更名为广州市强制医疗所。

[2] "广东省检察机关反映精神病人强制医疗案件存在五个问题应引起重视"，载 http://www.gd.jcy.gov.cn/llyj/ztdy/201607/t20160712_1822489.shtml，最后访问日期：2023年4月4日。

[3] 参见谢祥龙、许小李："强制医疗执行'出口'不畅的现状分析与建议——以广州市强制医疗执行情况为例"，载《广州市公安管理干部学院学报》2020年第4期。

[4] See Zhiyuan G, Psychiatric Commitment Under the Criminal Law in China: An Empirical Perspective, *International Journal of Law and Psychiatry*, Vol. 73, 2020.

件，他们将收治的被强制医疗人单独安置在住院楼的顶层，楼层之间用铁门隔开，即便如此安全问题仍然是隐患，加之没有相应的保障性补贴，解除难的问题更使医院不堪重负。

二、强制医疗经费缺乏保障

现有法律法规和相关司法解释均没有对强制医疗经费承担主体作出规定。为了解决经费问题，各地做法五花八门，有的由公安机关或者法院垫付，有的通过民政部门申请救助金，有的由政法委牵头临时协调资金。[1]有的由医院先行垫付，然后医院从医保途径报销一部分强制医疗费用，如果被执行人符合民政救助条件的，医院可以再从救助金途径报销一部分，剩余费用只能由医院承担。[2]2016年的资料显示，广东省某市一强制医疗定点医院被拖欠强制医疗费用高达80.47万元，某市康宁医院截至2017年2月，强制医疗执行对象累计欠费达257.4万元。类似情况在珠三角等各地市普遍存在。[3]实践中由于经费问题没有严格保障，影响医院收治的积极性，可能导致被强制医疗人无法得到及时有效治疗的情形时有发生。如江苏省，孙某因被害妄想涉嫌故意杀人被人民法院决定强制医疗。因经费问题，孙某从无锡市精神卫生中心（江苏省内指定的强制医疗执行点，条件较为成熟）被转移到安镇医院。其在安镇医院的治疗情况不佳，后经锡山区委组织公、检、法、民政等多个部门召开联席会议协商，治疗费用得以解决，最终才将其转院到无锡市精神卫生中心。[4]

即使同属公安系统的安康医院经费支撑情况也不一样。调研发现：广州市强制医疗所的情况要乐观一些，执行的所有费用都由广州市政府承担，不仅包括医疗，还包括安保、行政和卫生等相关费用。所有的资金都由市民政局的独立预算来保证。北京市政府按照一定的标准给每个精神病人拨付资金，

---

〔1〕 参见周峰等："强制医疗程序适用情况调研报告"，载《人民司法（应用）》2016年第7期。

〔2〕 参见邓思清："完善刑事强制医疗程序及法律监督制度"，载《国家检察官学院学报》2014年第6期。

〔3〕 参见刘小红、李晓兵："强制医疗执行监督问题研究——以广东检察机关司法实践为例"，载《中国检察官》2018年第19期。

〔4〕 参见"谁来保护强制医疗者的权益？多名检察官呼吁立法"，载 https://www.rmzxb.com.cn/c/2017-10-24/1845947.shtml，最后访问日期：2022年6月24日。

包括药品费和床位费。但是这些资金只能提供最低标准的治疗和基本住宿。截至2014年，湖南省强制医疗所内，强制医疗的正常运行由政府财政买单维持，经费标准为220元/人月，平均仅7元/人/天。[1]可喜的是，2019年湖南省公安厅与湖南省财政厅、医保局多次协调，出台了《关于进一步加强湖南省强制医疗所、湖南省强制医疗安置点精神病人基本医疗保障工作的通知》，这一状况得以改善。肇事肇祸精神病人医保日包干经费保障标准从2017年的50元/人/天提高至2019年的110元/人/天，强制医疗所本部医保经费总额由2017年的600多万元/年剧增到近2000万元/年。[2]

对比作为国家刑罚执行机关的监狱，《监狱法》予以明确规定，国家负有经费保障的义务。国家保障监狱改造罪犯所需经费、监狱人民警察的经费、罪犯改造经费、罪犯生活费、狱政设施经费及其他专项经费，列入国家预算。虽然强制医疗不具有刑罚性质，但其社会防卫的功能决定了强制医疗经费理应由国家承担。综上，我们认为建立强制医疗经费的政府保障机制不仅重要而且迫切。

三、被执行人的合法权益难以保障

人们对于精神病人的恐惧感，要求国家必须将风险预防作为社会政策的最高指导原则。强制医疗设立的目的主要是将具有人身危险性的精神病人隔离，以满足大众的安全感。"重隔离轻治疗"的价值取向使得有的安康医院只是单纯将精神病人消极地、纯粹地隔离、拘禁于机构中，满足最基本的生活需求，至于精神病人的治疗，尤其是康复则是一个缺少关注的问题。被执行人的人身自由被长期限制，人际沟通和社会交往能力逐渐减弱甚至丧失。然而康复是精神病人摆脱疾病走向痊愈的一个重要环节。卫生系统的精神病院，在治疗与防卫目的相叠加的情况下，必须仔细加以鉴别，避免以医疗之名行防卫之实。应该明确《精神卫生法》中禁止利用约束、隔离等保护性医疗措施惩罚精神障碍患者，医疗机构不得强迫精神障碍患者从事生产劳动等相关规范医疗行为的规定，同样适用于被强制医疗人。

---

[1] 参见汤霞玲、陈昂："湖南省强制医疗所：451人背负623条人命"，载《三湘都市报》2014年7月14日，第2版。

[2] 参见傅雷："治病与治人相结合 康复与安全同等抓——湖南省强制医疗所用仁爱、担当、敬业管理严重肇事肇祸精神病人"，载《人民公安报》2019年9月10日，第3版。

课题组调研时，受访的相关人士多次提到精神病人身患躯体性疾病的处置问题。通常安康医院或者普通精神病专科医院不具备传染病、严重躯体性疾病的救治条件，被执行人如果患有传染病、严重躯体性疾病，是否可以将其转到普通医院？转院应该遵循什么样的程序？转院过程或者在普通医院接受治疗时的安保问题如何解决？转院时的医疗费用由谁负责？在普通医院接受治疗的知情同意权由谁行使？另外，执行中被执行人是否可以请假回家，相关立法亦无规定。如安徽省强制医疗执行机构淮南市精神病院在强制医疗执行期间，允许被执行人毕某的亲属将其接回位于板桥镇的家中。事后被寿县检察院刑事执行检察部门在检察工作时发现，检察院的意见是强制医疗解除前，强制医疗机构私自允许精神病人家属将其接回家的行为构成违法。公安部起草的《强制医疗所条例（送审稿）》第25条规定，强制医疗执行半年以上的，经诊断病情明显缓解的，被执行人本人有权申请临时请假回家。如果其家属书面担保能够履行看护、治疗、安全、按期送回责任的，强制医疗所可以批准，同时向强制医疗决定的人民法院备案。临时请假回家期限一次不得超过10天。由于该送审稿目前处于搁置状态，因此精神病人是否有权临时请假回家，强制医疗机构允许家属接回家暂住是否违法依然不确定。

第三章 强制医疗的解除

强制医疗的目的在于通过治疗，消除精神病人的人身危险性，防止其再犯。经过治疗如果消除了人身危险性，强制医疗就不再具有正当性和必要性。强制医疗如果不能及时解除，它带给精神病人的影响可能更甚于刑罚。

强制医疗解除的申请主体包括强制医疗机构、被强制医疗人及其近亲属。解除的审查法院是决定强制医疗的原法院。申请解除后人民法院审查申请是否附有诊断评估报告，并进一步启动审理程序。我国《刑事诉讼法》和《刑诉解释》规定强制医疗的解除标准为"不具有人身危险性，不需要继续强制医疗"。此外法律规定人民法院可以在必要时委托鉴定机构对被强制医疗的人进行鉴定，但是对于何为"必要"没有进一步细化，在鉴定程序启动上赋予了人民法院极大的自主权。申请解除的案件，立法规定法院应该组成合议庭进行，期限为1个月。但是关于具体审理方式、什么情形开庭、哪些人出庭立法均未予以明确。

精神疾病具有病程长、难以治愈、反复发作等特点，对解除后的精神病人进行持续的跟踪监管是保障精神病人合法权益、维护社会稳定的必然要求。我国法律规定决定解除强制医疗的人民法院可要求其家属严加看管和医疗，[1]但是没有对家属应当承担的看管责任进行细化规定，亦没有规定如果家属不具备看管能力的配套保障措施，立法上的空白可能导致精神病人解除强制医疗后监管失位。

本部分通过裁判文书分析、社区精防人员问卷调查等实地调研的研究方法，呈现出我国刑事强制医疗的解除现状，探究解除难的根源，进而从实体和程序上寻找强制医疗解除环节的完善路径。

---

[1]《刑诉解释》第647条第1款第（一）项规定，被强制医疗的人已不具有人身危险性，不需要继续强制医疗的，应当作出解除强制医疗的决定，并可责令被强制医疗的人的家属严加看管和医疗。

一、强制医疗解除难的现象

既有研究提出了刑事强制医疗解除难的实践问题。然而,样本数据分析所呈现的是,强制医疗的申请解除率抑或解除率均不低。首先,756个申请解除强制医疗的有效样本中,解除强制医疗的样本总数为525,占69.4%,未予解除强制医疗的样本总数为231,占30.6%。超过半数的案例法院予以解除了强制医疗,比例并不低。如果仅通过对比样本总体中予以解除的决定书占比与不予解除的决定书占比,推断强制医疗解除不存在困难,不足以证明申请解除强制医疗的现实状况。课题组发现,2015年至2020年强制医疗决定书总量是解除强制医疗决定书总量的近5倍,并且在筛选出的756个样本中,一定数量的决定书结果是不予解除。一定程度上反映出司法实践中存在强制医疗解除难的现象。具体表现如下:

(一)申请主体积极性较低

《刑事诉讼法》第306条规定了3个申请主体,即强制医疗机构、被强制医疗人及其近亲属。在756份决定书中,申请方为近亲属的占总量的69.7%,申请方为强制医疗机构的占总量的26.1%,申请方为被强制医疗人的占总量的约4.1%。近亲属作为申请方申请解除的数量是强制医疗机构作为申请方申请解除数量的2.66倍,是被强制医疗人作为申请方数量的17倍(具体情况见图4)。说明实践中三类申请解除的主体并未完全发挥其主动性,侧面体现出强制医疗解除难。

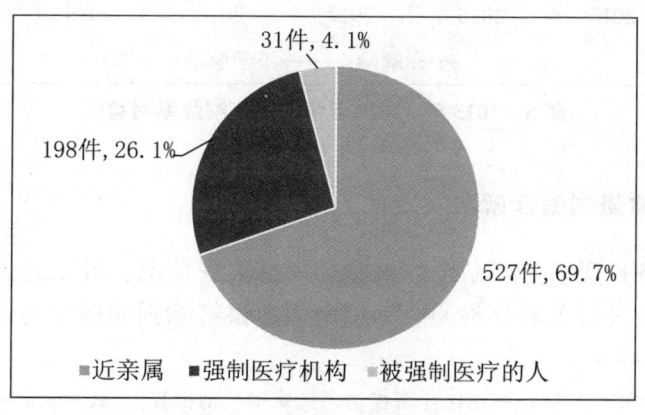

图4 申请解除方数量情况

(二) 不予解除占比呈递增趋势

通过统计2015年~2020年决定书的解除率、不予解除率可知,此6年间,强制医疗成功解除率总体呈下降趋势,而不予解除率总体呈上升趋势,且连续2年攀升(见图5)。由此可推知,强制医疗解除难度在逐步上升。另外,相关媒体报道也证明了课题组的研究结论。广州市强制医疗所从2013年1月到2016年6月,共接收了50余名精神病人(包括采用保护性约束措施的),但法院只对4名病人决定解除强制医疗。这4名病人都是家属主动申请,签订具体到日常如何管束、如何服药的保证书,然后法院才启动程序,对其进行司法鉴定,符合条件才办理解除手续的。[1]

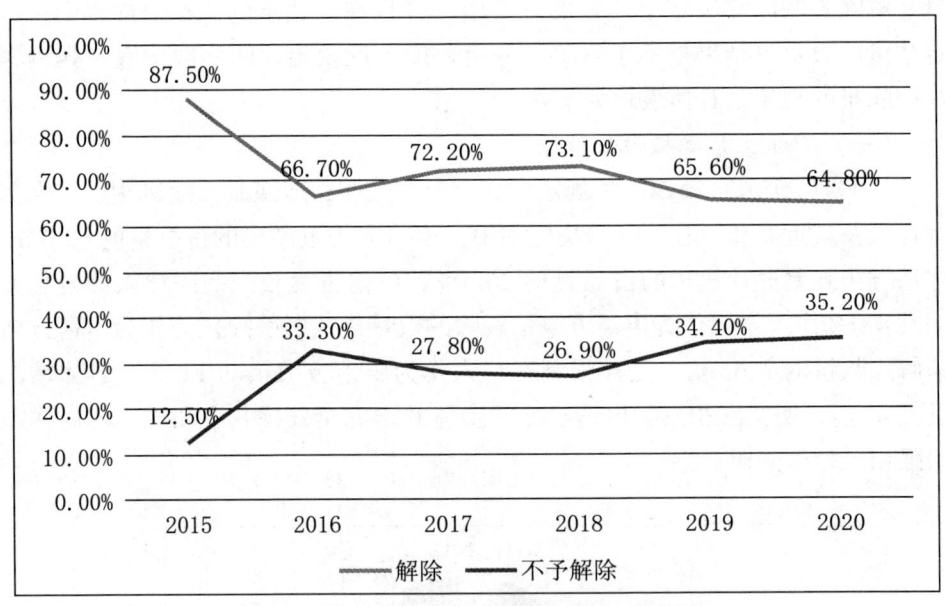

图5 2015年~2020年强制医疗解除率趋势线

二、影响强制医疗解除决定的因素分析

欲探究各自变量与强制医疗解除结果的关联情况,可以通过卡方检验方法,对各变量进行关联性检验。为了全面考察解除强制医疗的影响因素,课

---

[1] 参见"走进广州市强制医疗所探访'武疯子'的世界",载 https://www.sohu.com/a/79998853_117947,最后访问日期:2022年6月21日。

题组设定了以下自变量：申请年份、被强制医疗人年龄、申请解除方、律师参与、强制医疗机构评估报告、司法鉴定、近亲属承诺监管、询问笔录、被强制医疗人身份信息、社区意见、听证笔录、检察机关意见。

表3 卡方检验结果

变量	变量分类	总体样本量	解除数	未解除数	卡方检验 pearsonχ^2
申请年份	2015年	32	28（87.5%）	4（12.5%）	0.084
	2016年	57	38（66.7%）	19（33.3%）	
	2017年	126	91（72.2%）	35（27.8%）	
	2018年	193	141（73.1%）	52（26.9%）	
	2019年	183	120（65.6%）	63（34.4%）	
	2020年	165	107（64.8%）	58（35.2%）	—
被强制医疗人年龄	<20岁	7	7（100.0%）	0（0.0%）	0.355
	20~40岁	354	246（69.5%）	108（30.5%）	
	41~59岁	271	193（71.2%）	78（28.8%）	
	60岁以上	40	29（72.5%）	11（27.5%）	
	缺失值	84	50（59.5%）	34（40.5%）	
申请解除方	近亲属	527	371（70.4%）	156（29.6%）	0.646
	强制医疗机构	198	134（67.7%）	64（32.3%）	
	被强制医疗人	31	20（64.5%）	11（35.5%）	
律师参与	有=1	225	142（63.1%）	83（36.9%）	0.014
	无=0	531	383（72.1%）	148（27.9%）	
强制医疗机构评估报告	有=1	671	472（70.3%）	199（29.7%）	0.132
	无=0	85	53（62.4%）	32（37.6%）	
司法鉴定	有=1	173	123（71.1%）	50（28.9%）	0.591
	无=0	583	402（69.0%）	181（31.0%）	
近亲属承诺监管	有=1	297	265（89.2%）	32（10.8%）	0.000
	无=0	459	280（61.0%）	179（39.0%）	

续表

变量	变量分类	总体样本量	解除数	未解除数	卡方检验 pearsonχ^2
询问笔录	有=1	182	132（72.5%）	50（27.5%）	0.300
	无=0	574	393（68.5%）	181（31.5%）	
被强制医疗人身份信息	有=1	131	101（77.1%）	30（22.9%）	0.036
	无=0	625	424（67.8%）	201（32.2%）	
社区意见	愿意监管=1	56	54（96.4%）	2（3.6%）	0.000
	不愿监管=2	20	0（0.0%）	20（100.0%）	
	态度中立=3	11	8（72.7%）	3（27.3%）	
	缺失值	669	463（69.2%）	206（30.8%）	—
听证笔录	有=1	85	63（74.1%）	22（25.9%）	0.321
	无=0	671	462（68.9%）	209（31.1%）	
检察机关意见	同意解除=1	121	112（92.6%）	9（7.4%）	0.000
	不同意解除=2	52	3（5.8%）	49（94.2%）	
	态度中立=3	28	21（75.0%）	7（25.0%）	
	缺失值	555	419（75.5%）	136（24.5%）	—

根据卡方检验结果显示，律师参与、近亲属承诺监管、被强制医疗人身份信息、社区意见、检察机关意见等5个变量的 pearsonχ^2 值（以下简称 p 值）小于0.05。在 $\alpha=0.05$ 的检验水平下，可以认为这5个自变量与解除结果有关联。并且近亲属承诺监管、社区意见、检察机关意见的 p 值小于0.01，与解除结果关联较强。申请年份、被强制医疗人年龄、申请解除方、司法鉴定、询问笔录、听证笔录等变量的 p 值均大于0.05，尚不能认为以上变量与解除结果分别存在关联。

由于卡方检验并未控制其他自变量对因变量的影响，无法发现各自变量对因变量的净作用，为进一步研究各自变量对解除决定的影响作用，本研究运用二元 Logistic 进行回归分析。在卡方检验中，近亲属承诺监管、律师参与、被强制医疗人身份信息三个变量显示出可能具有统计学意义，可以直接引入 Logistic 回归模型。社区意见、检察机关意见虽然对于是否解除强制医疗影响显著，但包含该自变量信息的样本案例分别仅有 87 个和 201 个，若纳入模型将大量减少样本数量，为保障样本的完整有效性，本研究也将其剔除。

通常情况下，需将无统计学意义的自变量排除在外，从而确保建立一个稳定且易于解释的 Logistic 回归模型。但是必要时，也可结合专业知识及经验，将部分重要自变量强行纳入回归模型中。因此，结合强制医疗解除可能受多种因素影响，课题组将强制医疗机构评估报告、询问笔录也纳入 Logistic 回归模型中。

表4 解除强制医疗的影响因素回归分析

因素	回归系数	标准误	瓦尔德	P	Exp(B)	OR(95%CI)下限	上限
常量	.441	.240	3.369	0.066	1.555		
近亲属承诺监管	1.077	.186	33.684	.000	2.937	2.041	4.225
律师参与	-.471	.175	7.201	.007	.625	.443	.881
强制医疗机构评估报告	.143	.250	0.330	.566	1.154	.708	1.882
询问笔录	-.051	.199	.066	.797	.950	.644	1.403
被强制医疗人身份信息	.303	.237	1.635	.201	1.354	.851	2.155

对上述自变量与解除结果进行二元 Logistic 回归分析后发现，近亲属承诺监管、律师参与 2 个变量的 p 值小于 0.05，表明这 2 个自变量对解除强制医疗决定存在一般影响。而被强制医疗人身份信息的 p 值小于 0.05，在回归分析中 p 值大于 0.05，表明被强制医疗人身份信息这一自变量对解除强制医疗决定结果不具有一般影响，其关联性不具有统计学意义。其余证据种类的变量包括强制医疗机构评估报告、询问笔录等的 p 值均大于 0.05，则上述自变量对解除强制医疗决定的结果不具有一般影响。Logistic 回归模型的 Cox&Snell 决定系数和 Nagelkerke 决定系数分别为 6.4%和 9%。根据 Hosmer-Lemshow 拟合优度检验的结果，HL 的统计量等于 3.223，P = 0.780>0.20，可以认为该回归模型较好地拟合了原始数据。根据分类表可得总的分类正确率为 69.8%>50%，由此可见，分类准确性尚可。

（一）近亲属承诺监管对解除结果的影响显著

根据回归分析结果，近亲属承诺监管这一自变量对应的 p 值为 0.000，在 $\alpha=0.01$ 显著性水平上，近亲属承诺监管对强制医疗解除存在显著影响，说明近亲属承诺监管对强制医疗解除决定存在非常强的影响。Exp（B）值（又称 OR 值）表明出现某种结果与不出现某种结果的概率比。Exp（B）值为 2.937，意味着当有近亲属承诺对被强制医疗人在解除强制医疗后进行监管时，解除率是不予解除率的 2.937 倍。表明如果有近亲属承诺监管，将会增加解除的可能性。

根据二元 Logistics 回归结果显示，近亲属承诺监管对强制医疗决定有显著影响。课题组就这一结果展开了进一步分析，探索在申请主体不同的情况下，近亲属承诺监管与解除结果的关联性。

1. 申请主体为强制医疗机构

变量	变量分类	解除数	未解除数	卡方检验 pearsonχ^2
近亲属承诺监管	有 = 1	76（73.8%）	27（26.2%）	0.056
	无 = 0	58（61.1%）	37（38.9%）	

2. 申请主体为近亲属

变量	变量分类	解除	未解除	卡方检验 pearsonχ^2
近亲属承诺监管	有 = 1	162（87.1%）	24（12.9%）	0.000
	无 = 0	209（61.3%）	132（38.7%）	

3. 申请主体为被强制医疗人

变量	变量分类	解除	未解除	卡方检验 pearsonχ^2
近亲属承诺监管	有 = 1	7（87.5%）	1（12.5%）	0.115
	无 = 0	13（56.5%）	10（43.5%）	

卡方检验结果显示，当申请主体是强制医疗机构或被强制医疗人时，近亲属承诺监管对应的 p 值分别是 0.056、0.115，均大于 0.05，尚不能认为近

亲属承诺监管与解除结果存在关联。而当申请主体是近亲属时，近亲属承诺监管对应的 p 值 = 0.000 < 0.05，可以认为近亲属承诺监管与解除结果存在关联。

在上文自变量筛选的卡方检验中，申请主体这一变量与解除结果的关联性尚无统计学意义，换言之，申请主体无论是谁，本身并不会对解除结果产生影响。但是当申请主体限定在近亲属，而且近亲属同时承诺对被强制医疗人进行监管时，对解除结果就会产生正向影响。由此可见近亲属的监管意愿加对于被强制医疗人解除强制医疗的意愿会对解除结果产生显著的正向影响。

（二）律师参与情况对解除结果的影响显著

根据二元 Logistics 回归结果显示，律师参与这一自变量的 p 值 = 0.007，在 α = 0.05 的显著性水平上，律师参与对解除结果存在显著影响。Exp（B）值为 0.625 表明，当律师参与时，解除率是不予解除率的 0.625 倍，即解除率低于不予解除率，律师参与对解除结果反而产生了负向作用。并且，律师参与是该模型中影响因变量的关键因素。在该模型中剔除律师参与这一变量，模型的伪判定系数 Cox&Snell R2 和 Negelkerke R2 分别从 0.064、0.090 升为 0.55、0.78，而模型的预测正确率下降至 47.3%，所以律师参与是影响解除结果的关键因素之一。

（三）社区意见影响显著，但未得到普遍重视

根据卡方检验结果，社区意见对应的 p 值 = 0.000 < 0.01，在 α = 0.01 的显著性水平上，可以认为社区意见与解除结果存在关联。换言之，在审判过程中，社区对被强制医疗解除与否的意见与最终解除结果高度相关，在 56 份社区表示愿意协助监管的案例中，解除率高达 96.4%。在 20 份社区表示不愿意协助监管的案例中，不予解除率高达 100%。由此可见社区在被强制医疗人解除强制医疗及后续监管过程中的关键作用。但大部分法院在审理解除强制医疗案件中，未重视甚至忽略社区的重要作用。

（四）检察机关意见影响显著，但尚未充分发挥作用

根据卡方检验结果，检察机关意见对应的 p 值 = 0.000 < 0.01，在 α = 0.01 的显著性水平上，可以认为检察机关意见与解除结果存在关联。本研究样本中，检察机关同意解除强制医疗的有 141 个，其中法院决定解除的有 138 个，占 97.9%，不解除的仅有 3 个，占 2.1%；检察机关不同意解除强制医疗的有

48 个，其中法院决定不解除强制医疗的有 48 个，占 100%。

虽然检察机关意见与最终解除结果高度相似，但是在 201 份含有检察机关意见的裁判文书记录中，大部分检察机关意见都是根据司法鉴定意见作出判断，基本遵循司法鉴定意见。检察院作为强制医疗的申请主体，以及强制医疗执行解除的法律监督机关，对于被强制医疗人是否符合解除标准，应当作出更为综合的客观判断，而不是唯医学标准。另外，756 份裁判文书中，检察机关意见的缺失值为 555 份，占总量的 73.4%。

（五）被强制医疗人年龄可能成为影响解除结果的又一因素

在卡方检验中，被强制医疗人年龄这一变量的 P 值为 0.355>0.05，表明其与解除结果的关联性尚无统计学意义。但是将年龄大于 60 岁的样本单独做卡方检验，得到的 P 值为 0.00，在 $\alpha=0.01$ 的检验水平下，可以认为年龄大于 60 岁这一变量与解除结果有关联。大于 60 岁的被强制医疗人解除率为 72.5%，而小于 20 岁的被强制医疗的人解除率达到 100%（样本存在缺失值，且被强制医疗的人年龄小于 20 岁的案例较少），其余年龄段的解除率未体现突出情况。课题组认为，法院在审理强制医疗解除案件中，考虑到 20 岁再社会化问题、60 岁以上基本丧失了攻击能力，为了追求法律效果和社会效果共赢，对小于 20 岁及大于 60 岁的被强制医疗人，可能更倾向于解除强制医疗。

三、强制医疗解除中存在的问题

（一）定期诊断评估机制不规范

强制医疗解除以"人身危险性"为标准。"人身危险性"这一概念的提出意味着刑法观念从惩罚犯罪行为转向惩罚犯罪人、惩罚犯罪转向预防犯罪，具有十分重要的意义。然而学界关于"人身危险性"的研究起步较晚。有的学者认为"人身危险性"是指行为人对社会造成侵害的可能性；有的学者认为人身危险性是指曾经受过刑事处罚的人，再次实施危害行为的可能性，无论是哪种理论，其核心都在侵害"可能性"这一要素当中。

为了避免强制医疗期限不必要的延长，防止滥用强制医疗，我国《刑事诉讼法》明确规定，强制医疗机构应当定期对被强制医疗的人进行诊断评估，但对定期评估期限并未明确。因此关于定期评估，不同省市的做法各不相同。北京市的规定是，第一次定期评估在收治之后 6 个月进行，随后每 6 个月进行一次定期评估。广州市强制医疗所每 3 个月进行定期评估。关于定期评估的间隔时间，受访者持有不同的意见。有人认为，出于权利保护的考虑，间隔时间短一些，3 个月或者 6 个月均是合理的。然而，有些受访者表示，考虑到精神疾病容易复发，过早解除强制医疗风险很大，应该延长评估的时间间隔。

与定期评估周期问题相比，最棘手的问题是解除强制医疗的实质性标准"人身危险性"的判断。根据《刑诉解释》，解除标准是被强制医疗的人已无危险，没有必要继续强制医疗。由于该认定涉及对人身危险性的判断，因此要作出认定可能非常困难。由于立法关于"人身危险性"标准的规定过于原则，并且没有相关的法律法规对是否存在"人身危险性"进行的具体阐述。不同案件的法官对于解除标准的理解存在偏差，不同法院实体判定标准选择混乱，极有可能导致同案不同判的情况发生。此外没有明确的解除标准也使得检察机关对强制医疗机构是否及时提出解除申请的监督变得流于形式，不利于检察机关监督活动的顺利进行。

在实地调查中，我们发现医生们倾向于将他们的诊断限制在当前的危险性上，而对潜在风险的预测会感到力不从心、望而却步。山西省精神卫生中心一位医生说，医生可以自信地诊断精神病人病情是否得以控制、是否好转，但对于人身危险性的判断超出了其专业范围。派驻湖南省强制医疗所的一名医生说，他们一般只是评估病人的精神疾病，这是一个临床诊断，无法对其持续危险性进行判断。安康医院的多数警察认为，评判能否出院不应该适用普通精神病人出院的标准。人身危险性的评估应该综合评判，考虑到精神疾病的严重程度，以及监护人的照顾和监管能力。年迈或感染了严重躯体性疾病的精神病人，他们对公共安全构成威胁有所降低或消除时，通常可以认定其为低风险。

由于没有具体的评估标准，强制医疗机构保持谨慎态度，倾向于严格把握人身危险性的标准。在评估潜在的危险性时，他们通常会考虑多种因素，如精神疾病本身、病人在强制医疗机构的表现、治疗记录、辅助检查的结果、监护人的能力（包括承担监护责任的意愿和必要的财力、人力情况）、精神病人犯罪行为的性质，以及暴力行为造成的后果等。

（二）申请主体设定不合理

被强制医疗的精神病人，如果经过评估病情稳定，应该由谁提出解除强制医疗的申请最合理？接受问卷调查的精防人员中63.6%的人认为应当由安康医院提出申请，27.1%的人认为由被强制医疗人家属提出更为合理，仅有4.2%的人认为应该由被强制医疗人本人提出，可见精防人员认为专业的医疗机构对于被强制医疗人情况掌握得最为准确，由他们提出申请最为合理（见表5）。[1]

表5 精防人员认为强制医疗解除适宜的申请主体

	频率	百分比（%）
被强制医疗人	9	4.2
家属	58	27.1
安康医院	136	63.6
居（村）委会	11	5.1
合计	214	100.0

1. 被强制医疗人申请解除强制医疗的主体适格性问题

适用强制医疗程序的行为人必须是经法定程序鉴定为依法不负刑事责任的精神病人，经过治疗，如果病情好转甚至治愈不再具有人身危险性的，有权申请解除强制医疗。但其能否理解自己的法律地位和申请行为的意义，是否具有相应的行为能力，未经司法鉴定的被强制医疗人作为强制医疗解除申请主体的适格性值得商榷。因此有学者认为，这样的规定象征意义大于实际意义。然而，我们不赞成此种观点。《残疾人权利公约》明确规定，法律面前获得平等承认，残疾人与其他人一样平等地享有法律能力。但是法律能力是否包含法律行为能力各国一直存在争议。该问题延伸出来的就是对于残疾人是适用"替代性决策设计"（Substituted Decision-making）还是"支持性决策设计"（Supported Decision-making）的问题。[2] "替代性决策设计"的前提是只要是残疾人就一律没有法律行为能力，其本人的行为能力应由监护人全权代理。这种观点实际就是一个彻头彻尾的伪命题，本质上是对残疾人的歧视

---

[1] 参见王昊旻、李筱永："风险防范背景下精神障碍患者强制医疗解除的相关问题研究——以社区精防医生认知调查为依据"，载《医学教育管理》2022年第3期。

[2] 参见柳琴："残疾人权利保障问题研究——以《残疾人权利公约》为视角"，上海交通大学2008年硕士学位论文。

和偏见。精神病人作为主体，在被法定程序确认患有精神障碍、不具有刑事责任能力之前，享有完整的独立人格和法律规定的所有人都享有的权利。被诊断为精神障碍、不具有刑事责任能力之后，不能仅仅由于其身患精神疾病、刑事责任能力丧失的事实，而作出其丧失法律行为能力的推定，我们不应该简单地否认其全部法律能力。没有法律依据，未经正当程序，应该推定被强制医疗人具有法律行为能力。问题的关键在于如何保障其申请解除强制医疗权利的实现，我们要尊重被强制医疗人的选择决策，通过法律援助支持其决策，而不是指定第三人来作"替代性决策"。

2. 近亲属怠于行使申请权

对于近亲属而言，肇事肇祸的精神病人是一个"沉重的包袱"和"未愈的伤口"。治疗精神疾病的成本较高，而且精神疾病的治疗期长、复发率高，大部分人无法承受那么高的治疗费用。而且相比之下，精神病人更容易攻击周围的人，特别是与他密切接触的近亲属。根据北京市4所具有精神司法鉴定资质机构的统计数据，北京市2000年~2006年间被精神疾病患者伤害致死的190人中，属于精神疾病患者亲属的为114人，占比高达60%。[1]一方面，精神病人的家属或者监护人已经受伤或者死亡，客观上不可能申请强制医疗解除；另一方面，其他未遭受身体创伤的家属或者监护人因丧亲之痛，情感上不愿申请解除。

即使有近亲属愿意申请，但是由于被强制医疗人处于被羁押的状态，只有强制医疗机构能够及时并最全面地掌握精神病人的精神健康状况，被强制医疗人的近亲属并不能掌握上述信息。因此如何确保被强制医疗人的近亲属能够及时并有效地行使解除申请权，立法应该予以完善。

3. 强制医疗机构的建议缺乏有效监督

如上所述，强制医疗具有社会防卫的功能。如果强制医疗机构主动申请解除强制医疗，法院支持了该申请，解除后的精神病人一旦再次实施了危害社会的行为，那么强制医疗机构将面临社会舆论的压力，甚至是被问责的执法风险。因此，强制医疗机构很少主动提出解除意见。[2]另外，全国强制医

---

[1] 参见郭宗保："1323例司法鉴定的肇事肇祸精神病人行为特点分析"，载《全国精神科护理学术交流会议论文汇编》2012年6月30日。

[2] 参见吕晓刚、杨彩虹："刑事强制医疗解除程序完善实证研究"，载《河南财经政法大学学报》2020年第6期。

疗执行存在不同模式。实施强制医疗费用承担主体的问题，现有法律法规和相关司法解释均无明确规定。一旦出现经费不足，在不完全具备解除条件的情形下，强制医疗执行机构仓促出具诊断评估报告，直接申请抑或"诱导"被强制医疗人家属向法院申请解除，将对被强制医疗人员的监管职责转移至被强制医疗人近亲属等推卸责任情形的是否会发生值得我们深思。[1]

（三）解除审理过程司法化程度偏弱

1. 解除程序参与主体单一

2021年3月1日起施行的《刑诉解释》的第647条规定，法院应当组成合议庭审理的强制医疗解除的案件，在必要时，可以开庭审理，并通知检察院派员出庭。在此之前解除强制医疗的具体审理形式立法并未规定。实践中少数案件采用召开听证会的审理方式，大多数案件采用不开庭的书面审理方式。相较于听证会，书面审理方式无法充分保障被强制医疗的人及其近亲属的参与权，无法确保多方主体充分参与并表达意见。法官不具备医学相关知识，书面审理的方式令裁判依据单一，合议庭对于强制医疗机构出具的评估报告或者司法鉴定结果的依赖性会大大加强（见图6）[2]。甚至个别法院作出解除强制医疗的依据只有强制医疗机构提供的关于被申请人的医疗病历、病情评估报告，除此之外，无其他证据。[3]

强制医疗的解除涉及的主体具有多元化特点，它不仅涉及被强制医疗人，还关系到其所在家庭、社区甚至整个社会。它不仅是一个法律问题，更是一个社会问题。因此对于此类案件法官应该充分重视利益相关者的意见，综合权衡是否解除。然而，在本研究756份裁判文书中，社区意见的缺失值达到669份，占总量的88.5%。检察机关意见的缺失值为555份，占总量的73.4%。这说明部分法官对于社区以及检察机关的重视度不足。

---

[1] 参见胡嘉金、刘志军："解除强制医疗程序实务探析"，载《法律适用》2018年第13期。

[2] 参见吕晓刚、杨彩虹："刑事强制医疗解除程序完善实证研究"，载《河南财经政法大学学报》2020年第6期。

[3] 参见台州市椒江区人民法院（2019）浙1002刑医解3号强制医疗解除决定书。

第三章 强制医疗的解除

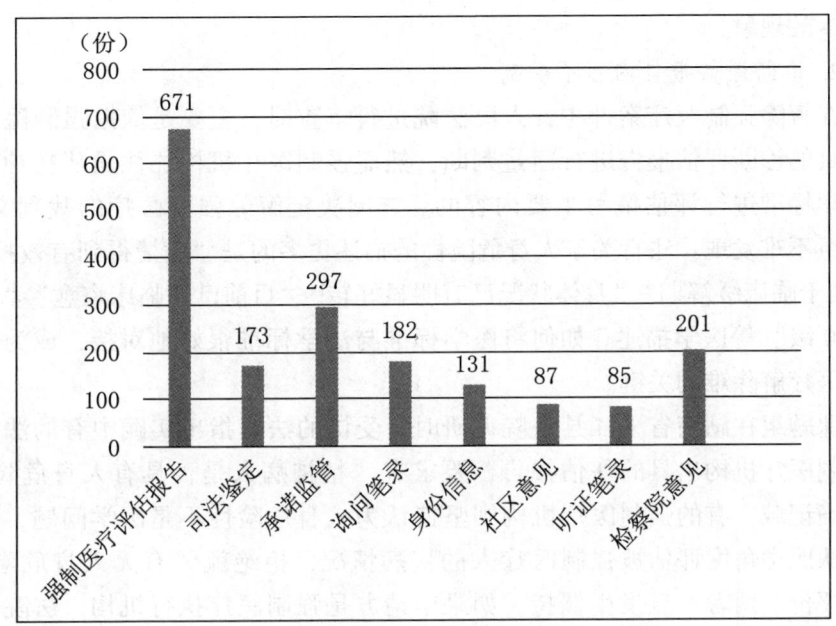

图 6　解除强制医疗的证据种类统计

此外，强制医疗解除程序的律师参与率较低，样本中律师参与的案例仅有 225 份，占 29.8%；律师没有参与的多达 531 份，占 70.2%。应然层面，律师的积极参与和有效抗辩，可以有效提升庭审的实质化。然而令人意外的是，根据二元 Logistics 回归结果显示，律师参与的强制医疗解除案件，解除率低于不予解除率，律师参与对解除结果反而产生了负向作用。课题组分析原因认为：一是律师参与的强制医疗案件大多是法律援助机构指派的，因此一些律师参与的积极性不够高，影响抗辩效果。二是律师一般也不具备精神医学专业知识，对于强制医疗机构诊断评估报告或司法鉴定意见无法发表实质性意见，无法对法官裁量产生有效影响。[1] 由于不确定被强制医疗人将来可能发生的状况，法院一旦解除强制医疗就可能为其再次肇事肇祸、危害社会埋下隐患。而且鲜有法官愿意承担因错误解除强制医疗而使其再次肇事肇祸的风险，因此法官会在是否解除刑事强制医疗决定上保持谨慎态度，加之一些律师仅以完成庭审任务为目的出庭，无法真正发挥其作用，反而滋生了"解

---

〔1〕 参见王迎龙："刑事强制医疗解除程序实证研究"，载《中国法学》2022 年第 2 期。

除难"的现象。

2. 诊断评估报告内容不规范

在解除强制医疗案件中，人民法院进行审查时，主要是依据强制医疗机构出具的诊断评估报告进行衡量判断，然而强制医疗机构往往是从精神疾病的医学标准进行评估撰写主要内容的。查阅决定解除强制医疗的裁判文书，课题组不难发现：法官关于人身危险性的描述更多的是"病情得到有效控制""现处于临床缓解期""身体状况已有明显好转""目前已达临床痊愈""危险性为0级"等医学描述。如何将医学标准与法学标准很好地对接，成为破解强制医疗解除难的关键。

课题组在湖南省平江县法院调研时，受访的法官指出实践中有的法官审查强制医疗机构出具的评估报告，要求有"精神病人是否具有人身危险性"的明确记载，有的强制医疗机构则坚持认为人身危险性不是医学问题，自己只能从医学角度评估被强制医疗人的疾病情况，拒绝就"有无人身危险性"作出评价。两者一旦发生僵持，如果申请方是强制医疗执行机构，法院便将驳回申请，不予解除。受访的浙江省余姚市法院一法官说，2015年浙江高院刑三庭出台了《关于审理强制医疗案件若干问题的解答》，该文件明确了强制医疗机构提出解除意见时，应当在诊断评估报告中对被强制医疗的人作出"已不具有人身危险性，不需要继续强制医疗"的评估，这是其提出解除强制医疗意见的前提条件。强制医疗程序实施以来，有些强制医疗机构出具的诊断评估报告中，仅仅有被强制医疗人"经过治疗，病情缓解""在药物控制下，病情稳定"等表述，没有对其"是否已不具有人身危险性"作出评估。这是不符合《刑事诉讼法》精神的，应当要求强制医疗机构按照法律规定作出评估。如果诊断评估报告中没有该项评估的，可以不批准解除。被强制医疗人及其近亲属申请解除强制医疗的，强制医疗机构也应当对被强制医疗人是否"已不具有人身危险性，不需要继续强制医疗"作出评估。

3. 启动司法鉴定程序的任意性

《刑诉解释》意图通过司法鉴定填平解除程序中的医学和法学标准之间的沟壑，但是由于立法没有明确法院委托鉴定"必要时"的具体情形，解除程序中司法精神病鉴定具有一定任意性。另外，解除程序中关于"人身危险性"的司法鉴定仍存在以下三个待解难题：一是关于委托鉴定的费用，立法未明确规定谁来承担。二是一直以来，精神病司法鉴定中没有人身危险性鉴定的类别，没有可执行的鉴定标准。刑事案件中，传统精神疾病司法鉴定包括刑事责任能力鉴定、被告在诉讼中的受审能力鉴定、服刑能力鉴定和性自卫能力鉴定四种。直到 2020 年司法部颁布《法医类司法鉴定执业分类规定》，法医精神鉴定中才有了危险性评估。但实践中对暴力危险评估没有统一的标准，有些法官委托进行人身危险性鉴定的，鉴定机构多以《严重精神障碍管理治疗工作规范（2018 年版）》为标准，根据是否打砸、是否伤人为标准将危险性评估分为 0 级~5 级，这样的标准主要适用于社区，显然对人身危险性适用不合适。[1] 三是关于鉴定机构中立性的质疑。比如，北京市强制医疗处既是强制医疗执行机构又是鉴定机构。综上，解除程序中司法精神病启动的比例较低。本研究中仅有 173 份法院启动了鉴定程序，占总数的 22.9%；583 份法院未委托鉴定机构进行专家鉴定，占总数的 77.1%。没有关于被强制医疗人人身危险性的司法鉴定，强制医疗解除程序最终沦为仅仅是对于执行机构提供的诊断评估报告的书面审查。

4. 对于近亲属监管意见的审查方式不一

如图 6 所示，审理强制医疗解除案件，被强制医疗人近亲属监管承诺作为主要证据材料，仅次于医疗机构出具的诊断评估报告。仅根据裁判文书的统计分析也许难免以偏概全。根据二元回归分析方法验证再次证明了该结论，那就是承诺监管对解除结果的影响显著。当有亲属承诺对被强制医疗人在解除强制医疗后进行监管时，解除率明显高于不予解除率。

强制医疗解除后，后续看管和持续医疗至关重要。有研究指出，精神分裂症一年后复发率达 40.8%。[2] 考虑到精神疾病的特殊性，如果近亲属在解除强制医疗之后，可以照顾和监护精神障碍者生活起居、后续治疗和正常服药，其精神疾病就不容易复发，一定程度上可以防止其再次发生危害社会的行为。近亲属的承诺监管是法官裁量解除强制医疗的一个重要因素，法官在审理过程中不应该仅仅形式审查是否有相关承诺书，更应该实质考察被强制

---

〔1〕 0 级：无符合以下 1 级~5 级中的任何行为；1 级：口头威胁，喊叫，但没有打砸行为；2 级：打砸行为，局限在家里，针对财物，能被劝说制止；3 级：明显打砸行为，不分场合，针对财物，不能接受劝说而停止；4 级：持续的打砸行为，不分场合，针对财物或人，不能接受劝说而停止（包括自伤、自杀）；5 级：持械针对人的任何暴力行为，或者纵火、爆炸等行为，无论在家里还是公共场合。

〔2〕 参见任可可："精神分裂高复发现状亟待改善"，载《光明日报》2012 年 4 月 15 日，第 6 版。

医疗人近亲属的监护能力和监护条件。然而研究发现，载有近亲属监管承诺或者保证的证据通常只是在裁判文书中一笔带过。少数法官会委托基层自治组织实地调查家属的监护条件，并要求其出具证明。个别法官会实地走访被强制医疗人居住的社区及家属，了解社区管理及家属的看护计划。[1]

（四）强制医疗解除与社会治理的衔接不畅

强制医疗解除之后，精神病人回归社会的问题，无论是对于精神病人本人，还是一般社会大众而言，均是重要的话题。因为精神病人不仅有精神疾病，更有犯罪前科，社会大众心中对其存在一定恐惧，精神病人回归社会也面临一定困难。考虑到精神病人日后回归社会的问题，首要任务就是在刑事司法体系与精神卫生医疗体系之间构建桥梁，这也是当今司法精神医学一直致力研究的领域之一。

强制医疗的解除仅仅意味着强制医疗程序的终结，但是对于被强制医疗人而言，后续的治疗管理依然重要。一位受访的精神医学专家认为，家庭护理和社区监督在确保解除强制医疗病人的康复方面发挥着重要作用。要保证病人解除强制医疗后会服用医生开的药物，为此，强制医疗机构应与社区协调，由社区相关机构对解除强制医疗后的病人进行定期评估，减少复发的可能性。但是，课题组通过调研发现：由于安康医院的工作负担已经很重，人手有限，所以基本没有后续随访病人或治疗的机制，也没有权力要求病人定期回安康医院进行复查。

鉴于精神疾病病程长、反复发作的特性，无论是治疗费用还是后续康复训练，都需要财力保障和专业机构的指导，基于国家亲权主义，当监护人由于监护能力受限无法有效履行监护职责时，国家应承担兜底的保障责任。因此缺少强制医疗机构与社会的衔接机制，使得近亲属和强制医疗机构处在后续监管和精神病人再次肇事肇祸的双重压力之下，不仅不利于其主动申请解除，也不利于精神病人恢复自由。如果这些不按"常理出牌"的病人直接回归社会不接受后续的跟踪与治疗，可能会肇事肇祸，这不仅不利于社会防卫，也不利于精神病人再社会化。

当前我国《精神卫生法》详细地规定了政府、社区、医疗机构对精神障碍患者康复承担的职责。社区与居（村）民委员会在政府（街道办事处、乡/

---

[1] 参见福建省厦门市海沧区人民法院（2016）闽0205刑医解1号强制医疗解除决定书。

镇人民政府)的工作指挥下接受上级医疗机构的技术指导和心理健康教育培训,对病情好转回归社区的精神障碍患者进行日常的随访、建立健康档案、提供康复的场所、接受心理健康咨询、宣传精神卫生知识,营造良好的康复环境,同时与患者家属密切配合共同加强患者的社区和居家管理,加强严重精神障碍患者的健康监测。政策方面,2004年国家启动严重精神障碍管理治疗项目。2009年,将重性精神疾病社区随访管理纳入国家基本公共卫生服务项目。2015年国务院办公厅转发的《全国精神卫生工作规划（2015-2020年）》,提出全面推进严重精神障碍救治救助,加强患者登记报告,做好患者服务管理,落实救治救助政策。2016年1月,中央综治办等六部门联合印发的《关于实施以奖代补政策落实严重精神障碍患者监护责任的意见》提出通过实施以奖代补政策,推进落实严重精神障碍患者监护责任。2018年卫健委组织编制了《严重精神障碍管理治疗工作规范（2018年版）》,明确各级卫生健康行政部门、精神卫生防治技术管理机构、精神卫生医疗机构、基层医疗卫生机构在严重精神障碍患者管理治疗工作中的职责、任务和工作流程。无论是政策还是法律,对于居家的精神障碍患者无疑是利好的。但是对于解除强制医疗后的精神病人,是否属于社区康复的对象,是否属于公共卫生服务的对象,不论是政策还是法律均语焉不详。

对于刑事强制医疗"解除难"的原因探析,课题组给出五个有代表性的答案。由于此题为多选题,故运用多重响应分析方法进行分析,采用χ^2拟合优度检验的方法分析精防人员对于刑事强制医疗"解除难"的原因的选择是否有区别,检验水准α = 0.05。由于p值<0.05,表明精防人员对于刑事强制医疗"解除难"的原因在选择上是有差别的。选择"解除标准不合理"的最多,高达70.6%;选择"社区对于肇事肇祸精神障碍患者接纳程度低"的居第二,达到61.7%;选择"与社区管理衔接不好"的居第三,达到57.5%,可见问题就出在了解除标准的设计上以及解除后对于患者管理的问题上,社区没有承担好相应责任（见表6）。[1]

---

[1] 参见王昊旻、李筱永:"风险防范背景下精神障碍患者强制医疗解除的相关问题研究——以社区精防医生认知调查为依据",载《医学教育管理》2022年第3期。

表6 刑事强制医疗"解除难"的原因比较

	频率	百分比(%)	χ^2	p
解除标准不合理	151	70.6		
法院审理程序不合理	112	52.3		
与社区管理衔接不好	123	57.5	12.243	0.016
社区对于肇事肇祸精神障碍患者接纳程度低	132	61.7		
监护人不能很好履行监护职责	100	46.7		

对于强制医疗的解除与社会治理衔接方面的问题，课题组设计了四个选项，列举了各个部门的问题。由于此题为多选题，故运用多重响应分析方法进行分析，采用χ^2拟合优度检验的方法分析精防人员对于刑事强制医疗的解除与社会治理衔接方面的选择是否有区别，检验水准$\alpha = 0.05$。由于p值>0.05，表明精防人员对于刑事强制医疗的解除与社会治理衔接方面的看法在选择上并无差别，四个选项均非常重要，各部门职责不清，安康医院、监护人及社区之间缺少配合等都存在很大影响。根据问卷数据分析，130位（60.8%）精防人员认为各机构职责不清，相互之间不配合是刑事强制医疗解除与社区管理的衔接方面最突出的问题（见表7）。[1]

表7 刑事强制医疗的解除与社会治理的衔接方面存在的问题比较

	频率	百分比(%)	χ^2	p
强制医疗机构与社区之间不配合	131	61.2		
卫生部门与公安部门之间职责不清	141	65.9		
基层政府（乡镇或者街道）的职责不清	130	60.8	2.103	0.551
监护人对于社区管理不配合	151	70.6		

不论是政策还是立法文本的定性分析，抑或是社区精防人员问卷的定量分析，我们均可以得出，强制医疗解除与社会治理之间衔接不畅，被解除强

---

[1] 参见王昊旻、李筱永："风险防范背景下精神障碍患者强制医疗解除的相关问题研究——以社区精防医生认知调查为依据"，载《医学教育管理》2022年第3期。

制医疗后精神病人的监管义务主体不明确，后续跟踪管理责任无法落实，就成为强制医疗解除问题的瓶颈。如果我们可以打通被强制医疗人回归社会之路，明确监管责任，通过多部门合作与广泛的社会参与，提高防治效果，促进患者康复、回归社会，降低其再次犯罪的风险，法官的顾虑无疑也会减轻，一定程度上强制医疗"解除难"的问题自然会被化解。

第四章 强制医疗的证据问题

法官的任务是将抽象的法律规定适用于具体案件中。鉴于我们认识手段的不足以及认识能力的局限性,加之诉讼期限的限制,每个案件均可能发生当事人对案件真实过程的阐述无法达到法官获得心证程度的情况。证明责任规范的本质和价值就在于,重要的事实主张的真实性不能被确认的情况下,指引法官作出何种内容的裁判。也就是说,谁对不能予以确认的事实主张承担证明责任,谁将承受对其不利的裁判。[1]证明标准则是要求法官对于案件事实必须以一定"尺度"进行而不是恣意判断。

以定罪量刑确定刑事责任为中心构建的刑事诉讼证据体系,是否可以兼容不以刑事责任确定为中心的强制医疗程序证明的现实需求,成为困扰实务部门的最大障碍。[2]而且司法实践中,法官对强制医疗案件的证明责任和证明标准问题的认知相对模糊,混淆了强制医疗"适用条件的审查判断""证明责任""证明标准"的关系。[3]法官将强制医疗适用条件的规定适用于具体案件时,属于一个三段论的推理过程。其中,适用条件的法律规范构成大前提,具体到个案行为人是否实施了达到犯罪程度的暴力行为、是否不具有刑事责任能力、是否具有继续危害社会可能性构成了小前提。当然该三段论又以许多辅助三段论作为条件,如涉及大前提法律解释的过程。证明责任问题仅存在于法官的三段论的小前提中,只有对裁判案件事实的真实性审查才属于证明责任规范的适用范围。不应该将强制医疗的"证明难"简单归责于适用条件的原则化,也不应该将案件办理的"审查认定难"归责于证明责任分配不明和证明标准的模糊性。毕竟适用条件的原则化属于立法层面,证明

---

[1] 参见[德]莱奥·罗森贝克:《证明责任论》,庄敬华译,中国法制出版社2018年版,第3页。

[2] 参见吕晓刚:"属性分野视角下刑事非讼程序证据体系研究——以刑事强制医疗程序为例分析",载《证据科学》2020年第5期。

[3] 参见熊正、李德胜:"论刑事强制医疗案件的证明标准独立化",载《犯罪与改造研究》2018年第5期。

规则属于法律适用的范畴。

一、有些材料陷入证据资格的"身份危机"

我国现行《刑事诉讼法》确立了8种法定证据形式,有的属于随着案件事实发生产生的物品、物质痕迹及其他反映现象,如物证、书证、监控视频;有的属于特定的侦查活动或证据收集过程的书面记录,如勘验笔录、检查笔录、辨认笔录、侦查实验笔录;[1]有的属于为了解决专门性问题的鉴定意见。然而,强制医疗案件中,证明"继续危害社会可能"的各种意见、情况说明等材料在司法实践中普遍存在,如医疗机构的精神疾病诊断报告、村(居)委员会关于精神病人监护能力的情况说明,以及法官庭外的专家咨询意见,因不符合现行《刑事诉讼法》所规定的8种法定证据形式,而遭遇了不具"合法性"的身份危机。[2]

另外,实践中强制医疗案件的办理,被申请人或被告人的邻居、朋友、同事等反映的其平时生活表现、既往暴力史、物质滥用史、精神疾病就诊经历、童年成长经历等材料,这些与待证事实间接相关的,作为辅助判断的"环境证据"[3],关于其犯罪前科或他在别的场合中有损信誉的"相似事实证据"[4]的"关联性"也备受质疑。这些证据在我国传统刑事诉讼的证据体系中不具有关联性,当然它们并不是没有作用,通常它们并不能作为定罪的证据,而是作为量刑事实证明的证据。强制医疗案件不以刑事责任确定为中心,也不会涉及量刑环节,关于该类证据能否运用于强制医疗必要性采用也是不确定的,[5]但是一个不争的事实是,实践中存在有的法官将实施了暴力

---

[1] 有学者将其称为过程证据。实物证据和言词证据均属于办案人员调查取证的结果,而办案人员围绕这些调查取证的过程所制作的书面记录,则具有过程证据的属性。证据可以分为结果证据和过程证据。详细论述参见陈瑞华:《刑事证据法的理论问题》,法律出版社2018年版,第271页。

[2] 鉴定意见多以自然科学知识、原理、技术为基础,法庭科学领域也多为自然科学所主导。自然科学作为可证伪的、"假设-验证"型知识,旨在描述、解释世界,相对"价值中立",可有助于解决诉讼中的专门问题。详细论述参见王星译:"刑事诉讼中的社会科学证据——兼论专门性问题解决方法的整合路径",载《华中科技大学学报(社会科学版)》2022年第4期。

[3] "环境证据",在西方国家具有普遍的合法性。该类证据可采信的标准是"它的证明力明显强于它所产生的偏见。"详细论述参见周洪波:"证明标准视野中的证据相关性——以刑事诉讼为中心的比较分析",载《法律科学(西北政法学院学报)》2006年第2期。

[4] 有的称之为"先前不当行为证据"(Evidence of Previous Misconduct),或"不良品行证据"(Evidence of Bad Character),或"倾向性证据"(Propensity Evidence)。

[5] 参见徐世亮:"依法不负刑事责任的精神病人强制医疗程序若干问题研究",载《法律适用》2016年第12期。

行为的精神病人直接推定为有继续危害社会的可能性，直接予以强制医疗的情形，这样的做法无异于虚化强制医疗适用的"危害要件"，而且这也违背了关于品格证据规则的"禁止推论链条"之禁令。

二、证明责任分配立法语焉不详

根据无罪推定的基本精神，一般刑事诉讼中，证明责任由控诉方承担，犯罪嫌疑人、被告人一般不承担。强制医疗程序中，证明责任如何分配立法语焉不详。普通刑事审判一旦开启，被告原则上就被推定具有完全刑事责任能力，检察机关承担证明责任。但是如果被告人提出其精神不正常，来阻却有责性时，这时被告人需要承担证明责任。强制医疗程序的启动主体不同，是否证明责任分配亦不同。而且，实践中若精神病人家属认为精神病人人身危险性小，自己可以严加看管和治疗，提出没有必要强制医疗的主张时，法官一般会要求其提供证明人身危险性小的证据，以及具有监护的经济实力和条件的证据，表明通过其监护可以预防危害社会的行为，可以达到将精神病人拘禁于强制医疗机构的预期效果。我们认为继续危害社会可能性的证明责任由精神病人一方承担，但通常举证不能，这将意味着强制医疗成为常态。这样的安排是不合理的。我国的强制医疗以限制人身自由的住院治疗为手段，国家欲将此负担加诸被申请人或者被告人，检察机关就必须代表国家以充足确实的证据证明这一措施的必要性和正当性。[1]

三、事实要件和主体要件的证明标准因案而异

2012年《刑事诉讼法》引入英美法中的"排除合理怀疑"，以解释和界定"证据确实、充分"标准，[2]是从过去注重外在的、客观化的证明要求走向裁判者内心确信程度的重要立法尝试。[3]然而强制医疗证明活动中能否遵

---

[1] 参见纵博、陈盛："强制医疗程序中的若干证据法问题解析"，载《中国刑事法杂志》2013年第7期。

[2] 关于两者要素之间的关系，理论界存在争议。一些学者认为，"排除合理怀疑"和"证据确实、充分"分别从主观和客观方面表述了同样的证明要求，两者是一回事。但也有学者认为，"证据确实、充分"不仅要求有内部性的"排除合理怀疑"，而且还要求具有外部性的证据相互印证，至少在部分情形下，"排除合理怀疑"的标准低于"证据确实、充分"的标准。参见魏晓娜："排除合理怀疑是一个更低的标准吗？"，载《中国刑事法杂志》2013年第9期。

[3] 参见陈瑞华：《刑事证据法的理论问题》，法律出版社2018年版，第335页。

循该定罪标准，立法没有明确规定。通过调研发现，对于强制医疗的客观要件事实的证明标准，大多法院要求比较高，该条件的证明需达到"证据确实、充分"。如果觉得对被申请人实施犯罪行为这一事实还存在"合理怀疑"，依"存疑有利于被告"原则，法院就会驳回人民检察院的申请。

随机检索裁判文书网，我们发现绝大多数强制医疗决定或驳回申请决定书中，并没有出现关于证明标准的直接表述。只有极少数案件会出现"被申请人故意伤害他人的事实清楚，证据确实、充分""人民检察院申请对被申请人强制医疗的事实清楚，证据确实、充分"的表述。多数案件往往采用"上述事实，有公诉机关提交并经庭审举证、质证和查证属实的下列证据予以证明，及人民检察院申请对被申请人的强制医疗，符合法律规定，本院予以支持"或"上述事实，有……证据证实，足以认定。本院认为，申请人的申请成立，本院予以确认"的表述，并罗列相关证据。

在此基础上，我们通过访谈发现，大多数受访法官在访谈时都提及内心确信的重要性。受访法官普遍认为，无论刑事诉讼法对于刑事证明标准怎么修改，作为刑事法官，尤其在作出有罪判决书时，其必须达到内心确信的程度。对于强制医疗案件，法官们认为属于犯罪事实的指控，都要达到"证据确实、充分"标准。在对S市某法院法官访谈时，课题组专门就该院强制医疗决定书都没有出现"排除合理怀疑"之类的表述进行请教。对该问题，受访法官表示其没有注意到这一现象，并且认为由于证据确实、充分标准依然居于正统地位。

在王某被驳回强制医疗案中，法院认为该案中的主要证据就是被申请人的姐姐与弟弟关于"被申请人王某告知其杀害被害人钱某的经过"的证人证言，而且经法医鉴定，被害人头面部损伤系具有棱边的钝器打击所致。在现场提取的短柄小锄头的锄头以及手柄上未检测出DNA信息。因此，现有证据不足以证实被害人的死亡系被申请人所为。[1]

宋某被驳回强制医疗案中，法院明确指出公诉机关指控宋某实施放火行为危害公共安全的证据，应当相互印证形成完整的证据链。然而本案的焦点问题在于鸿渐豪庭B栋401失火的原因，虽然被申请人宋某的供述证明其实施了放火行为，但宋某是精神病人其所作的供述要有其他证据印证，证人梁

---

[1] 参见安徽省安庆市大观区人民法院（2015）观刑医字第00001号强制医疗决定书。

某的证言存在反复且是传来证据，故对于宋某的供述及证人梁某的证言，本院不予认定。根据《消防法》第 51 条第 3 款规定，关于火灾事故的认定，需要有消防救援机构根据火灾现场勘验、调查情况和有关检验、鉴定意见，制作的火灾事故认定书。但本案没有消防救援机构出具的火灾事故认定书，鸿渐豪庭 B 栋 401 失火的原因不明。本案证据不能达到确实充分，不能认定宋某实施放火行为危害公共安全。[1]

张某被驳回强制医疗案中，法院认为检察院没有提供张某在他人饮食中所投放物质的鉴定意见以及该物质毒性的鉴定意见，故认定张某以投毒方法故意杀人证据不足，张某的暴力行为达到犯罪程度的证据不足。[2]

袁某被驳回强制医疗案中，法院认为袁某实施暴力行为造成的被害人的人身损害后果，只有被害人的陈述和证人证言证明被害人有身体损伤，而申请机关并未提供必要的法医鉴定意见或者医院诊断证明、住院病历等证据证明袁某实施暴力行为的社会危害达到了犯罪程度。[3]

综上我们发现，首先，该类案件的主要证据之一是被申请人的言词证据，在被申请人因精神疾病无法正常表达的情况下，其所作陈述和辩解是否可信，是否可以作为证据予以采信存在质疑。有的法官认为，除非有其他证据印证，否则应该慎重使用。其次，案件事实涉及放火、投毒、故意伤害等行为的，法官认定案件需要依托火灾事故认定书、投放物质的毒物毒化鉴定意见和人体损伤鉴定意见，然而检察院没有提供该类证据，由于缺乏相关的司法鉴定意见，对于案件的主要事实无法认定，申请人的强制医疗申请最终被驳回。最后，法官认为涉及命案，不论是刑事案件的普通程序还是强制医疗特别程序，证明标准均不应该降低，应该实行严格的证明标准。[4]

司法实践中，关于行为人刑事责任能力的认定，鉴定意见是关键证据。然而有的鉴定意见没有明确的结论，法官通常会认为证据不充分，驳回申请。如果存在两份矛盾的鉴定意见，法官保持谨慎的原则，倾向于认定其属于限制刑事责任能力。

---

[1] 参见湖北省天门市人民法院（2016）鄂 9006 刑医 4 号强制医疗决定书。
[2] 参见湖南省湘阴县人民法院（2014）湘刑强医字第 224 号强制医疗决定书。
[3] 参见湖南省隆回县人民法院（2015）隆刑医字第 1 号强制医疗决定书。
[4] 参见向静、刘于禾："刑事强制医疗审批的证据问题研究——以强制医疗申请被驳回案件为视角"，载《证据科学》2020 年第 6 期。

张某被驳回强制医疗案中，因司法鉴定意见载明不能评定张某案发当时的精神状况及刑事责任能力，只对其目前的精神状况进行了检查，发现张某目前为精神疾病发病期，对自己行为缺乏正确了解，丧失自我辨认能力，故在张某未经法定程序鉴定确认其实施杀人行为时是处于不能辨认或者不能控制自己行为的精神病人的情况下，仅依据其现有状况为目前无受审能力，不能认定张某符合强制医疗的条件。[1]

王某被驳回强制医疗案中，根据前后两次对王某的精神状态鉴定分析，结合王某整个案发期间的行为特征、归案后的供述、辩解，以及审理期间会见王某的情况，法院认为，王某案发时精神状态符合偏执型精神障碍特征，受精神疾病因素影响，其实施危害行为时辨认能力和控制能力削弱，应认定为限定刑事责任能力。粤精卫［2018］精鉴刑字第080号《司法鉴定意见书》的鉴定结论更为合理有据，法院予以采信。指定诉讼代理人提出应采信莞精卫［2017］精鉴字第281号《司法鉴定意见书》鉴定意见的意见，法院不予采纳。因此最终认定王某具有部分责任能力，依法应当追究刑事责任，驳回检察机关的申请。[2]

司法实践中，当法院遇到社会影响重大案件时，对于行为人罪责判断的标准就会变得非常"严苛"。不同案件的行为人能力均受到了精神疾病的影响，不同的是一个所犯的是轻罪，另一个所犯的是重罪。犯轻罪的行为人可以适用免除罪责的规定，但是犯重罪的行为人却无法适用免除罪责的规定，甚至有可能减轻罪责的规定都无法适用。法院判断行为人责任能力时，判断标准是会变动的。轻罪的案件，法院对于行为人责任能力判断较为宽松，但是重罪的判断标准则是相当严苛。行为人所犯为轻罪或未引起社会舆论的案件，法院较为愿意作出免除罪责的判决。至于引起公愤的案件，法院较不愿意作出其免除罪责的判决，可能受制于社会舆论，也让法院在面临这类案件时，判断行为罪责会较为严苛。

四、"继续危害社会的可能"的证明标准把握较为宽松

一部分法官对于精神病人继续危害社会条件把握的标准较为宽松。主要

---

[1] 参见湖北省十堰市张湾区人民法院（2018）鄂0303刑医监1号强制医疗决定书。
[2] 参见广东省东莞市第二人民法院（2017）粤1972刑医11号强制医疗决定书。

顾虑来自对于不予强制医疗的精神病人再次危害社会的风险，对于检察机关提出申请的，法官倾向于作出予以强制医疗的决定。也有个别法官认为，经鉴定不具有刑事责任能力的精神病人，不追究其刑事责任已经是优待和福利了，强制医疗大体上属于替代刑罚的一种措施。因此在审理强制医疗案件时，优先考虑的是决定强制医疗。通过查阅强制医疗决定书，我们发现，关于"继续危害社会的可能"要件，多数决定书仅是在"本院认为"部分，以被申请人"仍有继续危害社会的可能"一句带过，不仅没有具体事实证据予以证明，亦无相关说明或解释。[1]这在一定程度上降低了公众对这一判断的信任程度。

---

[1] 参见曾蕾、李兵：" 《徐加富强制医疗案》的理解与参照——强制医疗案件中有继续危害社会可能的认定"，载《人民司法（案例）》2017年第23期。

第五章 强制医疗的检察监督

　　为了保证强制医疗的正确适用，实现强制医疗的程序正义，防范精神病人再次犯罪、借精神病脱罪以及"被精神病"等风险的发生，同时为了保障强制医疗执行活动依法进行，2012年《刑事诉讼法》规定的强制医疗程序明确将强制医疗决定和执行纳入检察机关的法律监督范围。起初由于该程序是新创制的，法律条文较少，加之该程序对可操作性要求高，给司法实践中检察机关的监督工作带来极大的困扰。

　　2016年，为了加强和规范对强制医疗执行活动的监督，保证国家法律在强制医疗执行活动中正确实施，维护被执行人的合法权利，最高人民检察院印发了《人民检察院强制医疗执行检察办法（试行）》。2018年，为规范检察机关强制医疗决定程序监督工作，维护公共安全，维护诉讼参与人的合法权利，保障强制医疗程序的正确实施，最高人民检察院印发了《人民检察院强制医疗决定程序监督工作规定》。在2018年修正的《刑事诉讼法》和2019年《高检规则》颁布实施的新形势新背景之下，强制医疗检察监督体系基本形成（见图7）。早期存在的强制医疗监督范围不明确和监督对象不确定等问题[1]一定程度上得以缓解，但是关于临时的保护性约束措施和交付执行环节的法律监督等老问题依然存在，同时又滋生了执行中医疗活动监督难等新问题，新老叠加严重影响了强制医疗法律监督职能的发挥。

---

[1] 参见刘延祥、李兴涛："检察机关强制医疗法律监督问题研究"，载《中国刑事法杂志》2013年第5期。

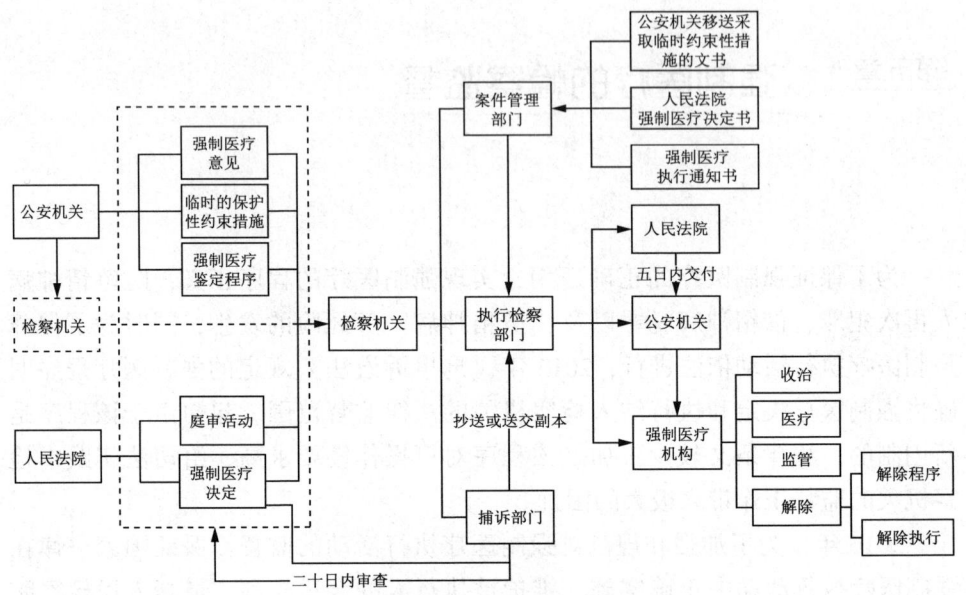

图 7 强制医疗的检察监督示意图

一、强制医疗法律监督对象缺位错位

（一）临时的保护性约束措施的检察监督

由于临时的保护性约束措施涉及剥夺精神病人的自由，并可能违背其意愿实施抗精神病治疗。目前我国立法规定是否采取保护性约束措施，由公安机关决定。缺乏司法审查机制会增加警察滥用权力任意实施保护性约束措施的风险，鉴于此，赋予检察机关法律监督的权力十分有必要。

首先，《高检规则》和《人民检察院强制医疗决定程序监督工作规定》规定，检察机关发现公安机关对涉案精神病人采取临时的保护性约束措施不符合条件的、方式方法和力度不当的，以及未及时解除的，应当提出纠正意见。检察机关发现公安机关应当采取临时的保护性约束措施而未采取的，应当建议公安机关采取临时的保护性约束措施。但是由于临时的保护性措施制度本身不完善，导致检察机关监督时无法判断临时的保护性约束措施是否合法、是否适当、是否及时。具体而言，立法并未规定采取临时的保护性约束措施的实体程序要件，如果执行不合法、不适当，警察是否需要承担法律责任立法亦没有明确。[1]临时的保护性约束措施在权利保障方面的缺陷，导致一定程度上法律监督不到位。一位 G 市的受访者也表示，由于立法不完善，关于临时的保护性约束措施的法律监督未能实现法律预期效果。实践中保护性约束措施时间普遍过长，至少平均为 3 个月。司法实践中，检察机关申请强制医疗程序，认为需要采取临时的保护性约束措施的，监督方式也不一致，有的采用"建议"，有的采用"通知"[2]。

其次，临时的保护性约束措施的具体监督主体是捕诉部门[3]还是刑事执行检察部门，立法没有明确。《人民检察院强制医疗决定程序监督工作规定》第 2 条明确由人民检察院公诉部门负责监督强制医疗决定。其第 7 条规定，如果公安机关对涉案精神病人采取临时保护性约束措施不合法、不适当的，应解除未及时解除的，检察机关应当依法提出纠正意见。从编排体例来推断，该条应该统辖整个文件，临时的保护性约束措施的监督部门应是公诉部门。然而，根据《人民检察院强制医疗执行检察办法（试行）》规定，强制医疗执行由执行检察部门负责监督。根据检察业务类别，刑事执行检察职能包括刑罚执行监督、刑事强制措施执行监督和强制医疗执行监督。就其法律性质，临时的保护性约束措施由公安部门决定采取，实际上与普通刑事程序中的强制措施存在类似之处，也有学者将其界定为特殊强制措施，即为了保证强制医疗程序的顺利进行，对涉案精神病人采取的临时性限制措施。[4]而且实务中公安部门为避免风险发生，多采取将涉案精神病人移送安康医院的方式进行临时的保护性约束，实际上将涉案精神病人与被强制医疗的人置于同一场

---

[1] 参见董晓玲、代亚楠："我国精神病强制医疗之检察监督"，载《河北法学》2015 年第 7 期。

[2] 如《重庆市人民检察院第一分院强制医疗程序及监督实施办法（试行）》第 12 条规定，公诉部门在审查起诉中，发现犯罪嫌疑人符合强制医疗条件的，应当启动强制医疗程序；对需要采取临时保护性约束措施的，应当建议公安机关采取，并通知监所检察部门。而上海市高级人民法院、上海市人民检察院、上海市公安局、上海市司法局联合制定的《关于本市强制医疗案件办理和涉案精神病人收治的暂行规定》第 9 条规定，人民检察院在作出不起诉决定后，涉案精神病人被采取强制措施的，人民检察院应当在 24 小时内作出解除决定，并通知公安机关。必要时，在解除强制措施的同时，书面通知公安机关采取临时保护性约束措施。

[3] 《高检规则》第 534 条第 2 款规定，提出强制医疗的申请以及对强制医疗决定的监督，由负责捕诉的部门办理。

[4] 参见汪建成："论强制医疗程序的立法构建和司法完善"，载《中国刑事法杂志》2012 年第 4 期；田圣斌："强制医疗程序初论"，载《政法论坛》2014 年第 1 期。

所。从监督可行性与便利性角度，刑事执行检察部门监督临时的保护性约束措施具有合理性。

最后，公安机关在对涉案精神病人采取约束措施时，是否需要通知检察机关，《程序规定》对此没有规定。虽然明确了公安机关从其得到无刑事责任能力的鉴定意见到制作《强制医疗意见书》之间有7天的期间，但是考虑到临时的保护性约束措施存在体罚、虐待涉案精神病人的风险，检察机关理应从其被采取约束措施起开始监督检察。[1] 实践中，由于临时约束场所立法未明确，有的地方公安机关将经鉴定为无刑事责任能力的精神病人暂时关押在看守所或拘留所的做法是错误的[2]。犯罪嫌疑人经鉴定不负刑事责任之后，对其采取任何刑事强制措施都是违法的。这应该属于检察机关监督的范围。

（二）强制医疗交付执行的检察监督

从横向结构看，刑事执行程序可以分为交付执行、执行实施以及执行监督。强制医疗行使交付执行权的机关包括人民法院和公安机关，负责执行实施的是安康医院和普通的精神病院，执行监督的主体是人民检察院。理论上讲，交付是整个执行程序的入口，涉及几个程序的衔接。交付执行是强制医疗程序由法院决定强制医疗到具体执行的中间环节，对被强制医疗的人来说具有重要的意义。而执行监督程序是司法公正的最后保证，是确保强制医疗决定落实和保障被执行人合法权益的重要环节。因此，交付执行和执行监督与执行实施都是强制医疗执行程序中不可或缺的组成部分。目前存在重执行实施、轻交付执行和执行监督失衡的结构状态，需要调整和修正。[3]

首先，强制医疗交付执行期限未明确。《人民检察院强制医疗执行检察办法（试行）》专章规定了"交付执行检察"，明确了交付执行的监督内容。作为法律守护者的检察机关，其法律监督是为了保障法律的正确实施。交付执行检察监督的重点是"合法性"，即及时发现法律实施过程中存在的严重违反法律的情况，并且予以纠正。也就是说，法律监督的前提是有法可依。强

---

[1] 参见胡剑锋：《强制医疗程序适用与检察监督》，中国检察出版社2017年版，第127页。

[2] 山西省检察院通过对2013年1月至9月办理的31起案件进行分析，其中在各类精神病医院或综合医院专科门诊进行的有17件，在看守所、拘留所进行的有4件，在村里或家里进行的有3件，因检察机关不批准逮捕而取保候审的1件，还有6件情况不明。详细论述参见李哲："对精神病人强制医疗案件法律监督的调查"，载《人民检察》2014年第6期。

[3] 参见熊秋红、余鹏文："刑事裁判执行程序之重构——以检察官指挥执行为目标"，载《国家检察官学院学报》2022年第2期。

制医疗交付执行涉及"人民法院—公安机关"和"公安机关—执行机关"两个环节。司法实践中，检察机关的检察监督只能及于"人民法院—公安机关"环节，"公安机关—执行机关"环节的检察监督存在缺位现象。究其原因，相关立法明确规定，法院将《强制医疗决定书》和《执行通知书》送达公安机关的期限为5日。然而"公安机关—执行机关"环节，法律仅仅指出了公安机关负责将被决定强制医疗的人送交强制医疗机构执行，并没有涉及公安机关交付执行的具体部门、交付时间地点、交付方式等，也没有规定对于检察机关发现公安机关未及时交付提出纠正意见的期限。强制医疗交付执行的"及时性"是检察机关监督的范围，然而立法并未明确交付执行的期限，不得不说是立法的一大缺失。

其次，"作出强制医疗决定后的5日以外，20日以内"的检察监督，要强调人民检察院内部机构之间的沟通衔接。根据《人民检察院强制医疗执行检察办法（试行）》规定，交付执行由检察机关的刑事执行检察部门监督。同时，《高检规则》规定，对于法庭作出的强制医疗决定，检察机关的捕诉部门需要在20日内审查决定的正确性。简言之，在交付执行阶段的"作出强制医疗决定后的5日以外，20日以内"，捕诉部门和执行检察部门均有监督权，未来需要明确捕诉部门收到决定书副本后与执行检察部门的沟通协调机制，否则极容易造成部门之间互相推诿或重复监督的局面。[1]

最后，监督主体明确集中与强制医疗执行主体不确定之间存在错位关系。交付执行作为执行程序的开端，具有重要的意义。然而强制医疗程序的特殊性导致了交付执行环节的复杂性，交付执行的复杂性增加了检察机关法律监督的难度。强制医疗过程中，执行机构包括约束医疗机构（采取临时的保护性约束措施的执行机构）和强制医疗执行机构，实践中二者可能不是同一家，甚至所在地不一致。与约束机构和强制医疗机构不确定性形成对比的是强制医疗执行监督主体的相对集中性。但是由此衍生的问题是，由哪一个、哪一级的检察机关进行监督。一是，对于没有安康医院，由普通精神病院执行强制医疗的地域，公安机关接到法院的强制医疗决定书后，通常将法律文书送到涉案精神病人审前接受治疗或临时的保护措施的精神病院，交付执行即履

---

[1] 参见朱晋峰：《诉讼视野下我国强制医疗程序解析及其完善》，上海交通大学出版社2020年版，第195页。

行完毕。整个环节公安机关既没有主动向同级检察机关通报执行场所,也没有向精神病院阐明其作为强制医疗机构应该承担的职责。二是,安康医院在大部分省只设立一家,整个省的基层法院强制医疗执行通通由一家安康医院负责,强制医疗的异地交付执行成为普遍现象。对交付执行活动的监督和对执行活动的监督有可能是不同检察机关的执行检察部门,或是同级两地执行检察部门,或是上级执行检察部门的派出检察室与下级执行检察部门。如广州市人民检察院在广州市强制医疗所派驻的检察室发现公安机关有未及时交付执行等违法情形的,是自己提出纠正意见,还是转交作出强制医疗申请的基层检察机关提出纠正意见,司法解释并没有给出明确规定。[1]该时间段的监督盲区一旦出现问题,就会出现互相推诿责任的情形。

(三)强制医疗执行的检察监督

其一,强制医疗所在地的检察机关与强制医疗机构的主管部门为不同层级的情况下,由哪一级检察机关对强制医疗执行进行监督,主体不明确。如果监督主体不明确,势必会招致监督效果的疲软。安康医院大多由省市级公安机关主管,基层的执行检察部门难以进行有效监督。如湖南省强制医疗所,隶属于湖南省公安厅,如果由其所在地的平江县检察机关进行检察监督,势必会影响监督效果。实践中,有的地方检察院对强制医疗执行监督的主体予以明确,原则上由强制医疗执行机构主管部门同级的检察机关开展监督。[2]如北京市强制医疗所隶属于北京市公安局,强制医疗执行的监督主体是北京市人民检察院第三分院。[3]我们认为,这样的规定较为适宜,因为按照事权归属,级别对等有利于沟通,有助于增强监督的效果。

其二,强制医疗执行过程中,如果发现被执行人疑似装病的,可能是具有部分或者完全刑事责任能力的人,强制医疗决定可能错误的,关于如何监

---

〔1〕 参见刘延祥、李兴涛:"检察机关强制医疗法律监督问题研究",载《中国刑事法杂志》2013年第5期。

〔2〕《重庆市人民检察院第一分院强制医疗程序及监督实施办法(试行)》规定,被强制医疗的人所在的强制医疗机构隶属于本院辖区市级单位的,由本院监所检察部门负责强制医疗执行监督;被强制医疗的人所在强制医疗机构隶属本院辖区(县)级单位的,由本院辖区基层人民检察院监所检察部门负责强制医疗执行监督。

〔3〕 在北京市人民检察院第三分院成立之前,2013年受北京市检察院指派,强制医疗所(安康医院)所在地顺义区检察院挂牌成立了派驻强制医疗管理机构检察室,暂行对其强制医疗执行工作检察监督。

督纠正，目前相关法律存在滞后性。目前立法只是规定了人民检察院认为强制医疗决定不当，向决定强制医疗的人民法院提出书面纠正意见的期限是收到决定书后20日以内，对此原审法院应当另行组成合议庭审理。该规定解决了强制医疗决定作出后的20日内发现强制医疗决定错误的纠错程序。那么试问超过了20日才发现强制医疗决定可能错误，检察机关应该如何处理，立法没有明确。毕竟，有的时候即使有经验的精神病学家也很难区分妄想究竟是物质滥用引起的还是精神疾病的阳性症状，这样的案例实践中真实存在。[1] 虽然《人民检察院强制医疗执行检察办法（试行）》第22条规定，在强制医疗执行监督中，人民检察院发现被强制医疗人不符合强制医疗条件，强制医疗决定可能错误的，具体程序是报经检察长批准后，移送有关材料至决定强制医疗的人民法院的同级人民检察院。收到材料的人民检察院公诉部门应当在20个工作日以内进行审查，并将审查情况和处理意见书面反馈负责强制医疗执行监督的人民检察院。该规定看似解决了在20日之后发现新证据，需要纠正强制医疗决定的程序缺失问题，但是并未提及反馈之后的纠错程序，到底是适用审判监督程序还是实现程序回转，重启之前的刑事普通程序呢？

关于通过什么程序可以纠正强制医疗的错误决定，学界存在争议。有学者认为不必启动审判监督程序，可以直接实现程序回归，重启之前的刑事普通程序。理由如下：一是强制医疗程序具有非讼性。它不涉及对刑事案件事实的判断，主要针对的是精神病人是否具有继续危害社会可能性的评估，二是强制医疗决定不具有既判力，该决定可以根据被执行人精神状况的变化而变更解除，因而不受禁止双重危险或一事不再理原则的制约。如果发现之前

---

[1] 据报道，2013年顺义区检察院派驻北京市强制医疗所（安康医院）的检察室收到被害人家属申诉材料，认为被强制医疗的精神病人岳某某具有完全刑事责任能力，要求重新审查强制医疗决定并追究其刑事责任。检察室及时开展初查，通过向岳某某主治医生调查谈话，了解到岳某某自进入安康医院经过3个月的治疗，精神状态较好，意识清醒，能够正常与人交流；与安康医院召开联席会议，通报被害人家属反映的有关情况，督促其组织力量观察岳某某的病情。安康医院经过观察发现岳某某无明显精神疾病症状，且有吸毒史，初步判断具有刑事责任能力或限制刑事责任能力。顺义区检察院将该情况转到原强制医疗的申请单位——北京市海淀区检察院处理。后经重新鉴定岳某某具有限制刑事责任能力，经法院再审作出撤销强制医疗的决定，最终岳某某以故意杀人罪被判处有期徒刑10年。详细记载参见高祥阳、王景亮："北京市强制医疗执行检察监督中的问题和对策"，载《河南社会科学》2015年第7期。

强制医疗决定存在错误，则可以实现程序回转。[1]另有学者认为强制医疗特别程序相对于普通诉讼程序而言，是一种修正的诉讼程序，虽有一些特殊性，但普通诉讼程序的一审、二审、审判监督程序仍然发挥着蓝本的作用。关于纠正错误的强制医疗决定适用程序相关立法存在空白，就应该参照审判监督程序的规定。[2]

二、强制医疗执行检察监督虚化弱化

（一）强制医疗执行检察欠缺有效方式

根据《人民检察院强制医疗执行检察办法（试行）》的规定，强制医疗执行活动的检察监督主要有两种模式：驻所检察和巡回检察。第一种模式是人民检察院派1名~2名检察官进驻安康医院或其他精神病医院，第二种模式主要适用于受政府指定临时履行强制医疗职能的精神卫生医疗机构。

实践中，对于安康医院的强制医疗执行活动大多采用的是驻所检察，如广州市人民检察院驻广州市强制医疗所检察室成立于2015年10月，是广东省检察机关目前唯一的强制医疗机构派驻检察室，负责广州市、区两级强制医疗刑事执行检察工作。对于普通精神病医院的检察监督则两种模式并存。如2017年受徐州市检察院指派，徐州市云龙区检察院派驻东方医院检察室正式挂牌成立，这是目前江苏省首家在强制医疗定点机构设立的检察室，也是唯一的一家。与徐州市不同，虽然无锡市精神卫生中心收治了包括无锡市、苏州市、常州市等地的强制医疗人员，但是无锡市检察机关采取的是巡回检察方式。[3]

两种模式各有利弊。派驻检察是检察机关刑事执行检察部门的派出机构，可以有效地克服执行检察的弊端，可以更深入更全面地进行实时监督和过程监督。他们可以通过共享系统或者联席会议的方式，或者通过深入检查病房，查看每个病人住院期间的病历，了解治疗和约束情况等。但是，自从2015年

---

[1] 参见吕晓刚："刑事强制医疗程序诉讼衔接问题研究"，载《广西大学学报（哲学社会科学版）》2014年第4期。

[2] 参见刘哲："强制医疗决定纠错程序的适用问题"，载 http://www.360doc.com/content/16/0226/21/22741532_537636550.shtml，最后访问日期：2022年6月28日。

[3] 参见卢志坚："强制医疗执行监督：三大难题怎么破"，载《检察日报》2017年12月13日，第5版。

原"监所检察机构"更名为"刑事执行检察机构"之后,其职权范围也在不断地拓展,与繁重的监督内容不匹配的是刑事执行检察机构的人手普遍不足。检察机关在"案多人少"的情况下,如何安排专人驻所上就会陷入困境。而且一些基层检察院没有专门的刑事执行检察机构,往往是由个别人员专职或兼职履行执行检察工作。[1]这种不匹配不仅严重影响了刑事执行检察中的刑罚执行监督这一核心业务,也很难顾及强制医疗执行监督。对于地区内强制医疗机构未明确的[2],采取巡回检察方式比较适宜。而且巡回检察方式具有较强的灵活性,但是由于刑事强制医疗巡回检察缺少规范性规定,检察监督的时间、频次等就会成为限制监督效果的影响因素。

(二)执行中医疗活动监督是检察监督工作的难点

强制医疗执行具有医疗和司法价值的内在统一性。强制医疗程序意图通过司法方法修复遭受精神病人破坏的社会秩序,而被强制医疗的人自身深受疾病折磨,同样需要以法定的方式通过医疗来治疗疾病,减轻其人身危险性。[3]强制医疗机构的任务包括医疗和监管。具体而言包括:其一,对精神病人进行规范治疗,为其提供必要的医疗和看护,减轻其痛苦,帮助其恢复精神健康;其二,保障精神病人的基本生活和人身安全,以及会见、通信和申请解除强制医疗等合法权益,不得殴打、体罚、虐待或变相体罚、虐待被强制医疗人员。强制医疗机构执行上述活动应该在执行检察部门的严格监督下依法展开。

根据调研发现,关于医疗活动的监督是检察监督工作的难点。由于检察官并不具备精神医学专业医疗知识,对于强制医疗机构是否实施了必要的医疗、医疗方案是否对症规范、用药是否合理科学、对被执行人精神状况的定期诊断评估是否及时准确科学等内容的监督工作易流于形式,使得对于医疗监督形同虚设,这不利于维护被强制医疗精神病人的合法权益。因此有学者建议,为了加强对于执行中医疗活动的检察监督,切实提高监督实效,迫切

---

[1] 参见侯亚辉:"刑事执行检察职能定位和权力边界研究",载《中国刑事法杂志》2022年第1期。

[2] 如宁波市有隶属公安系统的宁波市安康医院、隶属于民政系统的宁波市精神病院、隶属于卫生系统的宁波市康宁医院,按照由医疗机构主管部门同级的检察机关进行监督的要求,宁波市检察院派驻检察就显得力不从心。

[3] 参见李军海:"刑事强制医疗执行制度研究",山东大学2021年博士学位论文。

需要引入有专门知识的人。[1]正如在普通程序引入专门知识的人,防止鉴定人错误的鉴定对法官裁判造成影响,辅助法官对于案件专业问题作出科学的判断[2]一样,强制医疗执行检察监督中引入有专门知识的人具有非常现实的必要性。引入有专门知识的人可以弥合执行中医学问题和法学问题的罅隙,保证强制医疗执行中医疗和司法价值的实现。但是目前强制医疗执行检察监督中引入专门知识的人的最大障碍是欠缺明确的法律依据。即使是2018年公布的《最高人民检察院关于指派、聘请有专门知识的人参与办案若干问题的规定(试行)》,其中列举了检察机关办案中可以指派、聘请有专门知识的人的情形[3],但不包括强制医疗执行检察监督,其是否可以适用兜底条款"需要指派、聘请有专门知识的人的其他办案活动",尚不明确。

不可否认的是,法律不可能对被强制医疗人的医疗技术任意介入或干涉,检察监督的重点在于医疗行为的规范性和程序性。关于医疗活动的监督管理,检察机关和卫生行政部门之间存在职责交叉的现象。卫生行政部门对于安康医院和普通精神病院开展的诊疗、手术、用药以及临床试验等医疗业务负有指导和管理的职责,对于违法违规的医疗行为,卫生行政部门对机构或者医生享有行政处罚的权力。厘清不同行业部门之间履职的界限是至关重要的。

(三)强制医疗法律监督效力有限

检察机关对于强制医疗的检察监督的方式包括纠正意见、检察建议和抗诉三种,其中提出纠正意见为主要方式。具体体现在,公安机关对涉案精神病人进行鉴定违反法律规定的;公安机关对涉案精神病人不应当采取临时的保护性措施而采取的;人民法院审理强制医疗案件有违法行为的;人民法院作出的强制医疗决定或者驳回申请决定不当的;人民法院审理复议案件有违

---

[1] 参见高祥阳、王景亮:"北京市强制医疗执行检察监督中的问题和对策",载《河南社会科学》2015年第7期;董晓玲、代亚楠:"我国精神病强制医疗之检察监督",载《河北法学》2015年第7期。

[2] 参见吴洪淇:"刑事诉讼中的专家辅助人:制度变革与优化路径",载《中国刑事法杂志》2018年第5期。

[3] 《最高人民检察院关于指派、聘请有专门知识的人参与办案若干问题的规定(试行)》第14条规定,人民检察院在下列办案活动中,需要指派、聘请有专门知识的人的,可以适用本规定:(一)办理控告、申诉、国家赔偿或者国家司法救助案件;(二)办理监管场所发生的被监管人重伤、死亡案件;(三)办理民事、行政诉讼监督案件;(四)检察委员会审议决定重大案件和其他重大问题;(五)需要指派、聘请有专门知识的人的其他办案活动。

法行为的；人民法院解除强制医疗决定不当的；强制医疗执行中交付执行、医疗、解除等活动违反法律规定的。

关于检察建议的监督方式，首先是立法之间存在冲突。《人民检察院强制医疗决定程序监督工作规定》规定，检察建议的监督方式主要适用于：一是检察机关发现有必要采取临时性保护措施而尚未采取的；二是人民法院拟不开庭审理，检察机关认为开庭审理更为适宜的；三是检察机关认为被申请人的身体精神状况适宜到庭，且到庭更有利于查明案件事实的。《高检规则》只将第一种应采取临时性保护措施而尚未采取的检察建议固化和吸纳，措辞由"可以"改成"应当"，后两种检察建议直接忽略，未置可否。其次是强制医疗执行监督中检察建议的监督方式适用于执行活动中存在执法不规范、安全隐患等问题时，如有的普通精神病医院安排被执行人和其他精神病患者混住，存在安全隐患，此时检察建议的强制效力有限，仅仅是提出问题，供被建议单位在具体工作中加以参照改正或参考改进。[1]

抗诉的检察监督方式只适用于法院依职权启动的强制医疗程序，法院作出宣告被告人无罪或者不负刑事责任的判决和强制医疗决定，检察机关经过审查认为判决确有错误的。但是如果检察机关认为强制医疗决定不当或者未作出强制医疗的决定不当的，检察监督的方式不是抗诉，而是依法提出纠正意见。

---

[1] 参见谢佑平等：《中国检察监督的政治性与司法性研究》，中国检察出版社2010年版，第211页。

靶向归因篇

第六章　强制医疗的理论定位

对于强制医疗实施中暴露出来的问题固然有办案人员对于法条的理解不到位、执行力不足的原因，但更深层次的原因在于立法规定密度不足，法律条文过于原则化，立法粗疏背后折射的是制度设计缺乏关于强制医疗的价值和功能等基本范畴的法理支撑。通过实证研究发现强制医疗决定、执行、解除和检察监督显现出的问题，需要从理论上进行靶向性分析和论证。

强制医疗需要自身的理论支撑。适用强制医疗的前提是精神病人经鉴定不负刑事责任，因此刑罚理论不适用于强制医疗制度。梳理强制医疗的产生和发展过程，我们发现保安处分理论与其有高度的契合性，保护公众免受精神病人再次侵害，为强制医疗提供了正当化依据。然而只是隔离没有治疗，强制医疗就很有可能异化为对不负刑事责任的精神病人的另一种制裁。[1]以保护公众安全为由无限牺牲个人自由的制度设计是不合理的，不能为了所谓的国家利益、公众利益，无限制地适用强制医疗，强制医疗的适用必须以"伦理上的允许性"为基础。[2]

一、强制医疗制度的产生和发展

人类历史最开端时，凡是精神有所异常者犯罪后通常不会遭到惩罚，一开始对精神病人的拘禁和隔离等，都是源于保护社会秩序的背景思想，但随着精神医学进步，人权思想、国家角色重新定位，深深影响着人类对待精神病人的态度。从社会学角度来看，精神病人之所以必须接受国家的监控与照护，原因在于他们与众不同的行为举止，处理这群扰乱社会秩序的偏差者是社会的责任。中世纪，焚烧"被魔鬼附身"的精神异常者是当时社会控制的内在逻辑。社会契约论起源的18、19世纪，国家有义务保护人民安全、维持

---

[1] 参见王迎龙：《刑事强制医疗制度研究》，中国政法大学出版社2016年版，第96页。
[2] 参见徐久生：《保安处分新论》，中国方正出版社2006年版，第33页。

社会秩序,以警察权为正当理由,将精神病人强制收治到医院、收容所。精神医学正式纳入医学体系的19、20世纪,被视为受害者的精神病人,必须获得有效治疗和救助。最终发展至社会复归、"去机构化"的现代,民事非自愿住院危险性条件的严格化,决定程序的正当化要求和"去机构化"思潮互相呼应,加之可获得的社区精神医疗资源有限,缺乏有效的管控,独自流落于街头的无家可归的精神病人继续开始出现怪异、攻击性行为甚至是严重的暴力行为,刑事司法系统取代精神病院,成为一个无法拒绝精神病人的机构。虽然世界历史上形成了不同的法系和法制,但是共同的人性本能与社会需求引导着各国对待涉刑精神病人的立法态度,走上类似的轨迹和相同的趋势。概括而言,惩罚与治疗、监禁与保护都是刑事处遇应有的双重意义。

(一)西方国家对于违法精神病人的处置

1. 英美国家因精神病而判无罪者的处遇

古希腊哲学家柏拉图认为行为人在疯狂之际犯下罪行,除了赔偿损失之外无须承受其他处罚,但是犯了谋杀罪的,须流放1年。作为西方法律制度基石的罗马法原则认为精神不正常已经是不幸的命运,其患病本身即一种惩罚,故免除处罚是当然的。[1]英国远古并不认为精神不正常或精神障碍与犯罪成立与否有任何关联性,诺曼底公爵征服英国前,英国刑事责任原则对于精神障碍采取的态度是:精神病人杀人,虽可受赦免,仍属有罪。也就是说无论行为人在行为时精神状态为何,犯罪毫无疑问成立,赦免与否只是程序上的问题。此种状况持续到爱德华二世,才开始承认精神病可作为犯罪抗辩事由。关于精神病的法律判断标准决定了什么人可以对自己犯罪行为因精神不正常而不负刑事责任。主要的判断标准发展情况如下:(1)迈克纳顿规则(M'Naghten Rules),美国精神病法律标准源于英国,英国精神病的法律标准始于迈克纳顿(M'Naghten)案[2]。该案强调被告若以心神丧失作为抗辩,必须自行证明行为当时患有精神疾病导致其心智欠缺,且因此种心智欠缺之

---

〔1〕 参见裴炜、[荷] Michiel van der Wolf:"精神病人刑事责任与管治措施的衔接——中西法律制度的比较",载《河南社会科学》2015年第8期。

〔2〕 1843年1月20日苏格兰公民迈克纳顿试图刺杀大不列颠总理大臣罗伯特·皮尔,但他误杀了总理大臣的秘书爱德华·德拉蒙德。迈克纳顿因谋杀在伦敦中心刑事法院接受审判。后来陪审团基于精神病的理由对其无罪裁定,法院因此作了无罪判决。然而这一判决激起了英国公众的强烈抗议,并引发了关于精神病辩护有效性的法律和政治争论。还招致了维多利亚女王的谴责,女王要求上议院召集普通法法官解释并证明无罪判决的正当性。被召集的15名法官中有14人维持了原判决。

行为人无法知晓其行为本质；或虽然可以知道行为本质，但他无法分辨行为对错，即"对—错"检验标准。（2）德赫姆标准（Durham Test），该规则放弃将行为人心理要素纳入评价标准，采取纯粹的生物学要件，认为只要被告可以证明其犯罪行为是精神病或精神缺陷的结果即可免责，即"结果"标准。（3）无法控制标准（Irresistible Impulse Test），随着精神医学的发展，迈克纳顿规则适用对象只包括是非不辨之人，未能涵盖无法控制行为之人，适用范围过窄、显有疏漏。此种批判主要论据是理性只是人格构成要素之一，绝非行为决定的唯一条件。此批判促使在迈克纳顿规则之外增加了"不可抗拒""使得被告无法抵挡而不得不为此行为者，可不负责任。"（4）模范刑法典标准（Model Penal Code Test），1962年美国坚持将迈克纳顿的"对—错"规则与"不能控制"法则加以结合，提出新的责任能力判断标准。其第4条规定，任何人在实施犯罪行为时，因精神病或缺陷导致缺乏感知其行为的犯罪性（或违法性），或者欠缺使其行为符合法律要求的能力，那么他不对该行为负责任。[1]（5）精神病辩护改革法案标准（Insanity Defense Reform Act Test），1981年发生了欣克利（Hinckley）行刺里根总统未遂案件[2]，审判时被告辩称自己之所以会枪杀总统，单纯为了吸引自己爱慕之人的注意，该案最后依据《美国模范刑法典》的规定，判决被告因心神丧失而无罪。此判决结果引发了一连串的批判声浪。公众对于因为精神病辩护而无罪的行为人有着莫名巨大的恐慌，恐慌未来可能发生的其他伤害。这种恐惧聚集促成了美国的精神病辩护改革法的出现，它改变了原来模范刑法典标准。不仅针对精神病辩护举证责任作了严格的规定，明确被告若主张精神病辩护必须自行负担举证责任，而且证明程度必须达到清晰而确信。还限制必须是被告因为严重精神病或缺陷以致无法理解其行为的本质或特质或其行为错误性，法院才可以判决被告人无罪。简言之，该标准废除了模范刑法典标准的意志部分，严格限制精神病辩护。

如上所述，英国普通法确立了检验精神异常者责任能力的法律标准——

---

[1] 参见赖早兴：《英美刑事法热点问题研究》，知识产权出版社2019年版，第122~133页。

[2] 1981年3月30日，罗纳德·里根前往位于华盛顿的希尔顿饭店，出席了一个建筑工会大会并发表演讲。结束后他经侧门离开饭店，正待上车之时，混杂在记者群中欣克利突然掏出手枪，瞄准总统连开数枪，导致多人重伤。当时电视台对此场面进行了直播。但审理中，陪审团基于精神病的理由裁定欣克利无罪。

迈克纳顿规则。[1]几乎从该规则形成的那一刻起，就一直受到主要是医生也包括律师在内的尖锐批评。该规则只关注理智缺乏而不考虑情感或意志的因素，排除了很多不应该承担责任的人。关于规则废除的声音也不绝于耳。巴特勒委员会提出了一种新的方式，增加了可以用精神异常的证据不构成犯罪的新裁决——"精神异常裁决"。[2]当存在关于精神异常的某些证据时，唯一的问题是应该无条件释放还是基于精神异常的证据而无罪释放。

美国精神病辩护的裁定有以下四种：一是无罪，控方没有证明犯罪的所有要素而使犯罪不成立。二是有罪，控方证明了犯罪的所有要素，被告人不符合精神病的法律标准。三是因精神病而无罪（Not Guilty by Reason of Insanity），被告人符合法律标准的精神病，因此不具有可责性。四是有罪但患有精神疾病（Guilty but Mentally Ill）。[3]"有罪但患有精神疾病"规则的诞生给了陪审团在因精神病而无罪和有罪之间的第三种选择。被告有罪必须接受惩罚，另外也必须在入狱后立即接受相关的精神治疗。该规则平衡了公众安全与精神病人的利益，减少了因精神病辩护而得以免除其刑事责任的情形，确保了精神病人可以在其最佳利益范围内接受适当的医疗照护。[4]

因为精神病而被判无罪的精神病被告人，无论是从确保社会公众安全，抑或是保障精神病人权益视角，均不宜随着无罪判决的作出而一放了之。此类精神病被告人通常具有较高的人身危险性，如果未经治疗就放归社会，极有可能再次实施犯罪行为。[5]安全起见，大部分因精神病无罪者都被送到高安全性的医疗机构。[6]

所有基于精神病被裁定无罪者均应关押于精神病院，直到精神正常，不具有危险性为止。然而随着人数不断增加，罹患精神疾病的人数也相对增加，

---

[1] 参见马克昌：《比较刑法原理——外国刑法学总论》，武汉大学出版社2002年版，第454~455页。

[2] 参见［英］J·C·史密斯、B·霍根：《英国刑法》，马清升等译，法律出版社2000年版，第238~240页。

[3] 参见赖早兴：《英美刑事法热点问题研究》，知识产权出版社2019年版，第122~133页。

[4] 参见黄丽勤：《精神障碍者刑事责任能力研究》，中国人民公安大学出版社2009年版，第120~136页。

[5] 参见王迎龙："美国刑事强制医疗程序研究——兼论我国刑事强制医疗程序的完善"，载《中国政法大学学报》2015年第6期。

[6] 参见张钦廷、汤涛："从经典判例之行为人处置看强制监护治疗"，载《中国司法鉴定》2009年第3期。

精神病院逐渐无法承担负荷过量的人口。精神病医院陷入收容过剩、专业人员不足的窘境。对于病患施行物理强制的情况大增，暴力行为频传，医疗环境脏乱差。同时，20世纪60年代至20世纪70年代的美国，残障者及长期备受歧视的"少数人群"（Minority Group）主张消除造成社会歧视的制度性障碍的社会正义声浪出现，开启了一个以人道主义为社会标语的时代。[1]在保障人权和"去机构化"运动[2]影响下，考虑到医疗资源的有限性，及时释放恢复健康和不具有人身危险性的精神病人成为主要指导思想。[3]然而，"去机构化"强调部门之间的整合，实践中部门之间衔接不畅，导致社区治疗疗效不佳。在社区中生活得不到适当治疗与照护的人越来越多，其中很多人最终坠入犯罪深渊之中。而且，20世纪70年代至20世纪80年代，美国自由主义态度削弱和日益保守的政治，迎来了社会对惩罚罪犯和"严厉"打击犯罪的新愿望。社会已经失去了对矫正、教育"医疗模式"[4]的信心和兴趣，相反，惩罚性和报复性模式的刑事司法政策变得很有吸引力，因为它似乎可以确保罪犯得到"应有的惩罚"。最终结果是美国开始走向大规模监禁时代。惩

---

[1] 参见杨锃："'反精神医学'的谱系：精神卫生公共性的历史及其启示"，载《社会》2014年第2期。

[2] "去机构化"概念主要来源于社会精神医疗。共区分三个阶段，第一阶段，大量住院的病患可尽快出院。第二阶段，开发适合代替住院的治疗方法。第三阶段，回归社区，致力研发关注社区内精神病患日常生活的相关技能，并对于疾病复发进行深入探讨，探索研究出预防对策。社会精神医学出发点来自医院中心时代的精神医疗，将病患拘禁于医院中病情虽然稳定，但出院回归社会后，却因为社会其他民众对于精神疾病的误解及害怕，再加上院外医疗资源不足，使出院病患病情不断反复而回到医院，从而产生所谓的"旋转门"现象。因此社会精神医学诉求的非传统医师对患者的医疗模式，而是医师、患者、社区、社会共同参与的医疗模式。除了提供基本医疗处置外，就是让病患自封闭的环境向开放的环境中移动，积极参与实际社会生活。Bachrach 认为去机构化的过程可以分为三方面：（1）去人口（Depopulation）：透过对病人的释出、转介或死亡，让精神病医院内的人口减少；（2）转向（Diversion）：使原来机构式的收容转为以社区为主的服务方式；（3）去集中化（Decentrailization）：负责照顾病人的有关机关增多，由原先的政府单一体制转向多元体制。美国 General Accounting Office（GAO）于1977年对去机构化定义是：（1）预防那些不需要被机构收容的人住进机构；（2）对于那些不需住在机构中的人，通过教育、训练、康复、治疗等过程，使其在社区中的发展中适当地改善；（3）对于那些需要机构照顾者，改善机构的环境、照护和治疗。

[3] See Joel A. Dvoskin. James L. Knoll. Mollie Silva, "A Brief History of the Criminalization of Mental Illness", *CNS Spectrum*, Vol. 25, 2020.

[4] 菲利认为，在社会生活中，刑罚与犯罪的关系和医学与疾病的关系一样，在有机体生病以后，我们求助于医生。他同时主张"罪恶如疾病，对症下药"，对不同的犯罪人应采用不同的处罚方法。详细论述参见［意］恩里科·菲利：《犯罪社会学》，郭建安译，商务印书馆2018年版，第263页。

教机构开始以创纪录的数量收容精神病人,并成为"新的精神病院"[1]。关押精神病犯人不再以治疗为首要目的,而在于确保他们得到适当的惩罚(尽管他们患有精神病)。

在英国情况类似,因精神病裁决无罪者可以被送入精神病医院或被置于地方服务当局的监护之下。基于公众利益的需要,王室法院可以作出无期限或一定期限的"限制令"。[2]英国监狱内医疗环境并不完备,因此即使被判有罪必须入狱服刑的精神疾病受刑人,在监狱内大多也无法获得适当的医疗照护。因此对于患有精神疾病的罪犯,英国建立许多代替刑罚的治疗处分。[3]法院认定精神障碍被告犯罪行为成立,认为其精神状态并不适合入狱服刑的,可以用治疗处分取代刑罚。具体包括:暂时住院令、不附期限的住院令、附加出院限制令、保护令、社会复归令。被判处自由刑的被告,如患有精神病或者重度精神发育不全的,法院可以指定两名以上精神科医师,其中一名必须具有正式的医师资格,由他们作出临床诊断。达到精神卫生强制住院标准的,法院可以下达强制住院代替入狱服刑的命令。住院命令的效力与一般病患强制入院的效力相同,也就是说精神障碍犯罪者由刑事司法系统转向精神医疗体系,但是需要注意的是将来出院亦是由法院决定而非医院。如果两名以上指定医师的鉴定意见,认为被告状态尚未达到必须强制住院治疗的程度,但有必要交由专门人员进行照护时,可以下达保护命令,将被告交付社会服务局或其指定保护人对其进行监督保护。保护人可以指定患者居住于特定居所,使病患接受治疗、训练、教育等。对于轻微犯罪,且病情尚未严重到必须入院接受治疗的精神障碍犯罪者,法院可以下达社会复归命令代替刑罚(Community Rehabilitation Order with a Condition of Psychiatric Treatment)。

---

〔1〕 Joel A. Dvoskin 认为,造成美国监狱和看守所成为新的疯人院的原因包括:(1)通过声称"严厉打击犯罪"来获得选民支持的政治策略;(2)被释放的囚犯,特别是威利-霍顿(Willie Horton)犯下的几起引人注目的谋杀案;(3)试图通过监禁吸毒者来与毒品犯罪作斗争;(4)目前的检察官自由裁量权制度无法激励检察官在无能力的轻罪或轻微重罪被告的案件中撤销指控。详细论述 See Joel A. Dvoskin. James L. Knoll. Mollie Silva, "A Brief History of the Criminalization of Mental Illness", *CNS Spectrum*, Vol. 25, 2020.

〔2〕 参见 [英] J·C·史密斯、B·霍根:《英国刑法》,马清升等译,法律出版社 2000 年版,第 247 页。

〔3〕 参见 [英] 约翰·斯普莱克:《英国刑事诉讼程序》,徐美君、杨立涛译,中国人民大学出版社 2006 年版,第 616~619 页。

若一个被告人有较高的人身危险性，为了保证公共安全，法院可以在前述强制入院命令时附加出院限制命令。此决定权完全归法官行使。危险性评判标准包括犯罪行为性质、犯罪者就医经历、再犯可能性以及其他有关的因素。从实际情况分析，法庭附出院限制令更多的是基于违法本身和危险程度高低来考虑而非与治疗疾病有多大联系。[1]过去是否将违法的精神病人送去医院治疗，法庭需考虑其疾病的可治疗性问题。现在枢密院认为，对危险性高的被告人即使治疗效果欠佳，也要出于保护公共安全的需要长期把他们限制在医院里。[2]如果是在监狱服刑期间罹患精神疾病的，内务大臣可以下达移送指令，将服刑患者移送至医院接受治疗，也可以根据其危险性和犯罪严重程度附加限制出院命令。内政部统计，2000年有392名病犯从监狱转到医院住院治疗，2001年为410人。[3]医院无法独立决定其可否出院，主治医师负有定期向内政大臣提出报告的义务。如果主治医师认为已经没有继续治疗必要，或同样的治疗方式已经无法发挥治疗效果时，可以向内务大臣报告，内务大臣可以考虑将服刑者转回监狱继续服刑或者假释。当然内务大臣可以随时解除限制命令。

现在的监狱变得像医院，医院变得像监狱。目前政府的政策是减少把病犯从司法系统移转到卫生系统的情况，致力于通过改善监狱的医疗环境、利用监狱的医疗条件进行强制治疗。保护安全的原则无疑在制度合法运作下得以彰显：精神卫生和刑事司法系统协调配合的模式适应了精神病犯人的需要。

2. 大陆法系国家的保安处分制度

传统的报应主义刑罚理论以道义责任论为基础，因此，那些实施了危害社会行为的所谓无责任能力[4]的行为人，是不能用刑罚加以处罚的，即这些

---

[1] 参见李娜玲：“域外刑事强制医疗程序之比较分析”，载《河北法学》2013年第12期。

[2] 参见何恬：《重构司法精神医学——法律能力与精神损伤的鉴定》，法律出版社2008年版，第170~175页。

[3] 参见何恬：《重构司法精神医学——法律能力与精神损伤的鉴定》，法律出版社2008年版，第170~175页。

[4] 大陆法系关于精神病人刑事责任能力的认定上，经历阶段包括：一是单纯的生物学标准。古希腊亚里士多德认为只有针对自主的行为，才有加以赞赏或谴责的意义，此时的责任能力与受处罚性是相当的。当一个人没有能力了解或认知自己行为本质时，他是没有责任的。17世纪欧洲文化受基督教思想的影响，主张对于精神病人犯病本身已遭到命运惩罚，其犯罪行为应该给予宽恕。当时只凭

人没有刑罚适应性。事实上，这些所谓的无责任能力在社会上并不鲜见，将这些对社会具有危险性而不具有刑罚适应性的行为人弃之不顾，任由其在社会上游荡，极有可能对社会造成进一步的危害。社会责任是唯一适用于所有罪犯的责任，也适用于精神不健全的罪犯。[1]因此有必要将无刑事责任能力的精神病罪犯与社会隔离，具体的做法有：建立专门的犯罪（司法）精神病院[2]；司法机关将无刑事责任能力的精神障碍罪犯转交卫生行政当局进行管理，一般是送入普通精神病院[3]；由司法机关决定是由犯罪（司法）精神病院还是由普通精神病院收容。[4]

对于有无必要建立司法精神病院的问题，刑事古典学派与刑事社会学派展

（接上页）借生物学因素来决定责任能力，心理学因素尚未受到注意。二是理性人类形象的确立。18世纪受到启蒙运动影响，心理学要件才开始出现。此时法律上所塑造的是一种理性的人类形象。人类本身具有决定该不该为某行为的自由，行为人在深思熟虑后决定为该犯罪行为，其责任归属自然不成问题。欠缺理性或自由意思者，不可能成立犯罪。因此，由于疯癫夺取其理性者，以致因难以抗拒而实施暴力行为，不能视为犯罪。三是结合生物学和心理学的混合标准。判断刑事责任能力重点在于精神疾病是否影响行为人在实施刑法所禁止行为时的辨认或控制能力。也即行为人不仅必须患有刑法所规定的精神病，而且其所患精神障碍必须引起法定的心理状态或心理结果，才可被判定为无刑事责任能力或限制刑事责任能力。如《德国刑法典》第 20 条规定，行为人行为时，由于病理性精神障碍、深度的意识错乱、智力低下或者其他严重的精神病态，不能认识其行为的违法性，或依其认识而行为的，不负责任。第 21 条规定，行为人认识行为违法性的能力，或者依其认识而行为的能力因第 20 条规定的某种原因而显著减弱的，可依第 49 条第 1 款减轻其刑罚。

[1] 参见马克昌主编、莫洪宪副主编：《近代西方刑法学说史》，中国人民公安大学出版社 2008 年版，第 212 页。

[2] 在 20 世纪 30 年代，欧洲的许多国家便创立司法精神医疗的有关机构。例如，在德国，为执行所谓的执行措施（即安全条件下的精神医学治疗），专门成立了一家司法精神病院作为所谓"第二轨道"的其中一个组成部分，该轨道包含与第一轨道——刑法制裁完全不同的"康复和保护性措施"。比利时的《社会防卫法》所采用的处理办法则是为了实现"治疗康复"和"保护社会"的目的，将被认定为精神紊乱的犯罪人安置于专门设置的病房中。类似的机构也在瑞士、奥地利、挪威、荷兰甚至意大利等国成立，并且通常会将其命名为司法精神病医院。See Thomas Fovet. et al.，"Mental Health and the Criminal Justice System in France：A Narrative Review"，*Forensic Science International*：*Mind and Law*，Vol. 1，2020.

[3] 根据《法国刑法典》（即 1810 年《法国刑法典》）第 64 条所明示的，该法律原则确立了精神病医院和监狱之间进行罪犯处理的一条根本界限：如果当被告人在犯罪时是处于精神紊乱状态或者被无法抵抗的力量限制其行为时，则其不构成犯罪或者进攻行为。1838 年《法国精神卫生法》第 24 条重申了上述法律概念，在任何情形中均不得将患有精神疾病的人与被指控或已被定罪的人一同拘留，或者将其送往监狱羁押。See Thomas Fovet. et al.，"Mental Health and the Criminal Justice System in France：A narrative review"，*Forensic Science International*：*Mind and Law*，Vol. 1，2020.

[4] 参见董振宇：" 中国保安措施要论"，吉林大学 2006 年博士学位论文。

开了争论。法布雷特认为，精神病犯人的行为不构成犯罪，因为他们不能控制自己，那么他们应当进普通精神病院，对他们采取像对其他每一个危险精神病人一样的专门措施。否则，如果他是一个罪犯，那么他就与精神病院无关，就应当进监狱。[1] 刑事社会学派的代表人物之一菲利则认为，这种精神病人和罪犯的二难推理中存在一个谬误，它遗漏了中间那些同时有精神病和犯罪的人。他认为，普通精神病院设置专门病房的效果不好，因为用同一些管理人员来满足普通精神病人和犯罪精神病人不同治疗和训练的需要是很困难的。同时菲利认为，对于精神病犯在专门的犯罪精神病院隔离的期限应当是不定期的，直到他们不再对社会构成威胁为止。[2] 到 20 世纪初，将无刑事责任能力的精神障碍犯罪人强制长期甚至终身收容进犯罪精神病院已经成为保安处分制度的重要内容。20 世纪下半叶，随着精神医学的发展，无刑事责任能力的精神障碍犯罪人的处遇更强调对精神障碍的治疗与医学控制。[3]

3. 西方国家强制医疗的发展趋势

（1）在英美国家，因精神病辩护的裁定区别于无罪（无条件释放），因精神病而无罪者，虽可以免予刑事处罚，但出于公共安全，考虑其人身危险性，通常会被送入精神病院进行强制医疗，而且强制医疗没有确定的期限。大陆法系国家，将具有人身危险性的精神病人置于精神病院，使其与世隔离，通过治疗以达到排除其继续危害社会的可能已经成为趋势。

（2）为了防止国家强制医疗权力的滥用，英美国家大多确立了司法审查原则、定期组织听证会审查精神病人人身危险性等规定，强制医疗解除可以附条件释放，以最大程度地保障精神病人的合法权益。保安处分的国家明文规定法定性原则和必要性原则，防止保安处分被肆意滥用，从而保障公民权益尤其是人权免遭不法侵害。

（3）有研究表明，精神病人的暴力行为只占暴力犯罪的一小部分。精神病人的暴力行为发生率，并不比正常人高。即便在比例不高的精神病人暴力事件中，暴力也并非精神病的必然结果，环境也会产生影响。尽管如此，"去机构化"与社区精神卫生供给不足，大量的精神病人被投入监狱。然而监狱

---

[1] 参见 [意] 恩里科·菲利：《犯罪社会学》，郭建安译，商务印书馆 2018 年版，第 263 页。
[2] 参见 [意] 恩里科·菲利：《犯罪社会学》，郭建安译，商务印书馆 2018 年版，第 263 页。
[3] 参见张桂霞：“无刑事责任能力精神病人的司法处遇”，载《贵州大学学报（社会科学版）》2008 年第 4 期。

提供的精神卫生治疗护理极其有限。因此，监狱应保留给那些真正对公共安全构成严重威胁的精神病人。[1]对于危险性小的精神病人，应该及时释放。同时社区应当充实完善精神卫生治疗资源，以便满足假释或刑满释放后的精神病人的持续治疗。

（4）对于具有高度危险性的反社会人格障碍者，西方国家均保持高度的警惕。刑事政策领域，自1970年开始转变，矫治模式、医疗模式开始崩塌，正义模式取而代之。政府为了安抚恐惧的民众，加强社会控制，大量资源投入医治重大犯罪行为人中。英国2002年6月发表的《精神卫生法草案》中指出，人格障碍者只要具有危险性，即使不具有治疗可能性，仍可不定期拘禁其人身自由。美国联邦最高法院于1997年的"Kansas V. Hendricks"案[2]判决中，指出对于危险且精神异常的人格障碍者，予以强制收容是合宪的。德国主要通过保安监督防止反社会人格障碍者再次犯罪，面对频发的针对儿童的恶性暴力犯罪，德国从1998年开始就陆续放宽了对保安监督的适用条件。[3]同时期的法国于1998年创设了一种新型治疗制度，即"法院命令的治疗"。这项法律措施最初适用于被指控为性侵害的人，21世纪该对象的范围开始进一步扩大，扩展至被指控为犯有严重违法犯罪和非性犯罪的相关罪行以及相关刑事案件的人员。该制度目的在于通过相应的医学随访来降低再次犯罪的

---

[1] See Lawrence O. Gostin, "'Old' and 'New' Institutions for Persons with Mental Illness: Treatment, Punishment or Preventive Confinement?", *Journal of the Royal Institute of Public Health*, Vol. 122, 2008.

[2] 1984年，亨德里克斯（Hendricks）因对两名13岁男孩猥亵而被定罪。在服刑近10年后，他被安排释放到中途之家。然而，就在亨德里克斯被释放前不久，该州向州法院提交了一份请愿书，要求以性暴力罪犯的身份对他进行民事监禁。1994年8月19日，亨德里克斯带着律师出庭，并动议驳回请愿，理由是该法案违反了联邦宪法条款。亨德里克斯随后要求陪审团审判，以确定他是否符合性暴力危险者。在那次审判中，亨德里克斯自己的证词披露了一段令人毛骨悚然的性侵犯儿童和虐待历史，最早从1955年开始，他先后在1957年、1960年、1965年，分别猥亵了若干名年轻的受害者，并于1967年再次入狱，但拒绝参加性犯罪者治疗项目，直到1972年假释。亨德里克斯被诊断为"恋童癖"，他参加了一个治疗项目，但后来放弃了。他作证说，尽管他的"恋童癖"得到了专业治疗，但他仍然有猥亵儿童的欲望。的确，在1972年获得假释后不久，亨德里克斯就开始虐待自己的继女和继子。在大约四年的时间里，他强迫孩子们与他发生性行为。他再次被监禁，他解释说，当他"压力过大"时，他"无法控制"猥亵儿童的冲动。虽然亨德里克斯意识到自己的行为伤害了儿童，他希望自己不会再性侵儿童，但他表示未来唯一能让他避免性侵儿童的方法就是"死亡"。See Kansas v. Hendricks, 521 U. S. 346 (1997).

[3] 参见倪润："强制医疗程序中'社会危险性'评价机制之细化"，载《法学》2012年第11期。

风险，主要包括犯人结束服刑后的精神卫生或心理专科治疗。通常法官可以在判刑时或判刑后下令采取这一措施，但前提是在这之前有精神科专家声明这一措施是有意义的。[1]2003年欧洲人权法院在"Reid v. Secretary of State for Scotland"案[2]中指出，对于反社会人格障碍者，即使不具有治疗可能性，为了公共安全，将其强行拘禁实施有效管理和监视并无不可，即使此拘禁对于其精神状态并无益处亦同。[3]但也要注重程序上保障其诉讼权利，如听证程序应该符合正当程序要求，至少应保证律师对质的权利，以及对最后决定提出上诉的权利；需要定期审查行为人的再犯风险，以确保遵守风险相对性和最小限制手段原则等。[4]

（5）欧美国家十分重视强制医疗解除后或者精神病人刑满释放后的跟踪管理，为了防止其再犯有必要对其行为实行监督。欧美国家会在被释放的精神病人手腕上或者脚踝上安装电子监视器，用来跟踪监控其日常行踪。[5]同时，美国还对性罪犯实行信息登记与公告制度，如1994年的《雅各布·威特

---

[1] 法国的"法院命令的治疗"所持续的时间长短也是由法官来决定的（从几个月至10年不等，取决于法官的裁量以及犯人所犯罪行的严重程度）。相反，有必要时，精神科专家或心理学家在医疗协调人员的帮助下会与被指控人员共同制定具体的治疗方案，由一名量刑法官、一名社会工作者、一名由法官从获得精神科认证名单中挑选出的精神科专家和一名心理医生进行监督。他们不需要具有以往的培训经历。医疗协调员起到联结主治精神科医生、心理医生和法官之间纽带的作用：其每年都需要对犯罪人员考验期所接受的治疗方案的现实意义以及犯罪人员的配合程度作出报告。成立于2006年的"为服务于性犯罪者的专业人员提供便利的资源中心"是一所区域性机构，基于道德与实践的考量并旨在提升人们对于性犯罪的预防、认知和管理。详细论述参见［法］托马斯·福韦等："关于法国精神卫生系统与刑事司法制度的描述性回顾"，陶逸君等译，载《犯罪研究》2021年第5期。

[2] 1967年，本案当事人Reid，被诊断为人格障碍，由于谋杀罪被判处附限制令的住院命令，而被关入精神病院。1994年Reid向法院申请出院，法院以其再犯危险性仍高为由，拒绝其请求。Reid只好根据1984年《英国精神卫生法》规定，主张入院以"治疗可能性"为判断要件，出院判断也应以此为条件，进而主张自己已经无治疗可能，要求出院。负责审理的英国苏格兰贵族院认为，即使治疗不能有效改善病患症状也无所谓，只要可以减轻，防止疾病恶化，就可以称之为治疗，否决了Reid出院申请。而后Reid向人权法院主张贵族院判决违反了《欧洲人权公约》第5条第（一）项。欧洲人权法院认为，强制收容不仅限于为了治疗患者症状或减轻其症状而需要临床治疗的情形，还包括为了防止自伤他伤的危险，而必须加以管理和监控。且人格障碍者再犯危险十分高，因此贵族院拒绝Reid出院申请决定并无违反公约，而即使不具有治疗可能，对于Reid来说，拘禁于医院，环境良好对其是有益的。

[3] 参见倪润："强制医疗程序中'社会危险性'评价机制之细化"，载《法学》2012年第11期。

[4] See Christopher Slobogin, "Preventive Detention in Europe, the United States and Australia", Vanderbilt Public Law Research Paper Working Paper, No. 12-27, 2012.

[5] 参见倪润："强制医疗程序中'社会危险性'评价机制之细化"，载《法学》2012年第11期。

灵儿童伤害犯罪及性暴力犯登记法》、1996年的《梅根法案》、2006年的《亚当·沃尔什儿童保护和安全法》。虽然该制度一直存在宪法争议，但是更多的人认为，考虑到性犯罪具有较高的再犯率，要求进行登记并对执法机关和公众公告相关信息，具有一定威慑作用，可以起到预防作用。政府行为旨在促进公共福祉，应认为制度目的具有正当性。[1]

（二）我国强制医疗制度的历史发展

我国古代法律中，总体上看精神病人享有刑事处罚的宽厚待遇。[2]最早可以追溯到西周的"三赦制度"，即幼弱、老耄、蠢愚之人犯罪的，可以赦免。北齐时期，我国古代开始在法律层面明确规定患精神疾病的人犯罪可以附条件地从宽处罚，患精神疾病的人犯罪的，可以以赎代刑。发展到唐朝，关于精神病人犯罪的从宽处罚，立法更为完备。根据精神疾病的严重程度进行区分，如对于一般犯罪的精神病人，痴（程度较轻，法律中列入"废疾"）者犯流罪以下，收赎，犯三流及死罪则依律处断。癫狂（程度较重，法律中列入"笃疾"）者则不仅流罪收赎，若犯盗及伤人罪应死，也是收赎。[3]我国古代，只是将精神病人视为老幼疾而减免刑罚。精神疾病不涉及罪与非罪的判断，直接影响的是刑罚。[4]

直到清末变法，1911年的《钦定大清刑律》[5]才首次规定，精神病人的不法行为不构成犯罪。其第12条规定，凡精神病人之行为不为罪，但因其情

---

[1] 美国建有一个关于性罪犯的数据库。该库采用分级的办法统一登记和公告的标准，将性罪犯的登记分为三级，规定了不同的登记期限——第一级：第二、三级以外的性犯罪，登记期限15年；第二级：第三级以外的、可判处1年有期徒刑以上的性犯罪，登记期限为25年；第三级：与可判处1年有期徒刑以上性犯罪相当或者更重的性犯罪，或者在已经因第二级所规定之性犯罪被判刑后再犯性侵案的，必须终身登记。它还规定了减轻和免除登记和公告的办法，并将2005年美国司法部建立、旨在向公众提供性罪犯的行踪"全国性罪犯公共登记网"更名为"Dru Sjodin全国性罪犯公共注册网"，以纪念Dru Sjodin。为了确保各州能够落实《亚当·沃尔什儿童保护和安全法》，它要求各州根据要求调整其登记制度，否则将扣除联邦拨给州的"州和地方执法援助经费"的百分之十。详细论述参见柳建龙："互联网时代的美国性罪犯登记和公告制度"，载《光明日报》2019年12月19日，第14版。

[2] 参见陈立成等："国内司法精神病学的发展演变史"，载《安徽警官职业学院学报》2012年第6期。

[3] 参见蒋铁初："中国古代精神病人犯罪法探析"，载《北方论丛》2005年第2期。

[4] 参见裴炜、[荷]Michiel van der Wolf："精神病人刑事责任与管治措施的衔接——中西法律制度的比较"，载《河南社会科学》2015年第8期。

[5] 《钦定大清刑律》于1911年1月方始公布，次年2月，清帝即宣布退位，清朝从此结束，《钦定大清刑律》并未得到施行。

节，得施以监禁处分。前项之规定，于酗酒或精神病间断时之行为，不适用。该条明确精神病人的行为不构成犯罪，同时规定需对"不为罪"的精神病人处以"监禁处分"。这一理念影响到了之后中华民国时期的立法，同时受日本立法影响，将精神疾病分为心神丧失和精神耗弱两种，前者之行为不罚，后者之行为减轻刑罚。同时规定，因心神丧失而不罚者，得令入相当处所，施以超过三年的监护；精神耗弱人在刑罚执行完毕后，同样需要在相当处所，接受不超过三年的监护。这些关于"监禁处分"和"得令入相当处所，施以监护"的规定，应该就是强制医疗制度在我国的雏形，将精神病人交由家属或相关机构予以看管逐渐见于立法。[1]

新中国成立后，从1979年《刑法》第15条第1款[2]规定的内容可以看出，当时立法机关考虑到我国精神病医疗机构不足的国情，如果法律增加"必要时由政府强制医疗"的规定容易落空，反而被动。同时为了避免某些精神病人的家属借此把自己的管教责任转嫁给政府，或者放松自己的管教责任，因此将不负刑事责任的精神病人的看管和医疗责任主体确定为家属或者监护人。[3]由于该规定过于原则，导致实践中产生了许多问题。对于人身危险性大的精神病人，家属或者监护人显得力不从心：要么疏于监管，精神病人肇事肇祸现象继续发生；要么一关了之，精神病人被长期监禁现象时有发生。虽然我国的精神病院收治能力严重不足，但是对于社会危险性大且家属或者监护人不具备监管意愿和能力的，由政府强制医疗，应当是国家维护社会安全的义不容辞的责任。[4]

为了解决立法滞后与社会需求之间的矛盾，政府出台了一系列的文件进行补救。1987年4月，公安部等三部门联合下发了《关于加强精神卫生工作的意见》，其中要求公安机关从速组建精神病管治院[5]。1987年10月，公

---

[1] 参见蔡枢衡：《中国刑法史》，广西人民出版社1983年版，第198页。
[2] 1979年《刑法》第15条第1款规定，精神病人在不能辨认或者不能控制自己行为的时候造成危害结果的，不负刑事责任；但是应当责令其家属或者监护人严加看管和医疗。
[3] 参见高铭暄编著：《中华人民共和国刑法的孕育和诞生》，法律出版社1981年版，第41~43页。
[4] 参见董振宇："中国保安措施要论"，吉林大学2006年博士学位论文。
[5] 卫生部于1958年在南京主持召开了"第一届全国精神卫生工作会议"，其中明确卫生、民政、公安在精神卫生工作的职责和分工。精神病人的收治主要有卫生部门负责。民政系统的精神卫生医疗救助机构收治无法定抚养人和赡养人、无劳动能力、无经济来源的"三无"精神疾病患者以及复退军人精神疾病患者和特困精神疾病患者。公安系统的安康医院收治严重肇事肇祸的精神病患者。

安部召开"全国公安机关第一次精神病管治工作会议"。会议决定将全国公安机关收治、管理肇事肇祸精神病患者的机构统一改称为"安康医院"。会议明确了安康医院主要收治不负刑事责任的违法精神病人。为了解决这种做法尚无法律依据的困境，1997年《刑法》的第18条增加了"经法定程序鉴定确认的"这一要件，还新增了对不负刑事责任精神病人的强制医疗，避免有继续危害社会可能的精神病人直接回归社会，兼具了社会防卫功能。[1] 至此，强制医疗在《刑法》中首次赋予了法定之名。但是由于该规定较为笼统，具体操作主要由各省通过地方性立法或地方性文件加以规定。该阶段的强制医疗主要由公安机关决定，再由公安机关交其下属的安康医院进行治疗。整个过程精神病人没有程序参与权，对于决定也没有救济权，没有第三方的监督和制约。2012年《刑事诉讼法》规定的"依法不负刑事责任的精神病人的强制医疗程序"，将以往行政化的强制医疗发展为专门的刑事诉讼司法化审查，实体法的强制医疗具有了相应程序法的配套衔接，对于保障精神病人的合法权益、维护社会安全，具有十分重大意义。

梳理历史我们发现，对于实施危害行为的精神病人，从被当作"鬼神附身"而遭受歧视，到被当作"社会垃圾"关闭在与社会隔绝的地方，再到被当作病人被关入精神病院进行治疗，精神病人经历一个由"非人化""客体化"到"人化""主体化"的过程。[2] 立法经历了从刑罚到管制、管制到医疗、家庭监管到政府强制医疗的演变。强制医疗的重点也从过去单纯的社会防卫逐渐向治疗、矫正方向发展。[3] 这不仅仅是精神医学和法学的学科发展，而且是人道主义在刑事领域的不断强化，更是基于精神病人人身危险性的考量。[4]

精神病人在实施危害社会行为时"不知道自己在干什么"，从而不负刑事责任，国家不可以施以刑罚。这时人们不得不面临一个问题：导致其实施危害行为的精神疾病并没有消除，如果恢复其自由，放任其回归社会，则有可能继续实施危害行为。国家存在的目的在于保护公民免受第三人的侵害，维

---

[1] 参见王超："论精神病抗辩"，四川省社会科学院2021年硕士学位论文。
[2] 参见王迎龙：《刑事强制医疗制度研究》，中国政法大学出版社2016年版，第58页。
[3] 参见徐久生：《保安处分新论》，中国方正出版社2006年版，第29页。
[4] 参见裴炜、[荷] Michiel van der Wolf："精神病人刑事责任与管治措施的衔接——中西法律制度的比较"，载《河南社会科学》2015年第8期。

护社会大众安全，因此国家有义务排除精神病人的人身危险性，防止其再犯。从强制医疗程序层面，首先，通过司法审查，将那些涉嫌犯罪、不具备刑事责任能力的、具有人身危险性的精神病人加以拘禁和治疗，有助于维护社会秩序。其次，强制医疗虽然不具有刑罚属性，但仍然具有强制性。从法治原则出发，为了达到维持社会秩序的目的，必须以损害个人自由为代价的，那么应该尽可能选择损害最小的、最轻的。再其次，强制医疗一方面要"合目的性"，还要充分考虑到"必要性"。强制医疗的适用与精神病人的行为严重性和人身危险性相当。强制医疗与监狱服刑的本质差别就是导致犯罪的精神疾病需要治疗。没有了治疗，医院与监狱并无二致，无期限地拘禁依法不负刑事责任的精神病人却不给予其治疗极其不人道，堪比"残忍及异常"的刑罚。[1] 最后，根据治疗效果，及时评估精神病人的人身危险性，及时解除强制医疗是比例原则的应有之义。

在暴力犯罪和性犯罪数量居高不下的严峻形势下，欧美国家对犯有重罪的精神病人强制医疗呈现强化的趋势。如对实施严重性侵害等犯罪的人格障碍者或精神病态者，在他们服刑期满之后可以继续予以强制医疗。被收治者释放之后，为了防止其再犯，会对其加强跟踪管理。这些应该值得我国立法重视。

二、强制医疗的正当性根源：社会防卫

刑罚以犯罪为前提，罪责即行为人对其违法行为应受到的否定评价及其程度，在判断是否成立犯罪前必须得到检视。行为人由于精神疾病，丧失辨识行为违法性的能力或者根据辨识而行动的能力，在不具备刑事责任能力条件下实施了犯罪行为，产生了阻却犯罪成立的规范效果，因此在法律上就失去了对其刑罚的根据。那么接下来的问题是，为什么在强制医疗程序中对不负刑事责任的精神病人，仍然可以限制其人身自由？强制医疗的正当性依据是什么？

霍布斯认为，人类最好的政府就是保障安全的政府，建立国家的目的就在于全体人民的和平与安全[2]。洛克认为国家的意义就在于保障人民的和

---

[1] See Rouse v. Cameron, 373 F. 2d 451 (D. C. Cir. 1966)
[2] 参见［英］霍布斯：《利维坦》，黎思复、黎廷弼译，商务印书馆1985年版，第138页。

平、安全和公众福利〔1〕。国家和政府成立之初，就是为了保护民众，护卫公民的人身财产安全。风险社会，人类恐惧感的来源必须被加以控制，以求得安全感，这是当今政府制定社会政策的最高指导原则。〔2〕如同阿尔塞德所说，恐惧和不安全感是人们需要越来越多、越来越好的社会控制的关键原因。〔3〕对于犯罪行为，国家一方面要惩罚犯罪人以恢复正义，另一方面要保护社会免遭犯罪侵害。对于经鉴定的无刑事责任能力的精神病人而言，考虑到其具有人身危险性，如果放任不管，其极有可能造成对社会的进一步危害。出于社会防卫的需要，国家和政府有必要对此类人进行强制隔离和治疗，以消除其危险状态，避免其继续危害社会。透视强制医疗，我们不难发现，其本质就是一种保护人民群众生命财产安全免受精神病人侵害的预防性措施。

在国外，强制医疗属于保安处分的一种。关于保安处分的概念问题，学界没有统一的观点。但是学者们对保安处分的基本认识还是相似的：一是其产生的历史背景是资本主义发展到垄断主义阶段，面对犯罪率的激增，尤其是惯犯和累犯激增的形势，要求国家由极少干预向积极干预形态转变，立法者更加注重刑法的社会防卫功能，以达到预防犯罪的目的。二是产生的直接原因是传统的报应主义刑法理论在预防犯罪方面的不足使得保安处分应运而生。刑事古典学派认为，人是有理性的，人的意志是自由的。人既然有选择行为的自由意志，竟避善从恶而选择了犯罪，所以人要对自己所实施的犯罪行为负责任。〔4〕然而，一方面对于不可能有自由意志的精神病人而言，是不能用刑罚加以处罚的；另一方面，对于累犯、惯犯等具有较大人身危险性，仍有再犯之虞的，刑罚的效果是有限的。因此，为了预防犯罪从而控制犯罪，维护社会安全，替代或者补充刑罚的保安处分就显得十分必要。就防卫社会目的而言，刑罚和保安处分具有相同的功能。前者是将已然的罪犯关押于监狱执行刑罚，后者是基于人身危险性而收容于精神病院等机构执行保安处分，不论是监狱还是精神病院都是与世隔绝的场所，通过这种拘禁的方式剥夺其

---

〔1〕 参见［英］洛克：《政府论》（下篇），叶启芳、瞿菊农译，商务印书馆1964年版，第82页。

〔2〕 参见［英］尼古拉斯·罗斯：《生命本身的政治——21世纪的生物医学、权力和主体性》，尹晶译，北京大学出版社2014年版，第12~13页。

〔3〕 参见［英］马丁·因尼斯：《解读社会控制——越轨行为、犯罪与社会秩序》，陈天本译，中国人民公安大学出版社2009年版，第11页。

〔4〕 参见马克昌：《比较刑法原理——外国刑法学总论》，武汉大学出版社2002年版，第29~31页。

第六章　强制医疗的理论定位

继续危害社会的能力,以实现预防再犯防卫社会的目的。同时二者是有区别的,刑罚尺度的衡量标准在于行为人所犯罪行的轻重,保安处分在于行为人的危险性。[1]另外,刑罚是对过去所实施的一定恶行(恶因)的反作用(恶果),本质上是一种恶。保安处分虽然具有强制性,但其主要是通过医疗和矫正的方式改善被收容对象,进而预防犯罪。[2]

我国虽然不存在西方的保安处分制度,但却存在与其功能类似的一些预防犯罪人再犯可能的措施,学者们称之为"保安措施",[3]其中包括强制医疗。由于保安处分在国内外历史上留下了"不良名声",由于担心一旦保安处分被恶意利用,以预防犯罪的名义肆意剥夺公民的自由权的噩梦再次上演,立法部门极力回避这一说法。但是经过长期的法治实践,具有强烈中国特色的各种保安措施所体现出的现实效应和积极价值是人所共知的。事实上,我国精神病人强制医疗就是社会防卫的一种措施,其性质属于保安处分,医疗救助只是附随价值,具体理由如下:

首先,如果将强制医疗性质理解为医疗救助,那么完全可以在精神卫生法中作规定即可。从比较法学视角,凡是将强制医疗在刑事诉讼法加以规定的,一定有与之相对应的刑法规定。如德国、俄罗斯等。然而,凡是刑法中无此规定的,则刑事诉讼法亦无规定,而通常在社会法中规定。[4]如日本,"大阪池田小学事件"发生之前,关于强制入院一直规定于《精神保健福利法》。"大阪池田小学事件"后,《医疗观察法》规定强制入院命令的实质要件是,为了改善实施对象行为之际所具有的精神疾病,并不在实施同样的行为,促进其回归社会。[5]《韩国社会保护法》第1条规定,对具有再犯之危险性、有必要进行特殊教育、改善及治疗的犯罪人进行保护处分,其目的在于促进其复归社会,保护社会。[6]如果将强制医疗理解为通过医疗改善对象

---

〔1〕 参见马克昌主编:《近代西方刑法学说史略》,中国检察出版社1996年版,第195~196页。

〔2〕 参见徐久生:《保安处分新论》,中国方正出版社2006年版,第29页。

〔3〕 参见马克昌主编:《刑罚通论》,武汉大学出版社1995年版,第791页。

〔4〕 参见时延安:"刑事诉讼法修改的实体法之维——以刑法为视角对《刑事诉讼法修正案(草案)》增设三种特别程序的研析",载《中国刑事法杂志》2012年第1期。

〔5〕 日本有学者在教科书中认为,其只具有"类似于保安处分的机能"。详细论述参见[日]野村稔:《刑法总论》,全理其、何力译,法律出版社2001年版,第504页。

〔6〕 学者论述中仍将其理解为一种保护处分。详细论述参见[韩]李在祥:《韩国刑法总论》,[韩]韩相敦译,中国人民大学出版社2005年版,第555~556页。

人的精神疾病，使其重归社会，首先考虑的是行为人的医疗利益，拘束只是医疗行为的一个组成部分，当然事实上也具有预防性的效果。在我国，与《刑事诉讼法》的强制医疗对应的是《刑法》第18条第1款的规定。同时强制医疗作为处理刑事案件的方式之一，应服务于刑法典总则的规定，无论如何精神病人的医疗救助不应成为刑法的主要任务。强制医疗预防犯罪和社会防卫的机能和刑法的任务相匹配。因此，强制医疗本质上是保安处分，将这些人进行隔离是首先要予以考虑的因素。[1]医疗救助只是辅助的，精神病人的社会回归也一定不具有刑事强制医疗的目的。行为时精神异常的精神病人，由于无刑事责任能力不具有刑罚适应性，但其仍然具有相当的人身危险性，为了降低其对社会的危险性，防止再犯及社会防卫，强制医疗就有必要性。这一措施的主要目的是为社会提供保护，而不是保证对精神病人的治疗。[2]

其次，精神病人具有人身危险性已经成为犯罪学家们的共识。精神病性障碍（Psychotic Disorders），即狭义的精神病，是精神障碍中最严重的类别之一。精神分裂症、偏执性精神障碍是典型的精神病性障碍。[3]精神病性障碍患者在幻觉、妄想、思维障碍、行为紊乱等阳性症状的支配下会出现严重的暴力攻击行为。瑞典一项关于严重精神障碍患者与暴力犯罪的相关研究中指出，暴力攻击行为事件中由严重精神障碍患者引起的占1/20。[4]日本根据调查发现，虽然精神病人的犯罪率不高，但是从犯罪情况来看，在放火罪中高达16.8%，在杀人罪中高达9.7%。另外，从近期内重复与前科相同的犯罪的比率来看，杀人罪高达25%，抢劫罪高达27%，精神病和犯罪之间的关系由此可窥见一斑。[5]同时，有研究表明，积极的治疗手段有助于降低该类患者发

---

[1] 参见潘侠："强制医疗与刑事法体系融合之路径"，载《河南师范大学学报（哲学社会科学版）》2015年第3期。

[2] 参见邢娜："刑事强制医疗特别程序的思考"，载《内蒙古社会科学（汉文版）》2015年第2期。

[3] 严重精神障碍的定义不太严格，指严重影响患者功能的一组精神疾病，除精神分裂症外，还包括偏执障碍、双相障碍（旧称躁狂抑郁症）、痴呆和精神发育迟滞等。参见刘白驹：《精神障碍与犯罪》（上），社会科学文献出版社2000年版，第353页。

[4] 参见易芸等："严重精神障碍患者暴力行为相关因素的研究进展"，载《国际精神病学杂志》2022年第1期。

[5] 参见[日]大谷实：《刑事政策学》，黎宏译，中国人民大学出版社2009年版，第63页。

生肇事肇祸行为,维护社会公共安全。[1]正因为如此,对于无刑事责任能力的精神病人,如果其有继续危害社会的可能,为了预防犯罪、防卫社会,予以强制医疗确有必要。

最后,对于强制医疗,西方国家法律大都作出了规定,但表述不一。英美国家称为代替刑罚的治疗处分,俄罗斯称之为医疗性强制措施[2],德国称之为收容于精神病院,瑞士称之为收容于治疗或护理机构[3]。虽然在对精神病人进行强制医疗的过程中会对其人身自由等权利进行一定的限制,但这是治疗精神疾病的需要,也是为了配合治疗、预防和避免潜在的社会风险以及保护精神病人本人的利益安全的需要。法治国家原则中所谓的自由,是与法社会的共同生活秩序调和一致的自由。任何人要滥用其自由,而对于社会共同生活具有危险性时,则基于社会防卫的必要,应允许对这些人的自由加以剥夺,或者至少加以限制。因为没有限制的自由,只能损害自由;不加限制的自由,就会造成自由的毁灭。[4]此外,自由有内外之分,外在自由只有在行为人具有内在自由而能遵守法律规范时,才得主张。换言之,所有外在自由与社会自由,唯有行为人拥有内在的自由及伦理的自由时,才有足够的存在理由。谁要是欠缺内在的与伦理的自我确定所操纵的自由,而无能力自我约束,即不得主张社会自由。[5]对于不负刑事责任的精神病人,如果其具有较高的人身危险性,国家出于防卫社会的利益、保护公众的人身财产免受其再次伤害的目的,对其进行强制医疗就具有正当性。[6]

反思我国强制医疗适用中存在的一些问题,其本质上是对社会防卫的悖逆。具体体现在:一直以来,剖析我国强制医疗解除难的根源时,有学者认

---

[1] 参见甄文凤等:"男性精神障碍患者肇事肇祸行为相关因素研究",载《中国全科医学》2020年第14期。

[2]《俄罗斯刑法典》第98条规定,适用医疗性强制措施的目的是治愈精神障碍犯罪者或改善其心理状态,以及预防他们再次实施犯罪行为。

[3]《瑞士刑法典》第43条规定,实施应当被科处监禁刑的犯罪行为人,如其精神状态要求对其进行治疗或者特别护理,且法官认为,行为人因此将减少或避免继续实施犯罪行为的危险的,法官可命令将其收容于治疗或护理机构。

[4] 参见[英]卡尔·波普尔:《猜想与反驳:科学知识的增长》,傅季重等译,上海译文出版社1986年版,第499~500页。

[5] 参见林山田:《刑法通论》(下册),北京大学出版社2012年版,第389页。

[6] 参见王迎龙:《刑事强制医疗制度研究》,中国政法大学出版社2016年版,第90页。

为这是受到"重社会防卫轻人权保障"价值理念的影响[1]。对此我们表示认同。但是如果能够将强制医疗解除与后续的社会管控体系无缝隙地衔接，借此可以最大程度地减轻法官对于解除后精神病人再次实施暴力行为所面临的压力和顾虑，强制医疗解除难的现象一定程度上就可以缓解。关于强制医疗解除后的跟踪管理，我国立法存在缺失[2]，足以说明强制医疗程序设计并没有完全贯彻社会防卫的价值。根据2022年中华医学会精神医学分会司法精神病学组的专家共识，对于解除强制医疗的被鉴定人，无论本评估的危险性等级如何，被鉴定人在社区内暴力危险性仍高于其他从未发生暴力犯罪的精神障碍者。[3]由此，我们可以看出，强制医疗解除后也不能丧失警惕，如果后续维持治疗和管控不到位，被强制医疗的人病情容易反复，仍有可能继续危害社会。遗憾的是，司法实践中仅有个别地方对此进行了尝试。如北京市安康医院在精神病人出院前，会通知患者的家属以及负责患者住所地治安的片警来签字确认，只有签字后精神病人才能出院，解除后的被强制医疗的人将被转给社区，其被列为重点监控对象。湖北省也有类似规定，强制医疗解除后，被强制医疗人居住地的公安派出所和卫生部门要建立合作关系，做好社区监护管理工作。[4]这些做法为未来立法完善提供了很好的实践基础。

对于反社会人格障碍的罪犯刑满释放后的监管也存在缺失。反社会人格障碍者人身危险性极高，与犯罪的关联极高。美国对于性犯罪的反社会人格障碍者或精神病变态通常在刑满释放后可以继续采取强制医疗，德国可以在刑罚执行完毕后，对仍然极有可能继续实施严重的犯罪行为的累犯实行保安监督。保安监督是为了社会防卫，保护公众免受累犯侵害的最后一个紧急措施，因为对于反社会人格障碍者而言不再可能考虑治疗。[5]这些规定值得我

---

[1] 参见王迎龙："刑事强制医疗解除程序实证研究"，载《中国法学》2022年第2期。

[2]《刑诉解释》第647条第1款第（一）项规定，被强制医疗的人已不具有人身危险性，不需要继续强制医疗的，应当作出解除强制医疗的决定，并可责令被强制医疗的人的家属严加看管和治疗。但是具体落实情况无人监督跟踪。

[3] 参见中华医学会精神医学分会司法精神病学组："无刑事责任能力精神障碍者强制医疗暴力危险性评估的专家共识"，载《中华精神科杂志》2022年第2期。

[4] 参见陈卫东等：《司法精神病鉴定刑事立法与实务改革研究》，中国法制出版社2011年版，第302~303页。

[5] 参见[德]汉斯·海因里希·耶赛克、托马斯·魏根特：《德国刑法教科书》（下），徐久生译，中国法制出版社2017年版，第1098页。

国立法借鉴。

三、强制医疗的合法性证成：比例原则

人权的概念是变动不居的，人性尊严是人权的根据及基础。人权是一个人生存所不可或缺的、固有的、永久不可侵犯的权利。人权的基本观念源于自然法思想，早期着重于先于国家存在的自然权。第一次世界大战之前，人权理念的内涵主要是以保障人民的自由权与平等权为中心，亦即个人享有不受国家或其他组织侵犯的消极权利。20世纪以来，由于工业革命下资本主义得到发展，使社会财富逐渐集中在少数人的手中，因此造成贫富差距，并衍生诸多社会问题。在此情形下，消极的人权理念随之改弦易辙，由消极防范国家侵犯转而积极向国家索取财物、安全或其他利益，从而保障人民"生存权"为中心的人权理念，成为20世纪初期各国宪法的主要特色。任何人从事任何活动，都必须首先能够正常地生存，这意味着他必须获得适当的食物、住宅、医疗、安全等生存条件。国家的义务是为个人提供必要的条件，如果这些条件不具备，个人从事活动的能力或自由即被剥夺。[1]随着社会权与人权意识普及和增强，人权的种类和内涵更加广泛及多元化。

在历史上，人权就是对抗国家压迫的一种手段。它是从消极的意义上得到界定的，它强调的是：国家不得任意侵犯公民的各种基本自由的一种消极义务。[2]因此，不论是刑法还是刑事诉讼法保障的人权应该是消极人权而不是积极人权，其核心价值均在于防止国家对个人自由的恣意侵犯。

就强制医疗而言，从法律体系逻辑自洽角度来看，2012年《刑事诉讼法》增设的强制医疗程序促进了《刑法》第18条的落实。我们认为，强制医疗作为一种刑事法律制度，兼有实体和程序的双重内涵。[3]从实体上讲，强制医疗是一种针对不负刑事责任的精神病人的社会防卫措施。从程序上讲，强制医疗程序用来确定被申请人或被告人是否适用强制医疗，以及如何执行强制医疗。

现代国家，国家权力也仍然具有任意行使的危险，为了防止这种危险，

---

[1] 参见张千帆：《宪法学讲义》，北京大学出版社2011年版，第444页。
[2] 参见易延友："刑事诉讼人权保障的基本立场"，载《政法论坛》2015年第4期。
[3] 参见张兵："程序·法治·人权：试论我国的强制医疗制度及其完善"，载《江西公安专科学校学报》2010年第4期。

必须强调法治原则。针对公民的所有国家的行为，均必须有法律依据。刑法尤其如此。法治国家的刑事保障是最强有力的规定，因为个人的自由不会受到比国家借助于刑罚权对个人自由的限制更为严厉的限制。就其效果而言，刑法的干预要比其他形式对自由和财产的干预深入得多。[1]作为刑法中的一项制度，强制医疗具有法益保护与人权保障的两种机能。具体而言，其一，保障公共安全，维护社会秩序即为强制医疗的机能之一。对于不负刑事责任的精神病人，通过强制医疗对其进行治疗和隔离，降低其再犯危险性，预防法益被侵害，正是法益保护机能的体现。其二，刑事法律具有保障公民个人人权不受国家刑罚权或其他非刑罚处分方法不当侵害的机能。强制医疗的适用具有不容商量的强制性，必然会给行为人带来某种程度的痛苦。它所使用的手段涉及限制或剥夺精神病人的人身自由，其干预公民权益之深，实与刑罚并无二致。国家不能为了达到防卫社会的目的，没有限制地利用强制力。如果片面追求防止再犯的目的，而无视强制医疗的必要性，那么侵犯精神病人人权在所难免。[2]

强制医疗机构具有的维持社会秩序与保障精神病人人权两项机能，一方面具有密切的表里关系，另一方面亦有相互矛盾与互相克制的情形。究竟是应该重视维持社会秩序还是保障精神病人人权，依据时代背景和社会环境，呈现较大的差异。然而，无论是偏向任何一方，强制医疗的目的均无法完全实现。强制医疗制度的设立既与社会公共利益休戚与共，又与精神病人的人权保障密不可分。[3]因此，如何具体地使两者相互调和，正是强制医疗理论与实践的核心问题。作为预防性措施，强制医疗以精神病人有无责任能力、继续危害社会可能为判断条件，然而这种危险性是对将来的预测，是一个动态的概念，因此强制医疗和刑罚不同，不可能确定期限。由此看来，不论是剥夺其自由还是期限的不确定，本质上便含有侵犯他人人权的可能性。为了保护精神病人的人权，在法律中规定强制医疗，以调和其同实现社会防卫的目的的关系，确有必要。这便是强制医疗法定原则。在规定强制医疗时，有

---

[1] 参见［德］汉斯·海因里希·耶赛克、托马斯·魏根特：《德国刑法教科书》（上），徐久生译，中国法制出版社2017年版，第174页。

[2] 参见林山田：《刑法通论》（下册），北京大学出版社2012年版，第390页。

[3] 参见高丽丽：'刑事强制医疗制度的刑法检视与反思'，载《甘肃社会科学》2020年第2期。

必要规定适用条件,特别是使社会危险性要件尽可能客观化。这样可以防止法官自由裁量权的无限扩大,防止强制医疗被肆意滥用。

值得注意的是,为了保证强制医疗的合理性,还有必要确立强制医疗的比例原则〔1〕。比例原则的逻辑起点是人权保障,本质是对基于公共利益需要而限制公民权利的国家权力的限制,有学者将其简称为"权利限制的限制"。〔2〕就国家机关与私主体之间法律关系而言,刑法与行政法一致,与比例原则的适用对象相契合。具体而言,适当性原则要求强制医疗采取的手段应当有助于社会防卫目的的实现;必要性原则要求强制医疗方式选取对精神病人利益侵害最小的手段;均衡性原则要求强制医疗采取的方式给精神病人利益造成的损失应与手段所追求的目的合乎比例,这三个子原则层层递进、环环相扣。〔3〕从比较法的视角,许多国家对此有明确规定。《德国刑法典》明文规定了矫正及保安处分的均衡性原则(比例性原则、适当性原则)。《加拿大刑事诉讼法》规定,在决定给精神病罪犯何种处置时,应当使被告人承担的法律义务最少、强制性最弱。《俄罗斯刑法典》规定,根据犯罪人的心理状态和精神病状况决定强制医疗的方式,限制性程度从轻至重,依次为强制性门诊监管并接受精神病医生治疗、普通精神病院进行强制治疗、专门精神病院进行强制治疗、加强监管的专门精神病院进行强制治疗。

反思我国强制医疗,不论是立法还是实践均存在没有彻底贯彻比例原则的情形。首先,司法实践中,存在客观条件、行为条件被扩大适用和侵害法益的不规范适用,有的法官依据精神病人本次实施犯罪行为的严重性就直接推定为其具有"继续危害社会可能",不论是将客观条件扩大化解释还是直接推定危险性,实质上都违反了强制医疗必要性原则。对未经法院决定强制医疗的被申请人或被告人采取治疗的临时的保护性约束措施,严重地侵犯了精神病人的人权。

其次,关于《刑法》第18条第1款的"必要的时候"的理解存在分歧。第一种观点认为,"必要的时候"在"严加看管和医疗"之后,强制医疗的"必要"应当需要首先考虑家属或监护人看管和医疗情况,只有家属的看管和

---

〔1〕 参见王迎龙:《刑事强制医疗制度研究》,中国政法大学出版社2016年版,第95页。
〔2〕 参见赵宏:"限制的限制:德国基本权利限制模式的内在机理",载《法学家》2011年第2期。
〔3〕 参见梅扬:"比例原则的适用范围与限度",载《法学研究》2020年第2期。

医疗不足以防范其继续危害社会可能的，方可进行强制医疗。相反，就没有必要动用稀缺的国家强制医疗资源。第二种观点认为，《刑事诉讼法》新增强制医疗程序的背景之一，就是为了防止强制医疗被滥用，明确《刑法》第18条第1款的"必要的时候"，因此凡是符合条件的精神病人，无须考虑家属或监护人看管和医疗情况，一律强制入院治疗。对此，我们同意第一种观点。判断是否有继续危害社会的可能属于法官裁量的范畴，裁量的过程本质上就涉及公众安全和精神病人人身自由之间的利益权衡。在实质法治主义的要求下，强制医疗的合法性证成应该实现形式合法性向裁量正义的转变。作为一种剥夺精神病人人身自由的预防性措施，适用的时候必须坚持审慎、谦抑的原则。因此，如果行为人实施了伤害、杀人、抢劫等严重危害社会秩序的暴力犯罪，同时经鉴定为无刑事责任能力的精神病人，初步证据显示有强制医疗必要的，法官应该首先考虑精神病人能否主动医疗。如果是必须在监管下医疗的，由行为人家属或监护人看管和医疗。只有当精神病人的家属或监护人主观不愿监护或是客观无力监护的情况下，才由政府强制医疗。

最后，最小限制原则适用的前提是存在入院治疗以外的其他替代治疗措施。目前，我国精神病人的强制医疗奉行入院中心主义，也就是说强制医疗的执行只有入院治疗一种方式。将所有被强制医疗的精神病人一律交付强制医疗机构住院治疗，不仅会增加执行成本，还不利于对精神病人权利的保障。从比较法学的视角，在去机构化运动的影响下，通过改善配套的社区医疗力量和监督体系，丰富强制医疗的种类和执行方式，增加门诊治疗等限制性小的治疗措施是欧美国家普遍的做法。需要注意的是，选择适用何种强制医疗方式，除了考虑行为人的人身危险性，还需要衡量替代性治疗措施的成本、疗效、危险性的控制等。如替代性治疗的成本过高，不足以防止对本人或他人的危险等，才可以考虑住院治疗。[1]

四、强制医疗程序的核心价值：正当程序

文明社会产生之初，犯罪仅仅被视为加害人与被害人之间的私人纠纷，国家是以相对被动的姿态介入的。随着对犯罪本质认识的深入，统治者意识

---

〔1〕 参见王君炜：《我国刑事强制医疗程序研究》，社会科学文献出版社2018年版，第40~41页。

到一切犯罪从根本上都是危害统治的行为，追诉犯罪和惩罚犯罪均是国家的职责。国家权力虽为刑事诉讼正常开展所必需的重要元素，但又不可能放任它恣意妄为。一方面，我们期待国家惩罚犯罪，维护秩序；另一方面，我们警惕国家滥用权力，侵犯人权。前者引发国家行为，后者禁止国家行为；前者体现的是一种国家的积极保护义务，后者则是一种国家的消极尊重义务。[1]一个刑事诉讼程序的设计，如果只是惩罚犯罪不保障人权，就不是正当的。在这个意义上，我们也可以说人权是正当程序的核心价值和基本内核，刑事诉讼中的人权保障就是正当程序。[2]

刑事程序作为关涉公民生命、自由、财产权利的主要程序，获得正当地位，实现正当化无疑应成为程序法治的重要内容。任何人的生命、自由和财产不受任意剥夺和侵犯。对此，可以追溯到1215年古代英国的《大宪章》，其中第39条规定，不根据合法的程序，并且不根据国家法律规定的话，不得处罚。当代英国上诉法院法官丹宁勋爵说，法律的正当程序是指法律为了保持司法工作的纯洁性而认可的各种方法：促进审判和调查公正地进行，逮捕和搜查的适当采用，法律救济顺利地取得，以及消除不必要的耽误，等等。[3]1774年，美国以费城为主的诸州所制定的《权利宣言》中确认了这一原则，并最终在《美国宪法》中被明文规定下来，该法规定未经正当法律程序不得剥夺任何人的生命、自由或财产。第二次世界大战后，《日本国宪法》第31条规定，任何人，未经法定程序，其生命、自由不受剥夺，也不得科处其他刑罚。[4]从宪法及刑事法律的规定来看，大陆法系国家并无正当程序的用语，但随着法治水平提高，刑事程序不断完善，也都体现出了正当法律程序精神。[5]关于何谓正当程序，美国权威的《布莱克法律词典》对正当法律程序的解释为，当一个人的生命、自由及财产利益面临被剥夺时，确保当事人获得告知及听证的机会，是正当程序的最低限度要求。正当的法律程序就其本质而言就是任何人不受政府的恣意追究。为了防止国家在追诉、惩罚犯罪过

---

[1] 参见李璐君："'人权司法保障'的语义分析"，载《华东政法大学学报》2019年第4期。
[2] 参见易延友："刑事诉讼人权保障的基本立场"，载《政法论坛》2015年第4期。
[3] 参见[英]丹宁勋爵：《法律的正当程序》，李克强等译，群众出版社1984年版，第1页。
[4] 参见[日]大谷实：《刑法讲义总论》，黎宏译，中国人民大学出版社2008年版，第44~47页。
[5] 参见陈卫东：《程序正义之路》（第一卷），法律出版社2005年版，第10页。

程中权力肆意扩张和滥用,首先,立法应该确立无罪推定的原则。被追诉人不被强迫自证其罪,这是对刑事被追诉人人格尊重的基本体现。其次,被告人享有接受公开审判的权利,这是防止公民生命、自由和财产受到恣意剥夺的有效保障。最后,平等参与的权利,面对国家公权力机关,诉讼地位处于弱势的犯罪嫌疑人、被告人应该被赋予更多的诉讼权利,其中获得律师帮助的权利十分重要。

2012年《刑事诉讼法》对强制医疗进行了司法化改造,将强制医疗决定权交由法院行使,这无疑是向"任何剥夺公民生命、自由等重大法益的措施必须由司法机关作出"这一现代法治原则的靠拢[1]。该程序还规定了强制医疗的救济程序和解除机制。为了保障其平等参与的权利,人民法院对没有委托诉讼代理人精神病人提供法律援助的规定,均体现了正当程序的价值。正是这样的程序设计,一定程度上防止了强制医疗被滥用,才确保了行为人的自由权利不被任意剥夺。

关于强制医疗程序的性质,理论界观点不一。观点一认为,虽然"依法不负刑事责任的精神病人的强制医疗程序"没有冠以"诉讼程序"头衔,但是从程序启动、审判机关组成合议庭审理等立法内容上来看,具有诉讼程序的性质,属于特别的诉讼程序。[2]观点二则认为,在确定特别程序所包含的具体程序类型的名称时,采用的是"诉讼程序"与"程序"的混用方式,既然立法者对此区别使用,那么没有冠以"诉讼程序"头衔的强制医疗程序就不具有诉讼程序的属性。[3]有学者认为,强制医疗案件审理时,检察官无须出庭,没有形成对抗格局,法官的角色接近于行政官员,不具备诉讼程序的基本元素,是一种非诉讼程序。[4]从比较法的视角,德国保安处分是以普通刑事诉讼程序科处的,普通刑事诉讼程序的所有相关规定均无一例外地适用于保安处分的科处,保安监督是个例外,它有自己的独立的程序。俄罗斯强制医疗程序明确了辩护人的职责,以及对法院裁定有权上诉、抗诉等。即使

---

[1] 参见程雷:"强制医疗程序解释学研究",载《浙江工商大学学报》2013年第5期。

[2] 参见张泽涛、崔凯:"刑事特别程序亟需厘清三个基本问题",载《江苏行政学院学报》2013年第6期。

[3] 参见吕晓刚:"刑事特别程序辨义",载《湘潭大学学报(哲学社会科学版)》2016年第5期。

[4] 参见秦宗文:"刑事强制医疗程序研究",载《华东政法大学学报》2012年第5期。

不存在保安处分的英美法系，强制医疗程序同普通诉讼程序也无异。另外，强制医疗案件不论是犯罪事实、刑事责任能力的认定与普通刑事案件一样，都会存在争议，存在是非曲直的判断。由此看来，我们认为强制医疗的正当程序是具备诉讼性质的。

比照普通诉讼程序，强制医疗应该确保行为人获得正当程序的保障。行为人有获得公平审判的机会，法律应该赋予并且保障其辩护权，以及证人、鉴定人对质等诉讼权利的实现。强制医疗程序的正当化最关键的是要确立被申请人和被告人诉讼行为决策"支持性"模式。行为人参与程序，作为诉讼行为的实施者，是否具备诉讼能力，是否具备诉讼主体资格将直接影响诉讼行为的表意功能及实施效果，主体不适格直接导致诉讼行为的不成立或不生效。我国相关立法并未对诉讼行为能力有明确的规定，因此，司法实践中涉案的精神病人就被推定为不具备诉讼行为能力，必须由其法定代理人代替其实施诉讼行为。

只有具备权利能力，才能主张权利之保障。只有具备行为能力，才能以自己名义独立主张行使法律权利。精神病人与其他人一样平等地享有法律权利能力，并无争议。问题是精神病人有无法律行为能力？根据联合国《保护精神病患者和改善精神保健的原则》的规定，仅经国内法设立的独立公正的法庭公平听证之后，方可因某人患有精神病而作出他或她没有法律行为能力，并因没有此种能力应任命一名私人代表的任何决定。因此，为了维护精神病人的人性尊严确保其基本权利的行使，原则上应推定其具有法律行为能力。[1] 第一，精神病人可以自由行使基本权利。不得轻易在"保护"的名目下，限制其基本权利。国家的干预即使是为了保护其利益，也必须是依问题领域，严格贯彻法律保留、正当法律程序、必要最小程度限制等原则。第二，精神病人之所以异于常人，表现在其欠缺判断能力，无法判断何为最佳利益，不能充分理解自己所作的选择和决定。因此，对于人身自由和获得听证的权利，此种法益无须作出意思判断，法律应该使精神病人受到与一般人同样的保障。第三，必须是按照精神疾病的病情发展程度。假设处于精神症状缓解期的精神病人，他仍有意思能力。只有在病情等级属于严重程度，完全丧失自知，

---

〔1〕 参见刘白驹：《非自愿住院的规制：精神卫生法与刑法》（上），社会科学文献出版社2015年版，第230~232页。

日常生活功能严重退化，完全需要仰赖他人监护的情形下，始得宣布无行为能力，才有设置监护人的必要。

强制医疗中的被申请人或者被告人是经过鉴定，案发时在实施犯罪行为时辨认能力或者控制能力全部丧失的精神病人。将过去刑事责任能力丧失和现在诉讼中的行为能力画等号，这种落后的观念难以从根本上保障被申请人或者被告人的各项诉讼权利，难以确保其实质充分参与庭审。这种陈旧迂腐的"医疗保障模式"与国际上残疾人权利保障的"人权保障模式"的趋势相违背。

对于强制医疗程序中的精神病人而言，我们不应该去简单地否认其诉讼行为能力，一律剥夺其行为能力并非妥当。合议庭可以依职权在庭审前，判断其能否参与庭审，独立地行使诉讼权利。具体需要考量其是否能理解其行为的意义，能否辨认自己的最佳利益，是否具备保护自己权利的能力。其一，涉案的精神病人应该享有出庭参与庭审的诉讼权利，除非他的精神症状不适合。其二，合议庭应该尽可能尊重被申请人或被告人的自我决定权，充分利用其残存的能力。对其诉讼行为能力的实现提供更多的法律援助，由诉讼代理人作为辅佐，帮助其行使诉讼能力，"支持"其作出选择和决策。如果合议庭经过审慎考虑，判定被申请人或被告人为无诉讼行为能力人的，应当指定其法定代理人来作"替代性"决策。[1]

---

[1] 参见戴庆康：《权利秩序的伦理正当性》，中国社会科学出版社2007年版，第257页。

对策建议篇

从价值论的角度出发，针对精神病人的刑事强制医疗制度本身包含着两大价值，即社会防卫价值和人权保障价值。由于是在辨认能力或者控制能力丧失的情况之下进行犯罪行为，故对在此种情况下的精神病人科以刑罚便变得没有意义。在无法通过科以刑罚而达到目的的情况下，如果放任这种现象存在，必然会给社会造成不良影响。当社会不愿意正视强制医疗机构面临的困境，忽视弱势群体时，这些因囿困于精神疾病而无法控制自身行为的犯罪人，将不断迂回在罪与罚的地域中。在此种情况下，通过国家权力推行强制医疗，将此类主体置于国家的控制之下并且施以救治，以消除其危险性并使其重返社会的做法，就实现了对于社会安定的保护，亦即社会防卫价值的体现。同时，这些精神病人亦是社会中的弱势群体，保障他们的合法权益不受侵犯不仅是法律的职责，亦是法治原则的要求。强制医疗程序对于精神病人人权保障的价值就体现在其通过法律条文的形式明晰了公权力主体的权限和职责、赋予了精神病人取得救济权利和途径，以法律的权威防止公权力的肆意扩张，捍卫精神病人的合法权益。

第七章 强制医疗决定之完善

一、适用条件

(一) 主体条件

1. 不宜将适用对象扩大到限制刑事责任能力的精神病人

目前我国强制医疗制度的适用对象仅限于无刑事责任能力的精神病人,限制刑事责任能力的精神病人则不包括在内。有学者建议将限制刑事责任能力的精神病人纳入强制医疗中,认为这样不仅可以满足实践的需要,解决对于限制刑事责任能力且被判处自由刑的精神病人"收治难"、服刑中"医疗难"的问题,还能更好地体现强制医疗制度社会防卫的价值,同时有助于限制刑事责任能力精神病人人权的保护。[1] 关于此问题,我们认为不宜将强制医疗对象扩大到限制刑事责任能力的精神病人。主要理由如下:

首先,2012年《刑事诉讼法》"特别程序"编中新增"依法不负刑事责任的精神病人的强制医疗程序",结束了《刑法》第18条关于"在必要的时候,由政府强制医疗"这种"有实体无程序的"的状况。但是,一旦将强制医疗适用对象拓展到限制刑事责任能力的精神病人,没有实体法内容对应的程序法似乎是无源之水、无本之木。[2] 学者们往往援引德国保安处分适用对象包括限制刑事责任能力人和无刑事责任能力人的做法,作为支撑拓展我国强制医疗适用对象的论据,殊不知《德国刑事诉讼法》中的保安处分有着与刑

---

[1] 参见潘侠:《精神病人强制医疗法治化研究:从中美两国对话展开》,中国政法大学出版社2015年版,第280~286页。

[2] 参见张泽涛、崔凯:"刑事特别程序亟需厘清三个基本问题",载《江苏行政学院学报》2013年第6期。

事实体法扎实的对接[1]。面对限制刑事责任能力且被判处自由刑的精神病人的收治和医疗问题，立法已经明确由监狱来承担，只是执行层面配套机制需要完善。与其要对《刑法》《刑事诉讼法》《监狱法》《精神卫生法》进行体系化的破旧立新，不如从实际操作层面完善更可行。我们认为改善或增进监狱的精神医疗服务是一种高效且低成本的处理方式。通过在监狱内增设精神科医生岗位，可以大幅度降低治疗成本，安康医院只承担对极少部分病重或急性的、具有极高"人身危险性"精神病人的治疗。而且监狱通常会给服刑人员提供劳动机会使其从事力所能及的劳动，这样不仅有利于其精神病人康复，而且有利于其日后回归社会。

其次，考察没有保安处分的英美法系国家，我们发现：精神病辩护成功获得无罪判决后，通常会移交强制医疗；减轻责任辩护成功获得有罪判决后，可能面对刑罚或是代替刑罚的治疗令。[2]具体而言，在英国由于死刑被废除以及减轻刑事责任辩护[3]理由的引入，精神病辩护每年只有一两次，他们宁愿冒定罪和判刑的风险，也不愿招致确定为精神错乱的污名及随之而来的无限期的隔离治疗。[4]大多数被告宁愿基于减轻责任的理由，被判犯有非预谋杀人罪，也不愿因为精神错乱的原因而获释。区别在于，不是像近来的那样，强制把精神异常人送进精神病院，而是法庭斟酌，或判处其监禁对其适用缓刑，或发布强制医疗的命令。从受减轻责任辩护庇护的广大范围的人的观点来看，灵活的处理措施更受人欢迎。[5]在美国，许多州出于保护社会安全的需要，对于"有病无罪的人（Not Guilty by Reason of Insanity, NGRI）"采取自动移交（Automatic Commitment），无须举行庭审程序。被告人因精神病被

---

[1]《德国刑法典》第 63 条规定，违法行为时处于无责任能力（第 20 条）或限制责任能力（第 21 条）状态的，法庭在对行为人及其行为进行综合评价后，如认为该人还可能实施严重的违法行为，造成对被害人心理或身体的严重受伤或者造成重大的经济损失，因而对公众具有危险的，命令将其收容于精神病院。已经实施的违法行为与本条第一句所述事实无关，只有当特殊情况表明，行为可能会引起状况实施此等严重违法行为的，法庭始可命令将其收容于精神病院。

[2] 参见赖早兴：《英美刑事法热点问题研究》，知识产权出版社 2019 年版，第 157 页。

[3] 1957 年《杀人罪法》第 2 条为谋杀罪引进了一个新的辩护理由，称作"减轻责任"。这种变化理由赋予被告人一项权利，即虽然不是完全无罪，但只能认定为犯有非预谋杀人罪。

[4] 参见 [英] J·C·史密斯、B·霍根：《英国刑法》，马清升等译，法律出版社 2000 年版，第 225 页。

[5] 参见 [英] J·C·史密斯、B·霍根：《英国刑法》，马清升等译，法律出版社 2000 年版，第 225 页。

判决无罪后，该类判决结果本身就足以说明其有危险性，可以直接移交强制医疗，直到其不再有危险性。如犹他、北卡罗来纳、南卡罗来纳等州。

最后，从强制医疗执行而言，当前强制医疗机构不足且经费难以保障，导致实践中存在强制医疗执行难、执行乱、解除难的状况。法院的强制医疗决定难以落实，被执行人的合法权益难以保障。如若适用对象再被扩大，强制医疗的执行无疑是雪上加霜。

2. 将"精神病"改为"精神障碍"

笔者赞成刑法的精神病广义说，刑法的精神病与医学的精神障碍保持一致。具体理由如下：一是，事实上，影响精神病人法律能力和是否作案最直接的因素是精神症状，而非何种精神疾病。疾病种类与症状有一定联系，但并非A病就一定会表现出B症状，也并非表现出B症状的就一定是A病。病情的轻重更多体现为某种症状的持续时间、出现频率、严重程度以及新症状的出现等。[1]因此刑事责任能力判断的最终落脚点在于某种精神症状对辨认控制能力的影响，而非病种和病情轻重程度。当然并非任何病种对刑事责任能力判断都无影响，仅仅表现为反复进行犯罪或其他反社会行为的人格障碍就是例外。[2]而且"狭义说"认为，只有精神病性精神障碍的人身危险性高，容易有暴力攻击行为的观点遭到了越来越多的挑战。不可否认精神分裂症属于典型的精神病性精神障碍，课题组的研究样本也证实了这一点。[3]但是最新的研究显示，传统观念中的非精神病性精神障碍也具有肇事肇祸的风险，如抑郁症。涉及司法鉴定的各类精神病患者中，精神分裂症占31.7%～50.9%，抑郁症占20%左右，两者都可发生凶杀行为。其中抑郁症多是扩大性自杀或间接性自杀。[4]二是，关于无刑事责任能力和限制责任能力的区分，可以限缩被告精神病抗辩成立的空间，打消我国立法部门担心精神病抗辩被滥用的疑虑。行为时患有精神疾病只是判断精神病人刑事责任能力的第一步骤，精神病抗辩的重点在于行为时受精神疾病影响的程度。如果因精神

---

〔1〕参见李露："论刑事强制医疗程序的适用条件及其审查判断"，西南政法大学2014年硕士学位论文。

〔2〕参见李露："论刑事强制医疗程序的适用条件及其审查判断"，西南政法大学2014年硕士学位论文。

〔3〕课题组选取的1002份强制医疗决定书样本中，740份为被申请人患精神分裂症。

〔4〕参见王靖等："具有凶杀行为的抑郁症与精神分裂症患者的作案特征对比"，载《法医学杂志》2017年第3期。

疾病达到辨认或控制能力完全丧失，精神病人无刑事责任能力；如果精神疾病达到辨认或控制能力部分丧失或者减退，精神病人属于限制刑事责任能力；精神病人虽患有精神疾病，但实施危害行为时，精神疾病并没有影响到其辨认或控制能力，精神病人具有完全刑事责任能力。刑法的精神病与医学的精神障碍范围保持一致，不要预先设定只有严重精神障碍才会使行为人丧失辨认和控制能力，这样的预设会混淆生物学标准和心理学标准、医学和法学标准、鉴定人和法官职责界限，最终加剧问题的复杂性，增加了刑事责任能力认定的难度。

3. 刑事责任能力的认定应确立终极问题原则和无病推定原则

明确鉴定人和法官在刑事责任能力认定职责的界限，可以防止"有病推定""有病无责"现象的发生。虽然关于刑事责任能力判断主体有不同的观点，但是刑事责任能力被公认是基于刑法规定的一个法律概念，关于刑事责任能力的判断需要结合具体犯罪行为和危害后果综合评价，亦即责任能力不能独立于个别行为之外作抽象判断。因此，刑事责任能力涉及的生物学标准，行为人是否患有精神病及精神病种类与程度，由精神病医学专家鉴定；心理学要件的判断主体应该由法官在鉴定人出具的鉴定意见基础上，观察和鉴别行为人言行是否脱离现实，是否违背人本有之理性，结合案件其他证据，通过解释方式转换至行为时的辨认或控制能力是否欠缺或削弱，最终对行为人刑事责任能力作出确认，即德国学者保罗的"三层楼作业场"学说。[1]简言之，未来司法精神病鉴定意见不评定刑事责任能力，只分析精神疾病对辨认和控制能力的影响，把刑事责任能力认定的"终极问题"归还法官，这将更有利于司法机关对刑事案件的精准判定。[2]

无病推定（Presumption of Not Mental Disorder）原则起源于英国的迈克纳顿规则。该规则指出，在所有案件中，陪审团应被告知，直到相反的情况被证明，任何人应被推定为是精神正常的，而且具有足够的理智对其犯罪承担责任。[3]由于精神障碍可能脱罪和减轻刑事责任，因而鉴定实践中不乏装病

---

[1] 参见张旭宏："精神障碍者刑事责任能力相关问题研究"，山东大学 2012 年硕士学位论文。

[2] 参见周德怡、张国富："精神障碍患者凶杀案的司法精神鉴定思考"，载《中华精神科杂志》2020 年第 4 期。

[3] 参见［英］J·C·史密斯、B·霍根：《英国刑法》，马清升等译，法律出版社 2000 年版，第 225 页。

者,导致鉴定意见中存在"泛精神病""泛无(或限制)刑事责任能力"现象。法官应当弥补鉴定人在此方面的缺失,坚持"无病推定"原则,从假设行为人无病出发,逐步证实无罪的事实或者推翻无罪的假设,如果无法证实或者无法推翻,则应贯彻疑病从无的原则。[1]

(二) 客观要件

在大众眼里,强制医疗或许只是一个国家维系社会安全的举措,但对于精神病人而言,却极有可能演变为侵蚀其人权的巨大"利维坦"怪物。强制医疗正当性根源在于保护人民群众免受具有人身危险性的精神病人侵害,但这种危险性以预测将来犯罪的可能性为基础,不一定能客观地加以判断。而且消除其人身危险性以治疗为手段,因此在性质上不得是永久的。为了保障精神病人的人权,强制医疗需要遵循必要性原则,以和防卫社会的目的相调和。从比较法上看,许多国家的法律都规定了该原则。如《德国刑法典》第62条规定,如果矫正和保安处分措施与行为人行为的严重性、将要实施的行为以及由行为人所引起的危险程度不相适应,则不得判处。加拿大规定,应当考虑保护公众免受危险分子侵害的需要、被告人的精神状况、被告人重返社会和被告人的其他需要,作出使被告人承担的法律义务最少、强制性最低的处置。

任何一个制度的产生和运行都无法脱离社会经济发展水平等条件的限制。[2]强制医疗适用范围的设定,立法者必须考虑到政府财政支付能力和强制医疗机构人员的规模数量。不能将涉刑的精神病人一律适用强制医疗,应将紧缺的资源进行最有效的配置,把最必要的资源留给人身危险性高的精神病人。对于不具有人身危险性,或者危险性不大的精神病人,可以通过监护人严加看管或治疗,消除其人身危险性,预防其继续危害社会行为发生的,就没有必要适用强制医疗。

综上,为了保障精神病人的人权,要充分考虑强制医疗适用的"必要性"原则,强制医疗绝对不应以无限牺牲个人自由来实现社会防卫的目的。考虑到当前我国强制医疗执行资源的承受能力,应该合理设置强制医疗适用的门

---

[1] 参见刘鑫、陈薛妍:"司法精神障碍鉴定的伦理原则",载《中国法医学杂志》2021年第4期。

[2] 参见桑本谦:"反思中国法学界的'权利话语'——从邱兴华案切入",载《山东社会科学》2008年第8期。

槛条件。

1. 以实施了达到犯罪程度的暴力行为为基础

强制医疗程序和普通程序是前期趋同、后期分流的，凡是进入刑事诉讼程序的前提一定是发生了犯罪事实，也就是说行为人的行为涉嫌犯罪，刑事不法行为本身达到入罪的标准。

从比较法来看，许多国家均将强制医疗适用条件限定为"犯罪行为"。如"实施刑事法律禁止行为"（哈萨克斯坦、瑞士），"实施了构成被指控的作为或者不作为"（加拿大），"实施刑法典分则规定的行为"（俄罗斯）。日本的《医疗观察法》明确规定，医疗观察的对象是实施了"严重伤害他人行为的人"。所谓严重伤害他人行为，就是杀人、放火、抢劫、强奸、强制猥亵、伤害等重大犯罪行为。[1]由于《医疗观察法》仅仅将上述犯罪作为对象行为，诈骗、盗窃等财产性犯罪，不适用该法，而是《精神保健福利法》的对象。[2]

《德国刑法典》第63条"将行为人安置于精神病院"适用的第一个条件是，行为人实施了第11条第5项意义上的"违法行为"，即实施了刑法规定的构成要件的行为。也就是说，"将行为人安置于精神病院"是以一个完整的应受处罚的行为为前提条件的，行为人的责任能力是个例外。那些对他人或自己具有危险性但又没有实施上述犯罪行为之人，可根据各州安置法，将其安置于精神病院。[3]考虑到安置对于行为人自由的干涉程度，轻微犯罪行为不能作为原因行为。《德国刑法典》第62条"矫正与保安处分措施"的适用原则，以及第63条"将行为人安置于精神病院"的适用条件，均提及了犯罪行为的"严重性"。德国通说认为，严重犯罪行为要达到法定最低刑。《德国刑法典》第12条规定，可判处1年及以上自由刑的，属于严重刑事犯罪。最高刑为1年自由刑或科处罚金刑的，属于轻微犯罪行为。[4]轻微盗窃、轻微

---

[1] 参见［日］大谷实：《刑事政策学》，黎宏译，中国人民大学出版社2009年版，第428页。

[2] 日本的《医疗观察法》规定，由法院决定入院、出院等合适的处遇；《精神保健福利法》规定，由行政长官决定入院、出院，不受司法制约。

[3] 参见［德］汉斯·海因里希·耶赛克、托马斯·魏根特：《德国刑法教科书》（下），徐久生译，中国法制出版社2017年版，第1090页。

[4] 在德国，法定最低刑为1年的犯罪已经是重罪了，这与德国法定刑偏低有关。比如第176条a款对儿童的严重的性滥用罪，第177条强制猥亵罪、强奸罪等的法定最低刑都为1年。参见倪润："强制医疗程序中'社会危险性'评价机制之细化"，载《法学》2012年第11期。

诈骗、侮辱警察等不属于严重违法行为的，绝不能作为构成命令安置的原因行为，应该排除在保安处分措施之外。[1]德国的该类规定对我国没有借鉴意义，主要原因是行为人可能判处的刑罚不易确定。强制医疗案件的审理中，法庭调查和辩论主要围绕的是被申请人或被告人实施的暴力行为、刑事责任能力以及继续危害社会的可能性，不仅犯罪行为性质不影响最终的决定，更缺乏对于量刑情节的关注。[2]

值得注意的是，一是强制医疗适用只需要行为人的暴力行为客观上与犯罪程度相当即可，其行为的具体性质并非适用强制医疗的主要考量因素。二是在认定行为人的行为是否达到犯罪程度时，既不能简单以是否达到重伤、死亡后果进行判断，也不能简单认为凡是仅造成轻微伤后果的都属于没有达到犯罪程度，而应当从一个正常具备刑事责任能力的人实施相应的行为是否应当承担刑事责任的层面进行分析判断。多次实施暴力行为，造成多次轻伤的；实施放火行为，虽未造成人员伤亡，但造成公私财产重大损失的；使用刀具、斧头等杀伤力巨大的工具实施严重暴力行为，被害人只是侥幸避免伤亡的等，也符合强制医疗的条件。[3]如若将犯罪未遂一律排除出刑事强制医疗程序适用范围，强制医疗社会防卫目的难以实现。

2. 精神病人的行为侵害了重大法益

实务中，是否应该严格按照《刑法》第 18 条第 1 款规定的"造成危害结果"为适用条件，大家观点不一。有学者认为，为了与实体法保持一致，刑事诉讼法的谦抑性不可或缺，应当尽量压缩强制医疗程序的适用空间，不宜作扩大解释。[4]也有学者认为，严格限定强制医疗的侵害法益条件，存在继续放任精神病人继续实施危害社会行为的风险。[5]

关于侵害法益条件的规定，我们不应将《刑法》分则第二章"危害公共

---

[1] 参见倪润："强制医疗程序中'社会危险性'评价机制之细化"，载《法学》2012 年第 11 期。

[2] 参见张吉喜："中美刑事强制医疗制度相关问题比较研究"，载《环球法律评论》2014 年第 5 期。

[3] 参见江必新主编：《〈最高人民法院关于适用《中华人民共和国刑事诉讼法》的解释〉理解与适用》，中国法制出版社 2013 年版，第 443 页；张军主编：《新刑事诉讼法法官培训教材》，法律出版社 2012 年版，第 103 页。

[4] 参见李树民："论刑事特别程序创设的一般法理"，载《政法论坛》2019 年第 6 期。

[5] 参见张吉喜："刑事强制医疗客观要件的反思与重构"，载《比较法学研究》2021 年第 2 期。

安全罪"和第四章"侵犯公民人身权利、民主权利罪"之外的罪名一律排除在强制医疗适用范围之外。如《刑法》分则第五章"侵犯财产罪"的抢劫罪，该罪由方法行为和结果行为构成，暴力、胁迫等方法行为侵害的法益是公民人身权利，当场取财的结果行为侵害的法益是财产权利。该罪本质上属于暴力犯罪，通常犯罪后果严重，社会危害较大。西方国家一般将其列为重罪，属于强制医疗适用的对象。涉及抢劫罪的强制医疗案件，应当从抢劫手段对被害人造成伤害后果是否达到"严重危害公民人身安全"的法益条件来裁量。如果抢劫行为暴力程度较轻，未对被害人的人身造成伤害后果，就未达到强制医疗的门槛条件。[1]

公共安全是指不特定多数人的生命健康和重大公私财产安全，侵害公共安全的犯罪后果具有严重性和广泛性。通常单纯的财产犯罪不能理解为严重的犯罪行为，也不能简单将财产损失金额作为判断犯罪行为"严重性"的标准。[2]实践中行为人用石头相继砸向正在公路上行驶的两辆小汽车，致使车辆的前挡风玻璃损害，经鉴定损失金额为2000多元。虽然2000多元的财产损失并未达到重大程度，但如果公路上行驶的车辆车窗被砸碎，恰好又砸中司机，或者司机下意识躲避向自己抛来的石头，在车辆众多的公路上，可能发生后果的严重性和广泛性是难以预测的。因此，即使未造成人员伤亡，财产损失也不大，但是该行为达到了危害公共安全的法益条件。[3]

（三）"有继续危害社会可能"是决定性条件

保安处分适用不取决于责任，而是取决于危险性。[4]保安处分的基础，是行为人将来的犯罪之虞，即对象人反复犯罪的危险性。[5]具有保安处分性质的强制医疗，其目的在于保护公众免受精神病人可能实施的犯罪行为的侵害。也就是说，即使行为人是精神病人，有必要予以治疗，也并不是实施强制医疗的理由。如果将治疗必要性作为强制医疗要件的话，那就模糊了与《精

---

〔1〕参见程雷："强制医疗程序解释学研究"，载《浙江工商大学学报》2013年第5期。

〔2〕参见［德］汉斯·海因里希·耶赛克、托马斯·魏根特：《德国刑法教科书》（下），徐久生译，中国法制出版社2017年版，第1086页。

〔3〕参见李露："论刑事强制医疗程序的适用条件及其审查判断"，西南政法大学2014年硕士学位论文。

〔4〕参见［德］汉斯·海因里希·耶赛克、托马斯·魏根特：《德国刑法教科书》（上），徐久生译，中国法制出版社2017年版，第122页。

〔5〕参见［日］大谷实：《刑法讲义总论》，黎宏译，中国人民大学出版社2008年版，第492页。

神卫生法》非自愿住院医疗的界限，偏离了作为刑事处遇的正常轨道。经鉴定不负刑事责任的精神病人，如果没有继续实施犯罪的危险，就不允许实施强制医疗。一旦危险消失，强制医疗就不具有正当性，必须立即停止实施。

世界各国强制医疗适用条件，尽管表述不同，但是实质上均强调"继续危害社会可能"。如《法国刑事诉讼法典》第706-135条规定，在上诉法院预审庭或者审判法庭作出宣告被告人因精神障碍不负刑事责任的判决的情况下，如果有归入诉讼案卷的精神病鉴定确认，因当事人有精神病障碍，可能危及他人人身安全或者对公共秩序可能造成严重侵害，必须进行治疗时，可以作出说明理由的决定，命令将当事人安置到《公共卫生法典》第3222条所指的某一机构内完全住院、接受精神病治疗，且不影响适用该法典第3213-1条与第3213-7条的规定。《俄罗斯联邦刑法典》第97条规定，对于在无刑事责任能力状态下实施本法典分则规定的行为人，只有在其因精神病可能造成其他重大损害，或对本人或他人造成危险时，才可以适用强制性医疗措施。在美国，也有对由于精神病障碍而判处无罪的人，法院在认定其具有人身危险性的，可以将他送入保安设施内收容的制度[1]。《美国模范刑法典》的"犯罪和刑事程序"卷第4243条规定，因为精神病而被判无罪的被告人，必须以明确和令人信服的证据证明，不会因为目前的精神疾病或缺陷而造成对他人的身体伤害或对他人财产严重损害的重大风险，否则将会被强制医疗。《怀俄明州刑事诉讼法典》第11章第306条规定，对于被告人因患有精神病而被判无罪的案件，如果法院认为其受到精神疾病或缺陷的影响，对自己或他人有很大危险性的，如果对其实施附条件释放式强制医疗能够防止上述危险的发生，应当下令对其进行附条件释放式医疗。同时该条规定，任何解除申请，或是修改附加条件或终止附条件释放式治疗的申请，均以该人是否受精神疾病或缺陷的影响，对他自己或他人是否构成实质性危险为审查标准。《威斯康星州刑事诉讼法典》第971章第17条规定，如果法院以明确和令人信服的证据证明，附条件释放式医疗将存在对自己或他人造成重大人身伤害或严重财产损失的危险，应当命令住院治疗。

1. 不宜将危害要件提高到严重的犯罪行为

在德国，为了实现和社会防卫的调和，保障精神病人的人权，立法对

---

[1] 参见[日]大谷实：《刑法讲义总论》，黎宏译，中国人民大学出版社2008年版，第492页。

"有继续危害社会可能"条件,进一步限定在"预期实施犯罪行为的严重性"。与安置于精神病院相联系的是对行为人自由的严重限制,只有在不予安置将会出现严重的犯罪行为时,潜在受害者可能遭受"显著"或"巨大"的损害时,始可对无责任能力的行为人或限制责任能力人的行为人为之。而且,必须确认行为人对"公众"具有危险性,因此应当排除行为人仅针对特定的人(如他的妻子)实施犯罪的情况。[1]如果精神病人与被害人的关系是引起其实施暴力行为的唯一因素,那么改变精神病人现有的生活环境,精神病人和被害人的冲突关系就彻底结束了,"再犯可能性"就消失了,就没有必要将其安置于精神病院[2]。

有学者建议借鉴德国的规定,将"继续危害社会可能"要件提高到严重的再犯行为,即不应把精神病人将来可能实施的所有犯罪行为均纳入"社会危险性"范畴。强制医疗预防的是严重的暴力犯罪,预期的是轻微的再犯行为没有必要适用强制医疗。[3]对此,我们持不同的观点。主要理由如下:德国的规定源于保安处分可以分为剥夺自由的和非剥夺自由的。安置于精神病医院属于前者,后者包括行为监督等。如果预期行为人有再犯可能性,只是轻微的再犯行为,根据适当性原则,尽量采用非剥夺自由的保安处分;若是严重的再犯行为,剥夺自由的安置于精神病医院才有必要。[4]精神病人的刑事处遇应贯彻最小限制原则,即实现风险控制这一目标的手段应当尽量选用对精神病人权利侵害最小的一种。[5]而且,德国安置精神病医院的适用条件——预期再犯行为的严重性,从实际操作的角度来讲,难度极大。再犯行为可能性的预测就存在太多不确定性,进一步再预测再犯行为的危险程度,判断可能是严重犯罪行为还是轻微犯罪行为,这对于我国法官来讲极具挑战。理论上讲,对过去行为的法律评价,此罪与彼罪、重罪与轻罪、罪重与罪轻都会有争议。如果是对未来行为危害程度的预期,难度可想而知。因此,该规定从可行性的角度,对我国没有借鉴意义。

---

[1] 参见刘夏:"德国保安处分制度中的适当性原则及其启示",载《法商研究》2014年第2期。

[2] 参见倪润:"强制医疗程序中'社会危险性'评价机制之细化",载《法学》2012年第11期。

[3] 参见倪润:"强制医疗程序中'社会危险性'评价机制之细化",载《法学》2012年第11期。

[4] 参见[德]汉斯·海因里希·耶赛克、托马斯·魏根特:《德国刑法教科书》(下),徐久生译,中国法制出版社2017年版,第1086页。

[5] 参见裴炜、[荷]Michiel van der Wolf:"精神病人刑事责任与管治措施的衔接——中西法律制度的比较",载《河南社会科学》2015年第8期。

精神病人是否"有继续危害社会可能"的问题，如同刑事责任能力判断一般，不是纯粹的法学问题，因此法官需要专业人士的技术支撑。对此，《美国模范刑法典》第4243条规定，在危险性听证会聆讯日期之前，法院应命令对被判无罪的精神病人进行精神或心理检查，并在此基础上提交一份报告给法庭。在法国，对于判决被指控人为不负刑事责任的案件，法官可以根据精神科专家提出的建议，最终决定是否应该采取强制收治措施。[1]日本的《医疗观察法》规定，法院就有无必要进行医疗处遇，原则上必须命令精神保健审判员和其他医生进行鉴定。为改善实施对象行为之际所具有的精神疾病，并不再实施同样的行为，促进其回归社会，法院在确认有无必要让其接受治疗的时候，可以命令精神保健医生或同等以上学识经验的医生进行鉴定。但认为没有明显必要的，不在此限。精神保健医生鉴定时，考虑的因素包括精神障碍的类型、既往病史，对象行为时病情和当前的治疗情况，并且预测未来的症状，还有对象行为的性质以及过去的其他危害行为。精神保健医生必须根据对象人的病情，提出有无本法规定的医疗必要性的意见。[2]我们认为，社会危险性[3]的判断必须引入医学专家。为了保证强制医疗决定的科学性和准确性，同时和强制医疗解除程序相呼应，立法应该要求，医疗机构评估或者司法精神病鉴定是法官认定"有继续危害社会可能"要件的必经程序。关于"有继续危害社会可能"的认定应该分为两个阶段：第一个阶段是医疗机构或司法精神病专家的评估或鉴定，主要考虑到行为人的精神疾病、医疗治疗史和未来治疗的必要性等因素；第二个阶段是由办案人员将根据专家意见、监护条件等相关因素综合权衡作出司法决定。

2. 家属看管和医疗的意愿和能力是有继续危害社会可能的考量因素之一

根据《刑事诉讼法》规定，在满足适用条件之后，人民法院"可以"决

---

[1] 参见［法］托马斯·福韦等："关于法国精神卫生系统与刑事司法制度的描述性回顾"，陶逸君等译，载《犯罪研究》2021年第5期。

[2] 参见［日］鹤见隆彦："精神障碍者危险行为（犯罪行为）的预防对策——医疗观察制度下心神丧失者的处遇"，载《犯罪学论丛》2008年第0期。

[3] 按照刑法通说，广义的社会危险性既包括犯罪事实所造成的既定社会危害，也包括将来可能发生的社会危害，后者一般称之为人身危险性。人身危险性本不属于刑法概念，而是起源于犯罪学，在刑事实证主义学派尤其是刑事人类学派兴起之后逐步引入刑法体系。考虑到我国《刑事诉讼法》第306条规定，强制医疗是否解除以是否具有人身危险性为依据，也就是说"有继续危害社会可能"实际上就是"人身危险性"的另一表述。

定对其适用强制医疗，而不是必须适用强制医疗。因为强制医疗是限制精神病人人身自由的一种预防性措施，适用时应坚持谦抑原则。审前阶段行为人经过短暂治疗，其精神疾病已经得到较好的控制，并且能够自行主动进行后续治疗的，就没有必要进行强制医疗。相反，在人民法院决定前，行为人症状仍然明显，没有得到很好的控制，自知力没有恢复的情况下，行为人就需要在监管下进行治疗。如果需要监管治疗，首先需要审查家属是否有监管和治疗的意愿。如果家属不具备这样的意愿，则只能强制医疗。家属确有意愿的，法院必须进一步审查监管和治疗的条件和能力。法院审查的方式除了要求被申请人或被告人的家属提供详尽的治疗和监管方案，确有必要时调查其对被申请人或被告人进行长期治疗的实际条件。[1]

3. 禁止推定危险性

关于人身危险性的认定，美国联邦和许多州规定，从被告人业已实施的犯罪行为及患有精神病的情况可以直接推定为其具有人身危险性，自动适用强制医疗。刑事审判中的精神病裁定本身即行为人正在患精神病并且具有危险性的可信依据，无须另行进行听证。美国早期的强制医疗制度，更多的是为了保护社会安全，对被强制医疗的精神病人缺乏相应的程序保障措施。有反对者认为，推定被告人具有人身危险性，自动适用强制医疗违反了正当程序与平等保护的宪法原则。[2]为了防止保安处分成为刑罚的代用品，"推定危险性"是被禁止的。[3]保安处分的目的在于阻却将来可能发生的法益破坏，针对的是将来可能的犯罪行为，而不应由已经实施的犯罪行为的严重程度起决定作用，更不能直接以原因行为推定其具有人身危险性。

就我国而言，不应采取推定危险性模式，不能由本次被指控的暴力犯罪

---

〔1〕 参见最高人民法院刑事审判一至五庭主办：《刑事审判参考（总第93集）》，法律出版社2014年版，第91~96页。

〔2〕 参见何恬：《重构司法精神医学——法律能力与精神损伤的鉴定》，法律出版社2008年版，第162页。

〔3〕 1930年《意大利刑法》就曾经作出"推定危险性"的规定，即无刑事责任能力精神病人或者限制刑事责任能力精神病人只要实施了严重犯罪，就应当被以具有"社会危险性"为由实施强制治疗。其虽然易于操作，但却违反了罪刑法定原则，忽视了精神病人合法权利之保障。这项规定很快便蜕变为刑罚的代用品，成为镇压精神病人这一弱势群体的工具。最终，意大利宪法法院于1986年以该项规定违宪之名义将其废除。详细论述参见倪润："强制医疗程序中'社会危险性'评价机制之细化"，载《法学》2012年第11期。

行为和精神疾病就直接推定其具有"有继续危害社会可能"。具体理由如下：第一，美国联邦和许多州继续采用"推定危险性"模式的主要背景是防止精神病抗辩的滥用和保护公众安全的需要。然而在我国进行精神病辩护的案件，在总体案件中所占的比例并不高，并没有滥用的趋势。[1] 强制医疗程序以司法精神病鉴定为前置阶段[2]，精神病辩护必须借助于司法精神病鉴定专家的力量。然而区别于英美法系国家当事人启动鉴定模式，我国主要由侦控机关单方启动鉴定，辩护律师根本没有启动鉴定程序的权利，何谈滥用？第二，为了保障精神病人的人权，美国采取"推定被告人有人身危险性，自动移送强制医疗"模式的州均对强制医疗期限作了一定的限制，强制医疗一定期限后，必须进行听证会审查被告人有无人身危险性，有无必要解除强制医疗。如《南卡罗来纳州刑事诉讼法典》规定，因精神错乱被判无罪的精神病人的收治不能超过120天，在此期间，必须对被告人进行精神检查以确定其是否符合强制医疗的条件。《蒙大拿州刑事诉讼法典》规定，法院应当在强制医疗后180天内举行听证，以确定是否继续对被告人进行强制医疗。然而，我国强制医疗没有期限限制，只是规定了执行环节定期评估制度，而且对于评估周期立法语焉不详，加上强制医疗解除难问题突出，因此，一旦决定强制医疗，无异于精神病人被判处无期徒刑。强制医疗对自由的干涉更加严厉，也让人感到剥夺自由的强制医疗比长期自由刑更可怕。[3] 因此禁止直接推定危险性，通过合议庭审理，发挥程序过滤功能，对真正"有继续危害社会可能"的精神病人强制医疗，可以有效防止强制医疗权力的过度扩张。

二、强制医疗程序的主要制度

（一）建立精神医学专家参与制度

强制医疗案件审理的对象具有特殊性。无论是决定程序的司法精神病鉴定意见，以及行为人是否"有继续危害社会可能"的审查判断，还是解除程序中关于人身危险性的审查判断，法官均需要专业人士的辅助。然而现有法律只有关于鉴定人出庭和专家辅助人出庭参与质证的制度，无法满足司法实

---

[1] 参见冯姣："刑事司法中精神病辩护案实证研究"，载《医学与法学》2022年第1期。

[2] 参见元轶："法官心证与精神病鉴定及强制医疗关系论"，载《政法论坛》2016年第6期。

[3] 参见［德］汉斯·海因里希·耶赛克、托马斯·魏根特：《德国刑法教科书》（上），徐久生译，中国法制出版社2017年版，第121页。

践中多数法官庭外咨询精神科医生专家的实务需求。当前专家咨询的方式虽然便捷，但是也存在一些问题。如根据《刑事诉讼法》的规定，接受咨询的专家无权阅卷，只能依靠法官转述案情，转述势必会影响到专家判断的准确性。法官选择专家时也没有标准，随意性较大，专家的权威性容易受到质疑，专家咨询缺乏法律制度支撑也是我们未来立法不得不面对的问题。为了强化对于鉴定意见的审查认证，考虑在合议庭中引入专家陪审员具有重要意义。从比较法的视角，美国的精神卫生法庭和日本审理医疗观察案件中精神医学专家参与陪审的立法例，对于我们立法的完善具有借鉴意义。

1. 美国的精神卫生法庭

1981年欣克利行刺里根总统案件促成了美国刑事法案的改革，从实体法和程序法两个维度均限缩了被告主张精神病抗辩免责的机会，精神病抗辩的案件大大降低。美国各州开始出现大量的有罪但有精神病的判决结果，即判决被告人有罪必须接受惩罚，同时必须在入狱后立即接受相关的治疗。惩戒机构建立的目的是实施惩罚和保护社会；其主要任务和目标不可能是提供治疗。惩戒机构对维持秩序和安全的压倒性需要，以及其优先执行惩罚和社会控制的职责，极大地限制了该机构建立治疗环境和提供必要干预措施以成功治疗精神疾病的能力。[1]刑事司法系统精神病人的医疗状况一直以来令人担忧。监狱里服刑的精神病人缺乏有效治疗，伤人伤己甚至自杀的情况屡见不鲜。在佛罗里达州监狱中约翰贝拉格利亚斯经过一段时间的防自杀监控后最终死去，过去20年来他一直在州立医院和监狱之间辗转往返。其间，他被捕了130多次，并在监狱中度过了1000多天。[2]在佛罗里达州，监狱中病患的人数与精神病院病人人数之比为5∶1，在伊利诺伊州的Cook County监狱拥有最多数量的精神病人，在那的11 000名囚犯中有1000人被认定为精神病。[3]在州的监狱和看守所每年约有700 000名精神病人被投入监狱，3/4的人有瘾

---

[1] See Adams K&Ferrandino J, "Managing mentally ill inmates in prisons", *Criminal Justice and Behavior*, Vol. 35, 2008.

[2] 参见李筱永、张博源主编：《精神健康社区治理与法治保障研究》，中国政法大学出版社2018年版，第139~141页。

[3] See The Open Society Foundations, "The Sentencing Project January 2002: Mentally Ill Offenders in the Criminal Justice System An Analysis and Presciption", at https://www.opensocietyfoundations.org/publications/mentally-ill-offenders-criminal-justice-system-analysis-and-prescription（Last visited on May 20, 2022）.

癖。[1]为了扭转这种糟糕的局面，全美第一个精神卫生法庭诞生了。1993年，一个名叫亚伦·韦恩的25岁男子在佛罗里达劳德代尔堡杂货店购物时精神病发作，并跑出了商店。他把一名85岁的女性撞倒在人行道上，该女性后来因为头部受伤而死亡。因此韦恩被控过失杀人罪，由于不具有受审能力，他被送往州立精神病医院。韦恩的公设辩护人霍华德芬克斯坦以及马克斯派塞法官创建了特别小组，最终成为精神卫生法庭雏形。

1997年6月6日，根据首席法官戴尔罗斯的行政命令，第一个精神卫生法庭在布劳沃德县成立。布劳沃德县精神卫生法庭在成立时被认为是"信仰的飞跃"。现在精神卫生法庭已不再是佛罗里达州独有的，而成为美国全国性现象。尽管没有公开的结果数据，但美国国会最近为开发新的精神卫生法庭拨款，这类法庭似乎越来越受欢迎。[2]有人将其定性为"问题解决型"法庭，它们共同的特征包括：第一，精神卫生法庭是一个专门法庭，只审理精神病人案件；第二，大多数精神卫生法庭将其审理案件范围限于非暴力的轻罪，尽管有个别法庭审理重罪案件；第三，法庭都试图使被指控的精神病人迅速获得社区治疗服务，以替代被监禁。[3]

精神卫生法庭以治疗法学（Therapeutic Jurisprudence）为原则，该原则强调应尽可能利用法律来促进受影响者的身心健康，即法律的适用可以产生治疗性价值。应当注意的是，治疗法学并没有削弱公共安全价值，他们在努力寻求治疗性价值和公共安全价值之间的调和。[4]精神卫生法庭通常通过判决前暂时搁置指控、判决后暂停执行判决或缓刑三种激励模式，促使被指控的精神病人遵守社区治疗。但是在任何情况下，被告人参与精神卫生法庭治疗计划之前，刑事指控都不可能被撤销（如表8）。[5]一般精神卫生法庭在逮捕

---

[1] See John V. Jacobi. P*rison Health*, "Public Health: Obligation and Opportunities", *American Journal of Law & Medicine*, Vol. 31, 2005.

[2] See Amy Carter, "Fixing Florida's Mental Health Courts: Addressing the Needs of the Mentally Ill by Moving Away from Criminalization to Investing in Community Mental Health", 10 *J. L. Soc'y* 1, Vol. 32.

[3] 参见陈绍辉："美国精神卫生法庭的制度构造及其借鉴"，载《证据科学》2019年第3期。

[4] See David B. Wexler&Bruce J. Winick, "Therapeutic Jurisprudence as a New Approach to Mental Health Law Policy Analysis and Research", *University of Miami Law Review*, Vol. 45, 1991; Roger H Peters, Harry K Wexler& Arthur J Lurigio, "Co-occurring Substance Use and Mental Disorders in the Criminal Justice System: a New Frontier of Clinical Practice and Research", *Psychiatric Rehabilitation Journal*, Vol. 38, 2015.

[5] See Patricia A Griffin, Henry J Steadman&John Petrila, "The Use of Criminal Charges and Sanctions in Mental Health Courts", *Psychiatric Services*, Vol. 53, 2002.

的前 24 小时至 48 小时内确定可能的当事人，实际审查过程可能需要更长的时间。为确保治疗效果和公共安全法庭会定期举行听证会审查治疗方案的执行情况，如西雅图、布劳沃德县会根据需要举行听证会，这取决于当事人遵守治疗计划情况和病情发展状态。马里昂县每月进行 1 次审查；圣巴巴拉市每周 1 次，如果他们病情稳定的话，次数就会减少。法庭在制裁方式上有所不同。只有一个以重罪案件为主的法庭经常使用监禁作为制裁，其他法庭很少使用。其他制裁方法包括将该精神病人送回普通法庭进行审讯，有的要求其从家里搬出去住进限制性设施内进行治疗，有的会将保存犯罪记录作为制裁手段。对大多数法庭来说，精神健康治疗和法庭监控期限是由各州对轻罪的法定最高刑决定的，布劳沃德县和马里昂县为 1 年，西雅图、圣贝纳迪诺和克拉克县为 2 年。在安克雷奇接受法庭监督的精神健康治疗的时间一般为 3 年至 5 年。圣巴巴拉市对所有案件期限均固定为 18 个月。

表 8　美国精神卫生法庭的主要模式

模式	地区	一般性的和典型性的描述
审前模式（Preadjudication Model）：一般情况下，被告与法官签约参与治疗，定罪不作记录	佛罗里达州布劳沃德县	由于被告同意在精神卫生法庭的监督下接受治疗，检察官暂停对被告的指控
	西雅图	指控被暂时搁置，被告被释放的条件是收到社区治疗的命令
	印第安纳州马里昂县	延迟处理，治疗是刑事指控转移处置的一部分
	华盛顿克拉克县	审前中止起诉指控
延迟抗辩模式（Postplea-based Model）：审判之后，但处置或判决被推迟	西雅图	延迟宣判
	华盛顿金县	进入起诉程序，并延迟裁判
	华盛顿布劳沃德县、佛罗里达州	用于更严重的指控；起诉、罪行记录在案，并且由被告自己担保释放的条件是自愿参与精神卫生法庭治疗程序

续表

模式	地区	一般性的和典型性的描述
缓刑模式（Probation-based Model）：以参与治疗项目作为缓刑的形式之一	阿拉斯加州安克雷奇市	罪名成立，判决暂不执行
	华盛顿金县	要求认罪或无异议；被判缓刑或判决暂不执行
	加利福尼亚州圣贝纳迪诺县	被判为缓刑
	加利福尼亚州圣巴巴拉市	以参与治疗项目作为缓刑的形式之一

以布劳沃德县模式为例，工作小组由法官、律师、公诉人、执法人员、精神科医生、治疗人员、社会工作者等组成。具体程序是，一是审查是否将该被告由传统法庭转移至精神卫生法庭，这可能是该过程中最重要的阶段之一。精神健康专业人员根据惩戒官员的推荐（他们已经观察到被告人行为异常），也可以根据以前是否曾进行精神健康治疗来确定是否与当事人面谈，以确定其是否具有资格。审查的内容除了刑事定罪和目前指控罪行的严重程度外，还有当事人是否必须接受临床诊断，包括诸如抑郁症、精神分裂症和双相性精神障碍的诊断。只有严格遴选，精神卫生法庭才能确保把可利用的稀缺资源用于实际需要治疗的精神病人，而不是那些可以在不同类型的分流计划中获得更好服务的人。二是审查和决定程序。工作小组经过评估向精神卫生法庭的法官提出转介申请，由法官最终作出决定，命令其置入精神卫生法庭程序。在获得这个命令后，工作小组须征求当事人是否愿意参与治疗的意见。如果愿意，则可以执行治疗计划协议。每个法庭都会为满足实施该计划的当事人确定明确的目标和根据需求而量身定制治疗计划，法庭发布的治疗计划命令主要包括以下内容：参加法庭听证会、按规定服用药物、按照建议参加社区治疗、参加药物诊所预约，并每周会见案件管理员或社区惩教官员以报告治疗和计划目标的遵守情况。治疗开始后，法庭将基于控方同意中止原来对当事人的刑事指控，但一般不会因为案件转移到精神卫生法庭就撤销指控。只有在当事人完成了法庭确定的治疗计划，控方才会撤销指控。三是治疗和监督程序。当事人必须按照治疗计划的要求进行治疗，案件管理员（the Case Manager）负责协调当事人从羁押机构获释或医院出院后的治疗、护

理和生活需要。案件管理员和社工密切合作,监督参与者执行治疗计划的情况。此外,所有治疗小组成员每隔3周至4周出席听证会,向法庭报告当事人的治疗状况。如果当事人成功执行了治疗计划,法庭就要撤销原来的指控,并结束治疗与监督。对于没有按照法庭确定的方案进行治疗的,法庭会根据具体情况来决定是否恢复原来的传统程序。有的需要根据病情发展程度,调整治疗方案。如果是当事人主观上不执行治疗方案的,法庭应该对其进行说服教育、警告或训斥,或者将社区治疗变更为住院治疗。如果这些措施都没有效果,法庭将撤销计划,将当事人转回至传统法庭或羁押场所,恢复原来的诉讼程序或原判刑罚的执行。[1]

2. 日本的精神医学专家陪审制度

传统日本刑事司法对于触犯刑法的精神病人(本部分简称为"触法精神病人"),根据其实施犯罪行为时是否处于心神丧失的状态而有所区别。《日本刑法》规定,心神丧失者的行为,不罚;心神耗弱者的行为,减轻处罚。就是说,对心神丧失者的行为,不采用抑制犯罪的刑罚手段,日本刑事司法体系排除心神丧失者的行为。心神耗弱者的行为,也只适用通常刑罚手段的一半。日本刑事司法体系当中,不存在抑制精神病人犯罪的手段。对于防止精神病人的犯罪而言,原则上根据《精神保健福利法》的相关规定进行后续的医疗模式处遇;反之,如果行为人当时的精神状态尚未达到完全不具责任能力的程度,有罪判决后与一般罪犯相同,必须入狱服刑。日本的《精神保健福利法》以精神障碍者为规范对象,对于触法精神病人没有特别规定。实际运作上,触法精神病人出院后回归社会,后续能否接受治疗、坚持服药就完全依赖其本人的意愿。而且都道府县的行政首长拥有强制入院、出院的决定权,没有任何司法制约也为人所诟病,因此,病情尚未痊愈或缓解,在短期内解除措施,从而再犯的精神病人络绎不绝。[2]2001年一名有伤害罪前科,经历不起诉、强制入院、出院的精神病人,侵入小学杀伤多名学童事件震惊日本社会,此被称为"大阪池田小学事件"。许多人质疑强制入院制度对于有再犯可能的触法精神病人的实效性,并将该事件归咎于对于触法精神病人处遇制度的不完备。该事件的发生直接促发了2003年《医疗观察法》的迅

---

[1] 参见李钢琴等:"美国精神卫生法庭及对我国的借鉴",载《证据科学》2017年第1期。
[2] 参见[日]大谷实:《刑事政策学》,黎宏译,中国人民大学出版社2009年版,第428页。

速通过。自此日本将触法精神病人与一般精神障碍患者区分处理，实现了精神医疗界的二元化格局。区别于《精神保健福利法》，《医疗观察法》特别重视触法精神病人的人身危险性这一特性，实施重大犯罪行为者人身危险性大，再犯可能性大，因此对其应该进行强有力的、更高规格的处遇。《医疗观察法》第1条开宗明义揭示其立法目的：通过持续、适当的治疗而进行观察和指导，以期改善精神病人病情以及防止与此病情相伴的同样行为再次发生，进而促进其重返社会。

《医疗观察法》规定，强制医疗程序依检察官的申请启动。接受申请的法院，除有例外情况外[1]，指定由一名法官和一名由精神科医生担任的精神保健审判员组成的合议庭进行审理，二者根据各自的专业分别发表意见，进行审理，合议庭成员必须达成一致意见方可作出裁判。此处所指的精神保健审判员的选任程序是：一是有厚生劳动大臣先行选出有医师资格且有精神保健相关专业知识与经验者并造册；二是在经上述方式造册后，将此名册送至日本最高法院；三是最高法院必须针对如何选出精神保健审判员制定规则，具体到案件审理，再由法院根据名册加以选任。审理过程中，除了精神科医生进行鉴定之外，法庭调查应该充分听取鉴定医生、精神保健福利师、保护观察所[2]（重返社会辅导官）、监护人、辩护人、被害人以及精神病人本人等多方主体的意见。

3. 我国应建立专家陪审和专家咨询相结合的方式

我们发现美国和日本精神医学专家参与的方式不同。美国精神卫生法庭区别于传统法庭的对抗制，法官将控方、辩护人、矫正机构工作人员、精神医学临床医生等召集在一起，鼓励他们为了被告人的最大利益而合作。[3] 精神医学专家参与精神卫生法庭整个案件的处理过程，从最初评估被告人是否符合精神卫生法庭的适格条件，到拟定治疗方案，再到治疗过程中的跟踪监

---

[1] 法定事项包括处遇案件的移送、程序合并、驳回申请、有关对象行为存否的特别审理规则等事项及签发传票、同行令状、命令触法精神病人到场、指定辅佐人、委托执行同行状、委托执行押解受到场命令或要求调查触法精神病人住处等事项。此类事项，只能由法官进行裁判。

[2] 保护观察所隶属于日本法务省。根据《刑事诉讼法》第480条或第482条规定，被停止刑之执行者，遇有检察官请求时，保护观察所长得采取适当的指导监督及辅导援助等措施。根据第40条对于受起诉犹豫处分者负有紧急救护的职责，即检察官请求保护观察所就受起诉犹豫处分者提供指导监督或者辅导援助。换言之，保护观察所的定位就是为罪犯回归社会提供便利等。

[3] 参见董丽君："美国精神健康法庭及其借鉴"，载《湘潭大学学报（哲学社会科学版）》2013年第1期。

督,最后根据跟踪情况,提供变更方案或终止治疗的医学意见等,精神科医学专家均发挥了重要的作用。在日本,精神医学专家的参与方式是专家陪审,相当于我国的人民陪审员制度。

关于此问题,最高人民法院最初持积极肯定的态度,有些地方法院也作了积极探索。2012年《最高人民法院关于执行〈中华人民共和国刑事诉讼法〉若干问题的解释(征求意见稿)》规定,强制医疗案件的审理,应当听取有精神病医学专门知识的人的意见;条件具备的,应当由有精神病医学专门知识的人担任人民陪审员。然而该条在正式出台时被删除。[1]北京市人民检察院、北京市高级人民法院、北京市公安局《关于强制医疗程序的实施办法(试行)》第5条规定,强制医疗案件,人民法院可以由有精神病医学专门知识的人担任人民陪审员。专家咨询和专家陪审方式各有利弊,专家陪审可以克服当事人无法对咨询专家申请回避的缺陷,专家全程参与庭审,能够充分接触案件信息,保障强制医疗决定的准确性和可靠性。但是考虑到我国精神卫生资源除了总体不足外,地区间分布也不均衡。有些地区精神卫生资源匮乏,专家陪审实施成本较高。因此,我们建议可以根据各地实际情况,来决定精神病专家参与强制医疗案件的方式。经济较发达或者精神卫生条件较好的地区,应当尽可能采用专家陪审制,[2]不具备条件的地区可以适用专家咨询的方式。随着2021年《刑诉解释》第100条[3]将非鉴定项目的"检

---

[1] 强制医疗案件专业性极强,而法官通常不具备精神病学专门知识,如果让有精神病学专门知识的人民陪审员参与案件审理,有利于确保公正审理、提高案件质量。但有部门提出,有精神病医学专门知识的人发表意见,应当在案件审理过程中进行,若由其担任人民陪审员,在评议中发表意见而不经过质证程序,可能不合适。同时全国人民代表大会常务委员会《关于完善人民陪审员制度的决定》规定,参加合议庭审判的人民陪审员应当在人民陪审员名单中随机抽取确定。若规定应当由有精神病医学专门知识的人担任人民陪审员,可能违反规定。经研究,采纳了该意见,删除了有关内容,由法院在实践中根据案件情况灵活掌握。详细论述参见江必新主编:《〈最高人民法院关于适用《中华人民共和国刑事诉讼法》的解释〉理解与适用》,中国法制出版社2013年版,第446页。

[2] 《最高人民法院关于适用〈中华人民共和国陪审员法〉若干问题的解释》第3条第3款规定,特殊案件需要具有特定专业知识的人民陪审员参加审判的,人民法院可以在具有相应专业知识的人民陪审员范围内随机抽取。因此,强制医疗案件中实施专家陪审并不存在制度障碍,也没有违反随机抽选原则。

[3] 《刑诉解释》第100条规定,因无鉴定机构,或者根据法律、司法解释的规定,指派、聘请有专门知识的人就案件的专门性问题出具的报告,可以作为证据使用。对前款规定的报告的审查与认定,参照适用本节的有关规定。经人民法院通知,出具报告的人拒不出庭作证的,有关报告不得作为定案的根据。

验报告"修改为"报告",非鉴定类的专家以提供的独立性意见具有了证据的"合法身份"。该规定可以为专家以咨询方式参与强制医疗案件提供制度支撑,但是关于非鉴定类专家的遴选、咨询程序等具体配套规则还需要构建。我们建议应该由专门的部门建立精神医学专家库,咨询意见应该以"报告"的书面形式呈现。允许被申请人及法定代理人、诉讼代理人、被害方和检察机关对咨询意见进行质证,确有必要,法庭可以通知精神医学专家出庭。

(二) 全程法律援助制度

1. 将法律援助时间点提前到"需要鉴定刑事责任能力"阶段

虽然法律规定了在强制医疗案件庭审程序中对无刑事责任能力的精神病人的法律援助,使得强制医疗庭审程序中的无刑事责任能力精神病人的合法权益得到了有效的保障。然而,若结合整个刑事诉讼法来考量这一规定便不难发现,针对强制医疗程序中无刑事责任能力精神病人的法律援助较其他类型的法律援助要逊色很多。甚至在整个刑事诉讼中,无刑事责任能力精神病人的法律援助大多未能得到法律的有效保障,这不得不说是刑事诉讼法立法的一个缺陷。

根据我国《刑事诉讼法》第35条第2款的规定,犯罪嫌疑人、被告人是尚未完全丧失辨认或者控制自己行为能力的精神病人,没有委托辩护人的,人民法院、人民检察院和公安机关应当通知法律援助机构指派律师为其提供辩护。由此推理,作为更为需要法律援助的弱势群体,无刑事责任能力的精神病人理应得到法律援助,然而《刑事诉讼法》并没有授予无责任能力的精神病人同样的待遇,而仅在《刑事诉讼法》第304条规定了在强制医疗庭审阶段无刑事责任能力精神病人的法律援助。即使是2021年新颁布的《中华人民共和国法律援助法》(以下简称《法律援助法》)第28条[1]也是延续了该规定。在此我们认为,有以下两点需要明确:其一,并不是每一个牵涉刑事诉讼程序的无刑事责任能力的精神病人都会进入强制医疗审理程序。公安机关对于经鉴定无刑事责任能力的精神病人,不符合强制医疗条件的,不会启动强制医疗程序。检察机关对于公安机关移送的强制医疗案件,经审查认为经鉴定无刑事责任能力的精神病人没有继续危害社会可能的,检察机关不

---

[1]《法律援助法》第28条规定,强制医疗案件的被申请人或者被告人没有委托诉讼代理人的,人民法院应当通知法律援助机构指派律师为其提供法律援助。

会提起强制医疗申请,在其无须适用强制医疗的情况下,《刑事诉讼法》第304条所规定的法律援助将无法发挥作用。然而在强制医疗审前阶段,公安机关通常会采取临时的保护性约束措施,一个被"约束"的精神病人对于法律援助的需求应该更为迫切。《刑事诉讼法》仅仅将获得法律援助的权利赋予了限制刑事责任能力的精神病人,而身处被"约束"的无刑事责任能力的精神病人将失去法律援助的机会。这种情况的出现,使得精神病人的合法权益得不到有效保障,同时也违背了法律援助制度作为实现社会公正和司法公正、保障公民合法权利的国家行为的性质和《刑事诉讼法》旨在依法保护人权的立法宗旨。其二,即使一个无刑事责任能力的精神病人被依法决定适用强制医疗制度,但从法律条文的规定我们只能看出其法律援助的时间起点仅为庭审时,而依据《刑事诉讼法》第35条的法律援助时间起点可以提前至审前阶段时,强制医疗程序中法律援助明显存在滞后性。

在适用保安处分制度的德国,其针对无刑事责任能力的精神病人的法律援助规定的完善程度优于我国。依据《德国刑事诉讼法》第137条的规定,被指控人可以在程序的任何阶段委托辩护人为自己辩护。故德国刑事诉讼法中辩护人介入的时间为整个刑事诉讼阶段。《德国刑事诉讼法》第140条规定了强制辩护的7种情况,其中第6项规定,针对需要鉴定的精神病人有接受强制辩护的权利;同时第7项规定,适用保安处分的精神病人同样也具有接受强制辩护的权利。由此可以得知,在德国无刑事责任能力的精神病人的法律援助时间起算点在侦查时。

综上我们认为,首先应该将《刑事诉讼法》第35条中结论性的适用条件加以修改;同时只有先在《刑事诉讼法》中添加完整的关于无责任能力的精神病人法律援助的规定,才能谈及在刑事强制医疗程序中精神病人法律援助的完善问题。由此我们建议,我国《刑事诉讼法》第35条之修改可以借鉴德国立法的做法,即将"尚未完全丧失辨认或者控制自己行为能力的精神病人"修改为"需要鉴定刑事责任能力的犯罪嫌疑人",这样做既可以避免法律漏洞的出现,也可以将无刑事责任能力的精神病人纳入法律援助的范围。与此同时,将刑事强制医疗制度中关于精神病人法律援助的规定与《刑事诉讼法》第35条的规定统一起来,以保证法典的完整性和统一性。在刑事诉讼中,只要是需要鉴定刑事责任能力的犯罪嫌疑人没有委托辩护人,办案机关就应当无条件地通知法律援助机构指派律师为其提供帮助,不论其是否经济困难,也不论其犯罪行为所涉罪责是否严重，也不以本人及其近亲属是否提出法律援助申请为前提。

需要注意的是，法律援助还应该延续到强制医疗解除程序中，被强制医疗人没有委托诉讼代理人的，法院应当通知法律援助机构指派律师担任其诉讼代理人，为其提供法律帮助。

2. 立法应该明确诉讼代理人的会见权和阅卷权

不同于普通的刑事案件诉讼程序，立法未对涉案精神病人的诉讼代理人有何权利作出规定，导致涉案精神病人的诉讼代理人地位有些尴尬，是否享有被告人辩护人的会见和阅卷等权利不明确。司法实践中，审前阶段，有的检察机关的做法就是不给予诉讼代理人阅卷的权利；审理阶段，大多法院的主审法官给予诉讼代理人或法律援助律师会见和阅卷的权利。我们认为，对于强制医疗案件，不论是委托的诉讼代理人或法律援助律师，立法均应明确其享有与普通刑事案件中被告人辩护人相同的诉讼权利，给予其会见和阅卷的权利，这并不会对案件的审理产生负面的影响。相反通过阅卷和会见后，才能更好地提供法律帮助，更好地保障被申请人诉讼权利的实现。

3. 构建强制医疗法律援助的质量控制体系

我国刑事案件虽然实现了律师辩护的全覆盖，然而法律援助质量低下是不争的事实。[1] 对于强制医疗案件，这一问题更为突出。课题组通过统计分析发现，1002 份强制医疗决定书中，939 份（93.7%）决定书中显示精神病人的诉讼代理律师对于对申请机关提出的事实和证据不持异议，均当庭表示同意对被申请人采取强制医疗。756 份强制医疗解除决定书中，根据二元 Logistics 回归结果显示，律师参与这一自变量的 p 值 = 0.007，在 α = 0.05 的显著性水平上，律师参与对解除结果存在显著影响。Exp（B）值为 0.625 表明，当律师参与时，解除率是不予解除率的 0.625 倍，即解除率低于不予解除率，律师参与对解除结果反而产生了负向作用。简言之，无律师参与的强制医疗解除案件，解除率比有律师参与的案件反而更高。当然该研究结论或许和律师不具备精神医学知识有关，但是从另外一个研究视角，再次验证了强制医疗法律援助工作对于维护精神病人权益效果不佳的事实。

---

[1] 参见余琳燕、毛乃赜：“构建刑事法律援助质量控制体系”，载《人民司法》2020 年第 1 期。

新颁布的《法律援助法》完善了法律援助经费保障和案件质量监控机制。立法者希望通过对于法律援助服务质量跟踪检查和质量投诉监督，加强事中事后服务监管，调动法律援助的积极性，提升法律援助的实效性。我们有理由相信随着该部法的实施，强制医疗法律援助质量低下的问题可以得以缓解。对于精神病人这一特殊群体，我们建议还应该发挥残疾人联合会对于强制医疗案件法律援助质量的监督作用，真正实现残联在残疾人事务上的代表、服务和管理的作用。

三、强制医疗审理程序

法治国家进行刑事诉讼活动必须遵守法律规定的保障人权的程序和规则，除了有助于实现实体正义，正义作为程序应有的独立的、优秀的内在品质成为其最高价值目标。诉讼权利的扩大与有效保障成为程序正义的重要内容。诉讼权利的保障，意味着对国家刑事权力的限制。强制医疗与否的决定将会影响当事人的重大权益，其不仅会因此被剥夺人身自由，甚至会因为曾经被强制医疗，而留下标签和烙印。强制医疗解除后其融入生活可能困难重重，无法正常生活，精神病人所受到影响并不亚于普通刑事程序中的被告人。因此，强制医疗程序的构建应该随着社会的发展而更加民主、科学、公正。

（一）完善临时的保护性约束措施

我国普通刑事诉讼程序的审前阶段，由于立法没有确立司法审查原则，而且侦查阶段注重效率，强调侦查秘密，即使有辩护人的介入，超期羁押等被追诉人权利受到严重侵犯的现象仍然存在。强制医疗程序中，由于案件的特殊性，审前阶段精神病人人权更容易受到侵害。侦查阶段发现犯罪嫌疑人疑似精神病人，由于精神疾病发病期的阳性症状会支配其具有暴力攻击行为，具有人身危险性，为了保证诉讼活动的顺利进行，有必要对其采取控制措施。然而看守所按照规定不能关押患有精神疾病的犯罪嫌疑人。与此同时，对于疑似精神病的犯罪嫌疑人进行鉴定不得不安排办案人员看管此类犯罪嫌疑人。此类案件争议较大，鉴定周期较长，在此阶段犯罪嫌疑人人身自由受到干预的合法性存在质疑。[1] 审前阶段疑似精神病人的人权理应给予更多的法律保

---

[1] 参见陈卫东、程雷："司法精神病鉴定基本问题研究"，载《法学研究》2012年第1期。

障，以此制约追诉机关的权力滥用，随着强制医疗特别程序中授权公安机关可以采取临时的保护性约束措施，上述问题得到了一定程度的缓解。但是关于临时的保护性约束措施适用条件、程序、执行地点、期限等问题目前立法语焉不详，权利救济程序的缺失导致实践中名为采取保护性约束措施实为采取羁押性强制措施，将所谓的"临时的"措施转变为"长期的"羁押，[1]过程中的临时保护性措施和最终的强制医疗执行别无二致。

1. 临时的保护性约束措施的实践探索

司法实践中，一些地区的司法机关在现有法律和司法解释的基础上进行了积极的探索。如《重庆市人民检察院第一分院强制医疗程序及监督实施办法（试行）》第12条规定，公诉部门在审查起诉中，发现犯罪嫌疑人符合强制医疗条件的，应当启动强制医疗程序；对需要采取临时的保护性约束措施的，应当建议公安机关采取，并通知监所检察部门。而上海市的《关于本市强制医疗案件办理和涉案精神病人收治管理的暂行规定》第9条规定，人民检察院在作出不起诉决定后，涉案精神病人被采取强制措施的，人民检察院应当在24小时内作出解除决定，并通知公安机关。必要时，在解除强制措施的同时，书面通知公安机关采取临时的保护性约束措施。但是比较两地的规定，前者是检察机关"建议"采取，后者是"通知"采取，不同的措辞不免令人心生疑问，难道前者是检察机关在行使法律监督职能，后者是临时保护性约束措施的决定机关包含了检察机关。[2]对此，北京市明确规定，经法定程序鉴定依法不负刑事责任的精神病人，符合强制医疗条件的，临时的保护性约束措施的决定机关包括公安机关、人民检察院、人民法院。

为了解决公安机关在临时的保护性约束措施场所选择的不确定性，有的公检法联合出台文件明确要求临时的保护性约束措施和强制医疗执行均由安康医院负责执行[3]。但这样的规定容易模糊临时的保护性约束措施与强制医疗的界限，导致临时的保护性约束措施实施过程中存在被异化的风险。或许是考虑到该因素，从便利角度而言，有的地方规定强制医疗案件的临时的保护性

---

[1] 参见王君炜："我国强制医疗诉讼救济机制之检讨"，载《法学》2016年第12期。

[2] 参见胡剑锋：《强制医疗程序适用与检察监督》，中国检察出版社2017年版，第126页。

[3] 参见北京市高级人民法院、北京市人民检察院、北京市公安局《关于强制医疗程序的实施办法（试行）》第3条规定。

约束措施可以在安康医院执行,也可以在精神卫生医疗机构或其他场所执行。[1]

关于临时的保护性约束措施的解除,《程序规定》规定,对检察机关作出不提出强制医疗申请的决定和人民法院驳回强制医疗申请决定的,公安机关应当执行该款规定,及时解除约束措施。实践中,上海市明确规定公安机关及时解除约束措施的时间为接到决定的24小时内。[2]湖北省规定为收到人民检察院、人民法院决定书当日,凭人民检察院、人民法院决定书办理解除手续。[3]

从调研情况来看,某些地方制定强制医疗具体的实施办法还是满足了办案需要,但是我们认为,各地单独制定实施办法做法存在立法严重重复,法律效力有限的问题,并且各个地方的规定相互矛盾,甚至与上位法存在冲突的现象突出。因此,还是建议全国作统一规定,消除这种各地省市对立法及司法解释的"再解释"现象。

2. 德国和日本鉴定留置的规定

为了应对这种混乱的局面,有学者建议借鉴鉴定留置制度,来取代强制医疗程序中的临时的保护性措施制度。[4]

审前程序,应当保障精神病人不受任意和非法拘禁的权利。德国和日本均规定了鉴定留置制度,具体内容包括:一是适用范围。德国鉴定留置适用对象包含一般刑事程序及保安处分程序的被告人,且基于比例原则,缓刑程序及自诉程序不适用鉴定留置。二是实体条件。德国鉴定留置目的是对被指控人做精神状态鉴定。一般刑事程序中,当被告可能因精神状态而无刑事责任能力或欠缺受审能力成为诉讼焦点时,可以鉴定留置。[5]为了判断被告人陈述的可信度则不可以适用鉴定留置。[6]保安处分程序中,经确认被告因精

---

[1] 参见上海市高级人民法院、上海市人民检察院、上海市公安局、上海市司法局联合制定的《关于本市强制医疗案件办理和涉案精神病人收治管理的暂行规定》第14条规定。

[2] 参见上海市高级人民法院、上海市人民检察院、上海市公安局、上海市司法局联合制定的《关于本市强制医疗案件办理和涉案精神病人收治管理的暂行规定》第8条和第13条规定。

[3] 参加湖北省公安厅《关于印发〈湖北省公安机关办理不负刑事责任的精神病人强制医疗案件工作规定〉的通知》第14条规定。

[4] 参见赵春玲:《刑事强制医疗程序研究》,中国人民公安大学出版社2014年版,第176~179页。

[5] 参见江涌:"论以精神病鉴定羁押制度替代强制医疗前临时保护性约束制度",载《西部法学评论》2013年第3期。

[6] 参见宗玉琨编译:《德国刑事诉讼法典》,知识产权出版社2013年版,第39页。

神状态无责任能力后，需要为了确认其有无"社会危险性"，出于判断是否需要宣告保安处分的目的亦可以进行鉴定留置。日本适用条件是"对被告人精神或者身体进行鉴定而有必要时，法院可以规定期间，将被告人留置在医院或者适当的场所"。三是形式要件。鉴定留置本质与羁押相同，对于被告人人身自由的剥夺实行法官保留原则。德国、日本均规定，任何非由法官做的鉴定留置都是非法的。听证程序是德国鉴定留置制度的重要特色，德国要求法院在决定适用鉴定留置前必须听取鉴定人、辩护人的意见。日本对于听证程序没有规定，主要是一种书面审查的形式。四是关于留置的地点均有明确的规定。德国留置地点必须是公立精神病医院。日本规定鉴定拘禁时应当将被鉴定人收容在医院，考虑到医院的安保设施，法院在必要情况下可以基于医院或其他收容被告人的场所管理人的申请，命令司法警察看守被留置者。[1]五是关于留置期限，德国规定对被追诉人进行精神状态的鉴定留置时间不能超过6周，与羁押同为对被告人的一种强制处分，因此留置期间可以折抵自由刑的刑期或折算罚金刑。[2]日本没有规定留置期限，法院可以在必要的情况下延长或缩短留置的期间，留置的期间计算上视为羁押。六是法律明确对于留置命令享有救济权利。德国和日本均规定，对于法院的鉴定留置命令，被鉴定人可以立即提出抗告。

留置具有医学和法律两方面的特征。医疗领域"留院观察"的做法比较普遍[3]。精神疾病诊断本身具有复杂性，除了器质性精神障碍，它无法依靠精密的医学仪器得出最终结果，更多的是根据临床经验进行判断。司法精神

---

〔1〕 参见彭勃：《日本刑事诉讼法通论》，中国政法大学出版社2002年版，第119页。

〔2〕 参见郭倩："论强制医疗程序中'临时保护性约束措施'立法完善——以大陆法系地区为借鉴"，载《河南师范大学学报（哲学社会科学版）》2016年第6期。

〔3〕 为了规范"留院观察"行为，我国《精神卫生法》第29条第2款规定，医疗机构接到依照本法第28条第2款规定送诊的疑似精神障碍患者，应当将其留院，立即指派精神科执业医师进行诊断，并及时出具诊断结论。《中华人民共和国传染病防治法》（以下简称《传染病防治法》）第39条第1款规定，医疗机构发现甲类传染病时，应当及时采取下列措施：（一）对病人、病原携带者，予以隔离治疗，隔离期限根据医学检查结果确定；（二）对疑似病人，确诊前在指定场所单独隔离治疗；（三）对医疗机构内的病人、病原携带者、疑似病人的密切接触者，在指定场所进行医学观察和采取其他必要的预防措施。相关立法要求"留院观察"符合比例原则。只有接诊的疑似精神障碍患者发生了伤害行为或者有危险的，医疗机构才可以将其留院观察。关于精神障碍留观的期限没有明确规定，但是立法要求医疗机构"立即"诊断、"及时"出具诊断结论。对于传染病的控制措施，医疗机构只能在发现传染性强、致死率高的甲类传染病时，对疑似病人的密切接触者等才有权对其进行医学观察。但是留观地点选择必须保持与必要性相适应的场所进行，不是必须在医疗机构内留观。

病鉴定更是要追溯还原过去。为求最终鉴定意见的客观性和精确性，鉴定需要阅读书面材料、询问、交谈、观察、问卷测评的综合评判。尤其是为了防止被鉴定人伪装精神病人，司法精神病鉴定需要一个较长时间和固定场所为其提供"时空保障"，这正是鉴定留置的功能所在。[1]同时，鉴定涉及对被鉴定人的自由、隐私的干预，鉴定留置制度的确立可以解决鉴定期间对被鉴定人人身自由剥夺的正当性和合法性问题。[2]

一直以来，学者建议鉴定留置取代临时的保护性约束措施的呼声不断。但是我们认为，结合我国的国情，能够通过司法解释完善该制度，比解构再建构更经济且更具价值。主要理由如下：第一，学者们关于鉴定留置和临时的保护性约束措施存在着认知混淆。通过梳理立法全貌，临时的保护性约束措施适用的对象是实施暴力行为的精神病人。课题组研究发现，公安机关办案的基本流程如图8，立案后先行羁押，外在症状明显不适宜羁押的采取监视居住或取保候审；然后委托鉴定，经鉴定为无刑事责任能力人的精神病人的，普通刑事诉讼程序应当终止，强制措施必须立即解除；后续要进行强制医疗程序，考虑到行为人存在暴力攻击的危险，因此送往医疗机构采取约束措施。换言之，我国的鉴定和临时的保护性措施适用阶段具有先后关系，鉴定为精神病人的才具有采用临时的保护性约束措施的可能性。然而，德国和日本的鉴定留置是为了鉴定观察而对被告人进行的人身自由约束，留置在先鉴定在后。[3]第二，临时的保护性约束措施具有"约束"和"保护"的双重功能。约束的目的是保护，保护不一定要约束。约束主要是考虑到精神病人对自己或他人存在危险性，其目的是保护精神病人本人或他人免受其侵害。这是鉴定留置不具有的性质。

---

[1] 参见张杰："精神疾病司法鉴定留置本土化改革路径探究"，载《中国司法鉴定》2020年第5期。

[2] 参见陈卫东、程雷："司法精神病鉴定基本问题研究"，载《法学研究》2012年第1期。

[3] 参见王天娇："强制医疗前临时保护性约束措施研究"，载《江西警察学院学报》2014年第4期。

第七章 强制医疗决定之完善

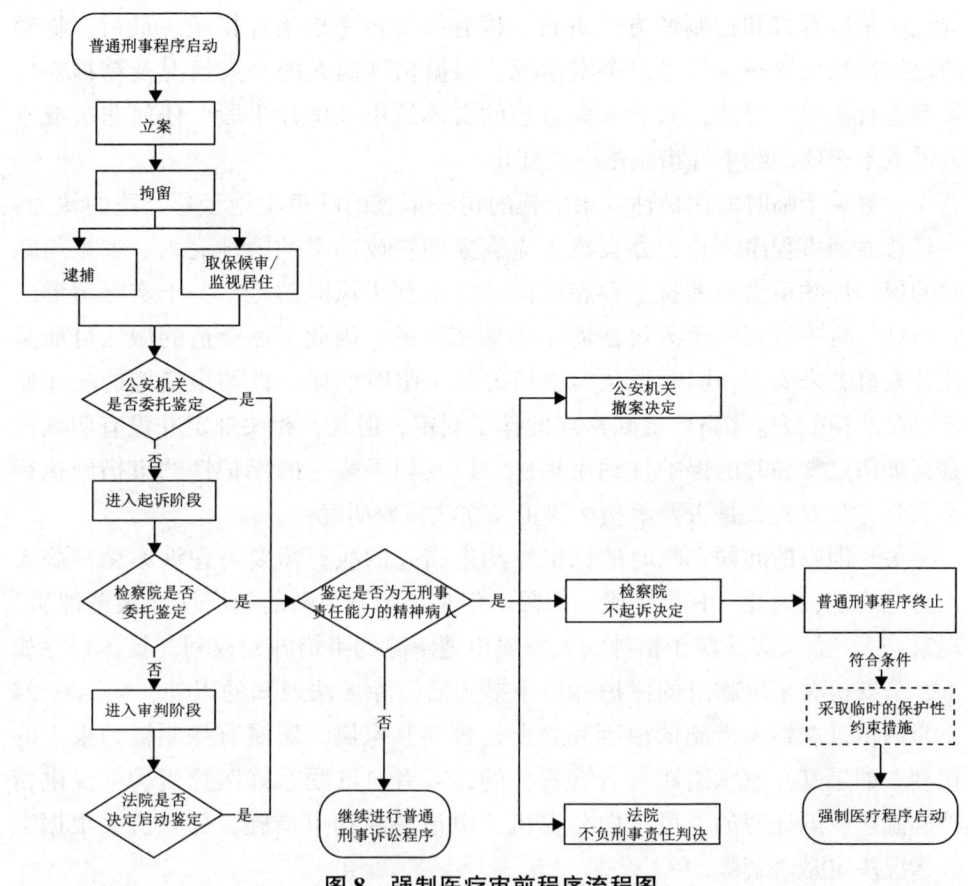

图 8 强制医疗审前程序流程图

3. 我国临时的保护性约束措施的立法完善

区别于刑事诉讼中的强制措施,临时的保护性约束措施适用条件包括:一是对象为经鉴定为无刑事责任能力的精神病人,二是出于防止其继续伤害自己或他人的目的。它是在普通刑事程序终结后,强制医疗程序启动之前,通过采取看管或治疗的方式减弱或者消除其人身危险性,以保障强制医疗程序的顺利进行。换言之,它本质上是一种诉讼保障措施,而不是最终的实体处置措施。

临时的保护性约束措施以限制与剥夺涉案精神病人人身自由为前提,因此要贯彻比例原则。首先,只有在不采取临时的保护性约束措施无法防止其人身危险性时,才可以适用。如果家属严加看管和治疗可行,尽量不采取此措施。其次,临时的保护性约束措施本质上不是强制医疗,因此对于执行机构优先采取看管和控制的方式进行，确有必要再考虑治疗措施。最后，临时的保护性约束措施应当考虑个案情况，根据精神病人的个人情况及精神疾病类型进行调整。当然，只能采取合法的身体约束或医疗手段，任何非法或不人道或不必要的约束性措施都应被禁止。

学界关于临时的保护性约束措施的司法审查的呼声不绝于耳。我们认为，一旦普通刑事程序终止，办案机关应当立即释放涉案的精神病人。如果与临时的保护性约束措施衔接上存在时间差，不利于风险防范。鉴于实际情形的紧迫性，将决定权赋予人民法院是不切实际的。因此，更合适的做法可能是让公安机关来决定，同时强化检察机关对于临时的保护性约束措施的法律监督以及法律效力。《高检规则》对此作了规定，但是，相关规定并没有明确检察官如何监督临时的保护性约束措施，以及如果临时的保护性约束措施执行不当时，公安机关是否要承担法律责任立法需要明确。

关于期限的问题，临时的保护性约束措施的执行需要考虑涉案精神病人人身危险性，因此不宜具体确定期限。但是为了避免新的制度性"被精神病"现象[1]，立法应该赋予精神病人家属申请解除约束措施的权利。具体程序如下，公安机关采取临时的保护性约束措施后，除无法通知的以外，应当在24小时内将采取约束措施的原因和处所，告知其家属，家属有探望被约束人的权利。如果其愿意承诺履行看管责任的，或者自己联系好医疗机构并提供精神病院接收的证明的，可以向公安机关申请解除约束措施，公安机关根据案件情况决定是否解除。[2]

关于执行处所，为了区分临时的保护性约束措施和强制医疗，将约束机构和执行机构进行区分是有必要的。而且从便利诉讼和检察监督角度而言，约束机构并非一定要求安康医院，可以考虑选择办案单位所在地或者属地附近的区县级精神病院。

（二）健全强制医疗审理程序

1. 加强精神病人的诉讼权利保障

被申请人或被告人诉讼权利确立"支持性自主决策"保障模式。与精神

---

[1] 临时的保护性约束措施作为一种独立的强制措施。目前只有简约、宽泛的法律规定，一旦被滥用就会导致制度性新的"被精神病"现象。详细论述参见程雷："强制医疗程序解释学研究"，载《浙江工商大学学报》2013年第5期。

[2] 参见胡剑锋：《强制医疗程序适用与检察监督》，中国检察出版社2017年版，第137页。

病人人权关系密切的国际人权法案当属《残疾人权利公约》，该公约要求缔约国应保护和确保包括精神残疾人在内的所有残疾人与非残疾人一样，充分平等地享有一切人权和自由，并促进和尊重其固有的人格尊严。人之所以为人，是基于自己的决定而意识自我、决定自我、形成自我。人们应该创造自己的生活，通过行使这种能力，人们定义了他们的本性，赋予了他们生活的意义和连贯性，并对他们是什么样的人负责。残疾人应该是独立的、自主的权利享有者。反观我国，残疾人多被描述为无助的、处处需要依赖别人的存在。医学上的精神障碍几乎直接与法学的无行为能力画上等号，一旦被确诊为严重精神障碍患者，就意味着丧失了行为能力。这与《残疾人权利公约》的精神相悖。[1]

《刑诉解释》第634条第1款规定，审理强制医疗案件，应当通知被申请人或者被告人的法定代理人到场。第636条第2款规定，被申请人要求出庭，人民法院经过审查其身体和精神状态，认为可以出庭的，应当准许。由此我们可以看出，对于强制医疗案件，立法者认为凡是精神病人，他在诉讼过程中就不具备辨认或控制自己行为的能力，精神病人即无受审能力，其所有的诉讼行为均由其法定代理人代为实施。这种由监护人完全"替代"精神病人的决策模式与国际上"支持性自主决策"模式相悖。通过法律提升残障者自主决策水平已经成为世界各国普遍的立法共识，如澳大利亚[2]、加拿大[3]、爱尔兰[4]等。自主决策意味着自己的事情，自己有作出选择的自由。当有些人不能完全独立自主作出决策的时候，才需要别人的协助获得别人的帮助。"支持

---

[1] 参见戴庆康等：《人权视野下的中国精神卫生立法问题研究》，东南大学出版社2016年版，第45~46页。

[2] 澳大利亚的维多利亚州修改了个人授权（Power of Attorney）方面的法律，扩大了"协助决策"的范围。另一些州则针对非自愿医疗引入了"受命名人（Nominated Persons）""预先指示（Advanced Directives）"的概念。在实践层面，联邦首都领地、新南威尔士州、维多利亚州已经由政府资助，进行了一些"协助决策"模式的试点项目。

[3] 加拿大各省中，一部分已经通过立法引入了"协助决策"模式，如卑诗省通过的"代表协议法案"（Representation Agreement Act），大体包括当事人协议选择协助者和法院指定协助者两种形式。

[4] 爱尔兰2015年通过了《协助决策法案（the Assisted Decision-Making Act）》，取消了替代决策模式中具有歧视性的"最佳利益"标准，引入正式"协助决策"模式，旨在执行《残疾人权利公约》。这部法令规定了五种"协助"的具体形式：（1）决策协助（decision-making assistance）；（2）共同决策（co-decision-making）；（3）代理决策（representative decision-making）；（4）预先医疗决策（advance healthcare decision-making）；（5）授权委托（powers of attorney）。

性自主决策"模式是指本人心智能力尚存而法律能力存疑或即将存疑时,通过"协助决策协议"来委托一名助理帮其作决定,但不能替代决策;协助人的职责是帮助被协助人获取信息、理解信息、探索作出决策、执行自主决定,并向第三方传达其意愿;为残障人士提供支援,提升其独立性,使其能够实现完整的法律能力和自主性,最终使残障人士重新掌控自己的生活。

现代完备的诉讼程序中,犯罪嫌疑人、被告人由诉讼客体转变为具有独立人格的诉讼主体,是刑事诉讼实现民主化、科学化的体现;为保障其诉讼主体地位,法律赋予犯罪嫌疑人、被告人诉讼权利,并保障其权利真正实现,避免其诉讼主体地位的虚置化。强制医疗程序中,精神病人的诉讼主体地位不言而喻、显而易见。精神疾病可能是限制或改变其行使诉讼权利方式的原因,但不能成为侵蚀其诉讼主体地位的实质理由。因此,有必要适用特别程序保障措施,以保护因精神疾病而无法独自行使这些权利的人的利益。

针对精神病人司法程序的特殊性和强制治疗原则国际法层面的文件主要包括:1997年《欧洲人权与生物医学公约》和1991年《联合国保护精神病患者和改善精神保健的原则决议》。一个人不能被视为"精神病人"而被剥夺人身自由,除非符合三个最低条件:(1)精神疾病的存在需要客观的医疗检查;(2)精神疾病的性质程度达到了必须被强制拘留在精神病院的标准;(3)是否需要长期拘留在精神病院取决于这种疾病的持续存在。具体而言,一是对精神疾病的认定,必须进行司法精神鉴定。法院在审理时,要考虑以下方面:(1)司法鉴定是否符合《国际疾病与相关健康问题统计分类》;(2)是否有精神病领域专家的独立确认诊断;(3)专家出具的关于该精神病人是否具备受审能力的意见。二是对精神病人自由的剥夺,审查精神疾病的性质或者程度是否足以达到必须强制医疗的程度。三是是否有必要长期进行强制医疗:(1)根据该精神病人的病情和对他人的危险性决定是否有必要延长强制医疗时间;(2)确保该精神病人主动接受对其强制医疗时间合理性的司法审查。[1]

从比较法的视角,许多国家刑事诉讼法根据法医精神病检查的精神疾病性

---

[1] See Tyshchenko OI. Leiba OA&Titko IA, "European Standards of Respect for Human Rights in the Application of Compulsory Medical Measures in Criminal Proceedings", *Wiadomos'ci lekarskie* (*Warsaw*, *Poland : 1960*), Vol. 72, 2019.

质和程度,一定程度上对精神病人参加司法的诉讼权利进行了限制。如《俄罗斯刑事诉讼法》(第441条)〔1〕、《摩尔多瓦刑事诉讼法》(第496条)〔2〕、《爱沙尼亚刑事诉讼法》(第400条)〔3〕、《乌兹别克斯坦刑事诉讼法》(第570条)〔4〕等。同时很多国家立法都要求保安处分或者强制医疗诉讼必须有辩护人的参与,目的是更好地维护精神病人的合法权利。但是有的国家考虑到精神病人的精神健康,法庭可以根据情况在其不到庭的情况下,实行缺席判决。比如《德国刑事诉讼法》(第415条第1项)〔5〕、《奥地利刑事诉讼法》(第430条第5款)〔6〕等。强制医疗涉及精神障碍者的人身自由,关系到其基本权利是否被干预,因此保障其参与庭审的诉讼权利显得尤其重要。欧洲人权法院指出,辩护律师和法律代表的在场不能弥补被申请人没有机会在审判中自己陈述案情的缺憾。欧洲人权法院的判例法形成了以下做法:(1) 精神病人本人参与诉讼。患有精神疾病的人应当有机会诉诸法院,并亲自或通过任何形式的代表进行听证。(2) 在关于一个人的精神状态的审查结果相互矛盾的情况下,被申请人参与诉讼特别重要。法院指出,即使精神科医生的诊断结果是相同的,但在对被申请人适用门诊治疗或住院治疗措施的选择上不同的情形下,对申请人参加听证权利的保障尤其重要。法院不能在不直接评估被申请人的证词的情况下作出裁决,被申请人的律师在场不能弥补他的缺席。(3) 如果审判涉及该人在犯罪时的性格和精神状态,如果其结果可能

---

〔1〕《俄罗斯刑事诉讼法》第441条规定,除本条规定的特殊情况之外,刑事案件的审理遵循普通程序进行。如果行为人的精神状况允许其参与审判庭案件审理的,对其适用强制性医疗措施程序的行为人,应当赋予本人亲自参与审判庭审理的权利。这种情况下,应当参考参与精神障碍司法医学鉴定的相应鉴定人员作出的鉴定结论,必要的情况下,参考提供住院条件的医疗救助机构或者精神障碍疾病医疗机构的医学鉴定。

〔2〕《摩尔多瓦刑事诉讼法》第496条规定,法院有权召唤涉案的人被审议,条件情况是,疾病的性质和程度不会阻止他/她出现在法院之前。

〔3〕《爱沙尼亚刑事诉讼法》第400条规定,被请求实施精神强制治疗的人,如果其精神状况允许,可以由法院传唤其出庭。

〔4〕《乌兹别克斯坦刑事诉讼法》第570条规定,当事人因适用强制医疗措施被追诉或者表现出稳定缓解,因而能够在讯问时适当举证并参与其他调查或者司法行为的,由侦查员和法院提供参与调查、庭审和享有辩护权的机会。

〔5〕《德国刑事诉讼法》第415条第1项规定,在保安程序中,由于犯罪嫌疑人的状况不能出庭或者公共安全或者秩序方面的原因不适宜出庭的,法院可以对犯罪嫌疑人进行缺席审理。

〔6〕《奥地利刑事诉讼法》第430条第5款规定,如果精神异常违法者的状况不允许其在规定期限内出席法庭或出席法庭会严重危害其身体健康,庭审则需在精神异常违法者缺席情况下进行。

对这种人产生重大的负面后果，则需要他/她在审讯期间在场，并有机会与他/她的律师一起参加审判。[1]

关系到精神病人人身自由的强制医疗案件，精神病人需要申请，经过法官的许可才能出庭。整个法庭调查和辩论阶段，法定代理人完全代替精神病人发表意见。我们不禁要质疑，法定代理人作出的决策一定是为了维护精神病人的"最佳利益"吗？实践中是否存在有的法定代理人为了逃避监护职责，滥用代理权作出有损于精神病人利益的决策呢？在与自己利害攸关的诉讼中获得听审的机会是一项被广泛承认的程序正义原则。我们应该借鉴民事领域成年监护制度的能力推定规则，刑事案件中的精神病人，除非有相反证据证明，均推定其具有行为能力。[2]强制医疗程序中应该首先承认精神病人和常人一样，具有出庭接受审判的诉讼权利，除非其健康状况不允许。精神病人享有对不利于自己的证据进行质证的权利，尤其是对于鉴定意见这样的关键证据。法律还应该保障其获得法律帮助权，以及对于强制医疗决定和执行救济的权利。

对于强制医疗程序中的精神病人，我们不应该一律简单地否认其受审能力。办案人员应该结合个案，在庭审前主动评估精神病人精神状态，裁量其是否具备参加庭审、独立行使诉讼权利的能力，具体需要考量其是否能理解其行为的意义，能否辨认何为自己的最佳利益，是否具备维护自己权利的能力。

2. 鉴定人和有专门知识的人出庭帮助法官增加内心确信

各国刑事司法系统都非常重视精神医学专家或鉴定人的意见，在美国，虽然法医精神病专家不是事实审判者，但司法判决与法医鉴定人的意见有着压倒性的相关性。有研究表明，76%~99%的案件中法官会听从法医精神病鉴定人的意见。[3]法国的刑事司法体系中，法官有权决定向一名独立的精神科专家进行咨询，该名专家必须在正式审判程序之前完成相关评定。法医精神

---

[1] See Tyshchenko OI. Leiba OA&Titko IA, "European Standards of Respect for Human Rights in the Application of Compulsory Medical Measures in Criminal Proceedings", *Wiadomos'ci lekarskie* (*Warsaw，Poland：1960*), Vol. 72, 2019.

[2] 参见李霞："成年监护制度的现代转向"，载《中国法学》2015年第2期。

[3] See Katherine E McCallum&W Neil Gowensmith, "Tipping the Scales of Justice：The Role of Forensic Evaluations in the Criminalization of Mental Illness", *CNS Spectrums*, Vol. 25, 2020.

病学或心理评估通常是刑事案件中的一个基本和决定性的因素。[1]然而有研究显示法医评估的信度、质量、效度和准确性都有改进的空间。在德国，1987年霍尔格（Holger S.）被判过失杀人未遂罪，但因确认患有精神病，最终被关押在萨克森州的监狱中心专科医院。34年后的2021年年初，一份专家报告使刑事执行法庭相信57岁的霍尔格不再会对公众，尤其是女性，构成危险，因此被允许白天独自外出，傍晚回监狱专科医院。然而就在2021年9月25日，独自外出的霍尔格谋杀了伊丽莎白，伊丽莎白为这份专家报告付出了生命的代价。[2]法国自2005年公开的"司法灾难"乌特罗案（L'affaire d'Outreau）[3]以来，公众和法律界对司法鉴定意见的可靠性提出了越来越多的质疑。

  无论是从鉴定意见的质量还是证据属性，法官均应该通过法庭调查进行分析和甄别，最终判断是否采信。在我国强制医疗案件中，鉴定人往往不出庭接受控辩双方的询问，鉴定意见的质证难、认证难成为普遍现象。法官过度依赖鉴定意见，法官裁判和鉴定意见具有高度的一致性，这是我国强制医疗审理中的突出问题之一，而且司法实践中多份不同鉴定意见并存成为法官面临的更为棘手的问题。立法规定了鉴定人出庭制度，若双方当事人对鉴定意见有异议，鉴定人有出庭的义务。司法实践中，即使鉴定人出庭，参与法庭审理的检察官、被申请人的法定代理人、诉讼代理人由于欠缺法医精神病相关的专门知识，也根本不具备对鉴定人提出专业质证意见的能力。因此除完善鉴定人出庭制度外，引入有专门知识的人的专家辅助人制度，在法庭审

---

  [1] See Nicolas Combalbert et al., "Forensic Mental Health Assessment in France: Recommendations for quality improvement", *International Journal of Law and Psychiatry*, Vol.37, 2014.

  [2] 参见木易："'伊丽莎白的死'，是德国司法制度危机的标志！三位有攻击性的精神病罪犯在逃，出行小心"，载微信公众号"德欧华商"，最后访问日期：2023年4月6日。

  [3] 乌特罗位于法国北部——加来海峡大区加来海峡省。由于案件的"事实"发生地在此，故该案以乌特罗案命名。此案是一起对未成年人（儿童）进行性侵犯的刑事案件。2004年7月2日进行了判决，判处7人无罪10有罪。这10人中有6人提出了上诉，上诉审在巴黎重罪法院进行。经过不断地核对证据和心理专家反复地论证之后，巴黎重罪法院认为孩子们撒了谎，这样一来控方的证据被严重削弱了。2005年12月1日，法院对6名被起诉者作出了无罪判决，至此也结束了历经5年的法国司法界的"切尔诺贝利"事件。无罪释放突出了法国司法系统存在的问题：问题之一是过高评价、过于信赖专家意见。诉讼期间进行的84项精神和心理评估，均认为受害人的陈述是"可信的"。正是这些结论使一些预审法官和陪审团错误认为被告人们有罪。详细记载参见肖军："法国乌特罗案的成因及预防机制研究——以预审法官制度改革为视角"，载《证据学论坛》2013年第0期。

理过程中由有专门知识的人对鉴定意见提出意见，实现有专门知识的人与鉴定人的对抗，才是提升法官审查判断鉴定意见的心证能力的最佳选择。

关于有专门知识的人是否需要具备鉴定人资格，一直是学界争议的问题。实践中相当多的具有专门知识的人，如大学教授、研究人员、医生等，由于不专门从事鉴定业务，往往未申请鉴定人资格，但其专业能力和水平可以胜任就鉴定意见提出意见的工作。因此《刑诉解释》并未将有专门知识的人的范围限于须具有司法鉴定资格的人员。强制医疗案件中，申请有专门知识的人出庭的主体不仅包括被申请人、被告人一方，还应该包括被害人。这样可以一定程度上减少精神病重复鉴定的情况，提高诉讼效率。就其性质而言，有专门知识的人就鉴定意见发表的意见不同于鉴定意见、证人证言等，无法被纳入法定证据的范畴。[1]其发表的意见只是用于增强法官内心确信，对鉴定意见作出判断的辅助性材料。[2]

具体程序设计而言，法庭调查阶段，出庭的鉴定人宣读完鉴定意见之后，被害方可以对鉴定人的鉴定意见进行质证。为了实现有效质证，法庭有权委托专家辅助人，专家辅助人可以弥补代理人专业知识的匮乏，对鉴定人是否具有资格，鉴定方法和鉴定过程的规范性和有效性，以及是否符合国家标准或者行业标准，论据的充分性、推理的逻辑性等要素提出问题，攻击鉴定人鉴定意见的弱点或缺陷，以降低甚至消除该鉴定意见在法官内心的可信度。质证的本质就是双方形成对立、对抗。通过双方积极有效的、具有针对性的攻防，比如鉴定人的经验欠缺、陈述前后矛盾等，让鉴定人在法官面前失去信用。因此，专家辅助人可以实现控辩双方对等，提高质证效果，有利于法官形成内心确信。由此我们不难看出，一名优秀的专家辅助人一定是综合素养极高的复合型人才，其不仅要具备专业知识，还需要熟悉相关法律，具备一定的辩论能力等。因此，对于专家辅助人这个新生制度，我们要采取鼓励的态度，其发展的过程中暴露的一些问题，如专家辅助人的选任、资质、考核、管理体制等，需要在未来发展中规范。

---

[1] 参见宋东："有专门知识的人之意见能作为证据吗？——基于刑事诉讼的思考"，载《证据科学》2021年第4期。

[2] 参见喻海松：《刑事诉讼法修改与司法适用疑难解析》，北京大学出版社2021年版，第217页。

3. 保证被申请人或被告人的法定代理人出庭

在被申请人或被告人不适宜参加法庭审理的情况下，为维护其诉讼权益，真正为精神病人利益考虑的主体只会是法定代理人。《刑事诉讼法》规定，人民法院应当通知被申请人或者被告人的法定代理人到场。然而实践中，法定代理人或者死亡或者情感上难以面对，客观不能或者主观不愿意出庭参与庭审。还有一部分精神病人的法定代理人因在外务工、路途遥远等客观原因，或者出于逃避承担强制医疗费用和民事赔偿责任的心理等主观考虑，接到法院通知后拒不到场[1]，甚至有被申请人或者被告人是说不出自己名字的"无名氏"[2]。法定代理人不出庭的，能否审理强制医疗案件，立法上没有明确。

虽然有学者认为强制医疗没有指控存在[3]，无指控便无辩护，因此被申请人和被告人法定代理人到场的宣告意义大于实质意义。因此，人民法院通知到庭的，法定代理人拒不到庭的，强制医疗案件的审理并不违法。而且对于强制医疗案件，人民法院负有通知法律援助机构指派律师担任其诉讼代理人的义务，诉讼代理人身兼两职也可以发挥作用。但是，我们认为这样不妥。如果精神病人及其法定代理人均缺席的情况下进行强制医疗案件的审理，不符合司法程序的底线要求，难以保证程序的公平正义。[4]根据《刑事诉讼法》第108条的规定，法定代理人包括被代理人的父母、养父母、监护人和负有保护责任的机关和团体的代表。因此如果没有合适的亲属或者其他亲属无法出庭、不愿出庭的，人民法院应该通知精神病人所在单位或者住所地的居民委员会、村民委员会或者民政部门担任法定代理人出庭。

---

[1] 参见周峰等："强制医疗程序适用情况调研报告"，载《人民司法（应用）》2016年第7期。

[2] 2014年河南省中牟县办理了一起"无名氏案"。刚收案时，这位女肇祸者说不出自己名字，也无任何可供警方查询的线索。据安康医院院长介绍，和两个月前送进来时相比，"无名氏"的精神状态好了很多，能跟人简单交流，但说话含混不清。问她叫什么，她在纸上写出"唐彩云"字样。"无名氏"已住院3个月。她虽自称唐彩云，但其户籍地、身份证号码、民族、文化程度均不详。由于其法定代理人不能到场，案件无法开庭，已经超出了法律规定的"1个月以内作出强制医疗的决定"。法院的强制医疗决定迟迟未下，费用成为负责执行的公安机关的难题。详细报道参见冯建红等："精神病人强制医疗难题频现待破解"，载《检察日报》2014年4月23日，第5版。

[3] 参见汪建成："论强制医疗程序的立法构建和司法完善"，载《中国刑事法杂志》2012年第4期。

[4] 参见张军、陈卫东主编：《新刑事诉讼法疑难释解》，人民法院出版社2012年版，第413页。

4. 保障被害人的诉讼权利

司法的目的不仅在于解决纠纷，还在于修复被违法犯罪行为破坏的社会关系。司法实践中，法官对于是否决定强制医疗把握的标准不一。如果被害人是加害人精神病人的家人，精神病人容易获得其家属的谅解，法官对于是否强制医疗把握的标准就松一些。相反，如果被害人没有原谅，甚至希望"严惩"精神病人，以及社会关注度高的刑事案件，法官对于被告人是否具有刑事责任能力的判断就非常谨慎。立法如果可以明确强制医疗程序中对于被害人人权的尊重和保障，如果被害人的正当诉求可以得到立法的认可，这样或许可以适当地分担法官在法律适用过程中的"压力"，有利于作出公正的决定。

首先，明确被害人方参与庭审的权利。庭外听取被害人方意见应该尽量避免单方接触，单方接触会导致对方当事人丧失反驳证据的机会，尤其是鉴定意见这样的关键证据。这也是贯彻庭审言词原则的要求，未经庭审质证的证据不能作为定案根据。这对增强裁判的说服力和正当性，提高司法公信力具有重要意义。其次，在刑事案件中，被害人由于犯罪行为侵害其民事权利，需要恢复或者补偿受到损害的权利，基于民事请求权可以提起民事诉讼，主张民事赔偿。适用强制医疗的实体条件是精神病人实施了刑事违法行为，不论是普通程序还是强制医疗特别程序，其实质是精神病人的犯罪行为给被害人造成了物质损失，要求被申请人或被告人进行损害赔偿属于被害人正当的诉求。既然被害人民事权利遭到侵害，且侵害是犯罪行为造成的，即使犯罪行为是无刑事责任能力的精神病人实施的，强制医疗案件的被害人提起附带民事诉讼具有法理支撑。在禁止强制医疗案件中被害人提起附带民事诉讼，不仅缺乏充分的法律根据，也容易导致法律冲突。立法应明确强制医疗程序中，允许被害人提起附带民事诉讼，保障被害人诉讼权利的同时可以降低诉讼成本，提高诉讼效率。

（三）确立多元的强制医疗种类

我国强制医疗目前奉行入院中心主义。法院决定强制医疗的，一律将精神病人交付强制医疗机构执行，在此期间，精神病人被关押接受治疗，基本上与外界隔绝。出于社会防卫的目的，这样的制度设计固然是合理的。但是这种不区分精神病人的危险程度，一刀切地入院治疗，势必造成执行资源的紧张，而且与社会长时间的疏离，也不利于其回归社会。[1]

1. 国外的强制医疗种类

国外对于涉刑的精神病人的处理，经历了从入院治疗、社区治疗再到区别对待的过程。隔离治疗意味着剥夺精神病人人身自由；社区门诊治疗意味着存在继续危害社会的风险。如何权衡、取舍也是国外强制医疗抉择时面临的难题。以最早开放精神病院的英国为例，面对近十年来居高不下的精神病人暴力犯罪和性犯罪数量，以牺牲社会安全为代价保障精神病人权利这一做法受到了抨击。英国政府不断重申"公共安全保护是最优先的"，并于1999年宣布对于危险性人格障碍者实行无限期拘禁制度。[2]这一转变体现的是对精神病人人身自由和社会安全二者之间的不断平衡。当前国际上强制医疗采用区别对待的治疗方式，对于危险性较小的精神病人，优先考虑保障精神病人自由，尽可能采用门诊治疗、日间病床治疗方式或者送往一般安保措施的精神病院进行医疗；对于危险性较大的精神病人，优先考虑保护社会安全，则采用完全限制人身自由的拘禁方式，甚至是无限期的强制医疗。[3]具体情况如下：

（1）有的国家将强制医疗分为住院治疗和门诊治疗

有的国家根据治疗的方式将强制医疗分为住院治疗和门诊治疗。如日本的《医疗观察法》第42条规定，法院经过审理，综合考虑各方意见和对象人的生活环境，在认定对象人在行为时的精神疾病没有改善，还会再在该种状态下实施同样的行为，有必要进行回归社会所必需的入院措施时，应该作出"入院决定"，如果有医疗的必要但不符合入院治疗条件，那么必须命令其接受门诊治疗。[4]强制门诊治疗需要厚生劳动大臣指定门诊治疗的机构，原则上以3年为限，例外情况为5年。对象者有居住在固定住所内，服从医师指示接受医疗的义务。若其住所变更或者长期旅行必须事先向保护观察所报备。而且需要接受精神保健观察，亲自参加护理会议等。[5]《乌克兰刑法典》第

---

[1] 参见秦宗文："刑事强制医疗程序研究"，载《华东政法大学学报》2012年第5期。

[2] 2003年欧洲人权法院在"瑞德诉英国苏格兰贵族院"（Reid v. Secretary of State for Scotland）案件中指出：对于反社会人格障碍者，即使不具有治疗可能，为了公共安全，将其强行拘禁实施有效管理和监视并无不可，即使此拘禁对于其精神状态并无益处亦同。

[3] 参见秦宗文："刑事强制医疗程序研究"，载《华东政法大学学报》2012年第5期。

[4] 参见［日］大谷实：《刑法讲义总论》，黎宏译，中国人民大学出版社2008年版，第498页。

[5] 参见［日］鹤见隆彦："精神障碍者危险行为（犯罪行为）的预防对策——医疗观察制度下心神丧失者的处遇"，载《犯罪学论丛》2008年第0期。

94 条规定，实施了危害社会行为的精神病人，根据其精神状况和危害社会行为的性质决定是适用强制门诊治疗还是强制住院治疗。美国采取的是住院式强制医疗和附条件释放式强制医疗。《怀俄明州刑事诉讼法典》第 11 章第 306 条规定，在作出因精神疾病而无罪的判决后，如果法院认为被告受到精神疾病影响，对自己或他人有很大的危险性，但如果在监督下释放，可以得到充分控制，并得到适当的照顾和治疗，则应下令将其释放，但其须遵守法院为维护司法正义和被告人的利益而下达的适当监督命令。《密苏里州法典》第 552 章第 40 条第 2 款规定，被告因精神疾病或精神缺陷而受审并被宣告无罪时，除非被告被指控犯有危险重罪或一级谋杀罪、性侵犯罪，或被指控企图实施性侵犯罪的情况，法院一般应当决定对被告进行有条件释放。

（2）根据精神病人的危险性决定强制住院治疗的医院类型

有的国家根据精神病院的安保情况分别将强制医疗在一般安全戒备的、强化安全戒备的、高度安全戒备的精神病院进行。[1]在法国，没有设立专门安置涉刑精神病人的医疗机构，无论是被判监禁还是不负刑事责任精神病人的医疗服务，均由卫生部直属的社区精神病院的工作人员提供。[2]《法国刑事诉讼法典》第 706-136 条规定，上诉法院预审庭或者审判法庭作出被告人因精神障碍不负刑事责任之判决时，可以采取安全措施，如禁止联系受害人或特定类型的人，或禁止出现在特定指明的所有地点，并可以根据《公共卫生法》第 3213-1 条规定，下令其在社区精神病院进行住院治疗，即所谓"由国家代表决定的精神病治疗"。法国精神卫生实行的"分区化"战略，它是以精神病院为中心，分片覆盖到社区的服务模式。[3]"精神病分区"被定义为一个精确的地理服务区，由医生、心理学家、护士和社会工作者组成的多学科团队负责提供精神护理服务。起初每个精神病分区覆盖大约 7 万居民，如今法国共有 800 多个成年精神病分区、300 多个儿童及青少年精神病区，提供 3 个级别的精神卫生服务：第一级别是门诊精神卫生诊所，第二级别是日间治

---

〔1〕 参见张吉喜："刑事强制医疗客观要件的反思与重构"，载《比较法学研究》2021 年第 2 期。

〔2〕 See Thomas Fovet. et al. , "Mental Health and the Criminal Justice System in France：A Narrative Review", *Forensic Science International：Mind and Law*, Vol. 1, 2020.

〔3〕 参见徐慧、朱健刚："法国'精神卫生分区化治疗模式'的发展与启示"，载《浙江工商大学学报》2019 年第 1 期。

疗医院，第三级别是精神科医院。值得注意的是，法国公共卫生系统里还有10个跨区域的最高安全级别的精神病专科病房，他们收治的是"会危害他人安全，并且必须在特定的单位内采取必要的监管和安全防护措施"的患者。这些患者中只有少数来自监狱，大多数是由社区精神病医院转来的。[1]《乌克兰刑法典》第 94 条规定，如果精神病人的精神状况和危害社会行为的性质表明其需要在精神病医疗机构接受监管和强制医疗，法院可以命令在一般安全戒备的精神病医疗机构进行强制医疗。如果其精神状态及危害社会行为的性质表明其对公众具有较大危险性，需要在精神病医疗机构接受监管，并在高度安全戒备条件下接受治疗，法院可以决定在高度安全戒备的精神病医疗机构进行强制医疗。《拉脱维亚刑法》第 68 条规定，根据所犯罪行的性质及其精神状况，医学性质的强制措施具体包括：在医疗机构内的门诊治疗；在精神病医院（病房）内的一般类型治疗；在精神病专科医院（病房）内的监护治疗。《俄罗斯刑法典》第 99 条规定，医疗性强制措施具体包括：按照比例原则，如果一个人的心理状态不需要安置到精神病住院机构，则可以判处强制性门诊监管并接受精神病医生治疗。如果需要在精神病住院机构进行强制治疗的，可以根据其是否需要监管、是否需要经常监管、是否需要经常性加强监管，贯彻最小限制原则，依次选择在普通精神病住院机构、专门精神病住院机构、加强监管的专门精神病住院机构进行强制治疗。

英国对于陪审团作出被告因为精神异常而无罪决定之后，法院作出的处置分为四种：第一种是入院命令（Admission Order）。法院认为被告必须入院治疗的，就可以将被告收容于内政部长指定的精神病院。入院命令的效力与民事住院命令相同。因此，出院向精神卫生审议会（Mental Health Review Tribunal）提出申请的相关规定均可适用。但若所犯罪行为重大犯罪的，如谋杀罪，法院必须附加不定期限的出院限制令，目的是保证公共安全。从实际情况来看，法院附限制令更多的是基于犯罪本身和危险程度高低来考虑，而非治病。[2]精神病院的选择必须考虑被告的人身危险性，以及对于公众安全的威胁程度。具体分为四种类型。一是特别医院（高度保安医院），戒备森

---

[1] See Thomas Fovet. et al., "Mental health and the Criminal Justice System in France: A Narrative Review", *Forensic Science International: Mind and Law*, Vol. 1, 2020.

[2] 参见［英］J·C·史密斯、B·霍根：《英国刑法》，马清升等译，法律出版社 2000 年版，第 224 页。

严、保安功能佳。二是地域保安医院（Regional Secure Unit），属于一般医院与特别医院的中间机构。此设施设立目的在于与家属、社区等形成较紧密的共同体。三是私立医院，与地域保安医院处于相同地位，其医疗人员标准必须与英国 NHS 机构相同。四是一般医院（Local Hospital），以缩短入院期间为目标，医疗设施不完备。第二种是保护命令（Guardianship Order）。如果被告精神状态尚无严重到必须入院治疗的程度，法院可以决定将其交付社会服务局指定的保护人。保护人虽然可以要求病患居住于特定住处，但是病人不遵守治疗、训练等相关规定时，保护人并无制裁的权力。第三种是监视治疗命令（Supervision and Treatment Order）。法院认为精神障碍者回归社会后，对于社会秩序仍有威胁时，可以命令其定期接受治疗，并使其在保护观察官的监督下。第四种是无条件释放（Absolute Discharge）。如果被告所犯罪行轻微，病情并不严重，无强制治疗必要的，自然无条件释放。

（3）加拿大"高风险被告人"的特殊处置

《加拿大刑事诉讼法典》第 672.54 条规定，法院或者复审委员会对因精神失常不负刑事责任的被告人处置时，应当考虑保护公众免受危险分子侵害的需要、被告人的精神状况、被告人重返社会和被告人的其他需要。可以作出三种处置：留院察看、附条件出院、无条件释放。在附条件出院的情况下，个人可以在社区生活，但必须遵守宵禁、强制性毒品测试或遵守特定的治疗计划等条件。除非有证据显示被告人很有可能对公众安全造成重大威胁，否则复审委员会必须作出无条件绝对释放的处置。对于被认为构成重大威胁的，复审委员会必须选择使被告人承担的法律义务最少、强制性最低的处置方式，以此在保护社会安全和精神病人重新融入社区之间取得平衡。

值得注意的是，2014 年加拿大政府修订了《加拿大刑法典》，允许法院指定一些被认定因精神失常不负刑事责任（Not Criminally Responsible on Account of Mental Disorder，NCRMD）的个人为高风险被告人（High-risk Accused，HRA）。对犯严重的人身伤害犯罪但因精神失常不负刑事责任的，如果被告人犯罪时已满 18 岁并且法院认为被告人极有可能采用暴力手段威胁他人人身安全，或构成犯罪的行为十分残暴以至于需要指明其具有很高的造成他人身体或精神损害风险的，法院可以在听证会结束时裁定其为高风险被告人。是否裁定被告人为高风险被告人，法院应当综合考虑犯罪的性质和情况、构成犯罪反复行为的模式、被告人的精神现状、过去的和可预期的治疗过程以及是否愿意接受治疗、对被告人做过检查的专家意见。被裁定为高风险的被告人，原则上只能拘禁在医院，而且不可以附条件出院。例外情形是，出于医疗的考虑，且具备充分的安全预警来应对其出院的各种风险，同时出院不会对公众产生不当的风险。

关于此规定的争议不断。首先，这一立法改革会给精神病人带来污名化的负面影响。因此原本有资格进行因精神异常而不负刑事责任辩护的被告人，可能会被律师劝阻放弃此种辩护，从而导致有罪判决，这反过来又会增加监狱中精神病人的数量，而监狱为有精神健康需求的人提供服务的能力较差。其次，2014年的新规定对于之前的犯罪行为是否可以溯及既往不明确。〔1〕最后，关于裁定高风险被告人的必要性。最新研究发现，在因精神失常不负刑事责任的被告人中，1/4被裁定为高风险。然而高风险被告人组重新犯罪的比例与非高风险被告人组相似。〔2〕

2. 启示

限制或剥夺精神病人人身自由的强制医疗须合乎法律保留原则，且须受到比例原则的制约，只有这样才符合法治国家的理念与原则。换言之，为确保公众"免于恐怖和不安的自由"而不可避免地限制个人自由，应当予以忍受。为了保护公共安全，固然可以限制具有人身危险性的精神病人的人身自由，但所使用的手段必须适合，必要且合乎比例，此等标准一般统称为"过度禁止原则"。凡涉及国家行为均应考虑比例原则对于公权力的限制，强制医疗的种类所采取的措施必须限定在可达到目的之限度内，必须采取对于被强制医疗人侵害最小的手段。立法者制定法律时，无论是在维护法益的选择或限制手段的使用等方面，均须受到宪法的约束，这是源自基本权利的本质和内涵。〔3〕

---

〔1〕 2008年加拿大BC省的Allan Schoenbron在家中亲手杀害了自己的三个子女。2010年，BC最高法院裁定其因精神异常而无罪。随后Schoenbron一直拘禁于Forensic Psychiatric医院之中。2015年，检察官向法庭申请将其裁定为高风险被告人。详细记载参见"BC精神病男子杀害三名亲生儿女被判无罪，获准日间走上大温街头"，载微信公众号"今日温哥华"，最后访问日期：2023年4月6日。

〔2〕 See Ilvy Goossens, Tonia L. Nicholls. Yanick Charette. et al., "Examining the High-Risk Accused Designation for Individuals Found NotCriminally Responsible on Account of Mental Disorder", *Canadian Psychology/Psychologie Canadienne*, Vol. 60, 2019.

〔3〕 参见王贵松："论法治国家的安全观"，载《清华法学》2021年第2期。

强制住院是剥夺人身自由的一种治疗模式，适用上应该为最后的干预手段。若可以门诊治疗为替代方式，住院治疗就没有必要性。按照最小限度干预原则，我们应该探索强制住院治疗之外可能的替代性方案。我国强制医疗的种类，可以依据精神病人所犯罪行的严重程度、精神症状过去的和可预期的治疗情况、专家关于暴力危险性评估意见、继续危害社会可能等因素做适度的分级。

我国《刑事诉讼法》第302条规定的是"可以予以强制医疗"。从字面意义出发，"可以"表达的不是必然性，而是一种或然性，也就是说符合强制医疗条件的，不是一定要作出强制医疗决定。[1]结合《刑法》第18条第1款规定，"必要的时候"在"家属或者监护人严加看管和医疗"之后，是否可以理解为家属看管和治疗的处置方式是常态。[2]也有观点认为，家属或监护人有无严加看管和送医治疗的意愿和能力是审查判断是否继续危害社会可能的因素之一。[3]因此，这样的文本解释为我国增加强制门诊治疗提供了制度空间，具体执行将在本书中第十章进行论述。

如果通过家属严加看管和治疗不足以防范精神病人继续危害社会的，应该强制其入院治疗。一般情况应该定期评估，及时解除强制医疗。但是对于那种构成犯罪的行为极其残暴，预期的是严重的暴力犯罪且重复犯罪的危险性高的精神病人，出于社会防卫的目的，应该附上出院的限制令。首先，这符合国际立法的趋势。将危险性高的精神病人置于社区内，犹如随时可能引爆的炸弹，而且毫无征兆，无法预防。但同时在程序上保障其权利也显得尤为重要。如根据风险比例原则，要求证明危险的概率和程度与预期干预的持续时间和性质成比例等。其次，随着处置方式的多元化，门诊治疗可以有效分流一部分精神病人，附限制令的入院治疗的执行具有了一定的可行性。

（四）庭审中强制医疗程序和普通程序的转换

强制医疗程序和普通程序的适用主体条件不同。当在普通程序审理中发现被告人可能为不负刑事责任的精神病人的，人民法院可以启动司法鉴定程

---

[1] 参见郭飞："论司法实践中的融贯性论证——以指导性案例63号'徐加富强制医疗案'为例"，载《法律方法》2017年第1期。

[2] 参见潘侠："强制医疗与刑事法体系融合之路径"，载《河南师范大学学报（哲学社会科学版）》2015年第3期。

[3] 参见程雷："强制医疗程序解释学研究"，载《浙江工商大学学报》2013年第5期。

序，经鉴定被告人为无刑事责任能力的精神病人时，普通程序的条件发生了变化，就有必要转换为强制医疗程序。对此，《刑事诉讼法》规定人民法院依职权直接启动强制医疗程序，符合条件的，可以作出强制医疗决定。此外，人民法院审理强制医疗案件时，发现被申请人具有完全或者部分限制刑事责任能力，依法应当追究刑事责任的。此时被申请人丧失了继续强制医疗的主体适格性，应当转化为普通刑事程序。对此，《刑诉解释》规定，人民法院作出驳回强制医疗申请的决定，并退回人民检察院依法处理。

强制医疗程序与普通程序的互相转化，为什么普通程序转化为强制医疗程序就无须程序倒流，在普通程序中就可以直接附带解决强制医疗决定呢；反过来就需要退回处理，另行启动普通程序呢？如果是强制医疗原审基层法院有管辖权的情况下为何不能直接转化为普通程序呢？[1]对此多数学者认为，两种程序属性不同，彼此互相排斥。无论第一种情形还是第二种情形，正确的做法均应该是，不符合适用条件，正在进行的程序就应该终止，重新启动新的程序。因此，大家认为，强制医疗程序向普通第一审程序的"退回"式处理是正确的，而且普通第一审程序向强制医疗程序的"附带""嵌入"式处理是错误的，这种合二为一的方式不仅违反了人民法院不告不理的原则，而且剥夺了被告人上诉的机会。

我们认为，第一种情形，如果按照"退回"方式处理，带来的问题是，一旦普通程序中作出"不负刑事责任的判决"宣告，该判决的既判力就阻却了强制医疗程序的启动。因为重新启动的强制医疗程序涉及对于行为人责任进行重复评价。[2]为了贯彻一事不再理原则，在普通程序中"附带"地作出强制医疗决定不失为明智之举。第二种情形，退回检察院的处理方式，原案照样返回，仅仅是申请书替换为起诉书而已，这样无论是对节约成本还是提高程序效率而言都是不利的。因此如果系属法院具有管辖权[3]，应当自动完成程序转换，不必退回使程序倒流。

---

[1] 强制医疗案件由基层人民检察院和基层人民法院管辖，但是由于强制医疗适用的行为"危害公共安全或者严重危害公民人身安全"，其中存在一定的可能判处死刑和无期徒刑的案件，按照普通程序管辖则属于人民检察院分院和中级人民法院管辖的案件。

[2] 参见王志坤："刑事强制医疗的程序转换"，载《国家检察官学院学报》2016年第5期。

[3] 参见吕晓刚："刑事强制医疗程序诉讼衔接问题研究"，载《广西大学学报（哲学社会科学版）》2014年第4期。

第八章 强制医疗执行之完善

判决程序，虽为刑事诉讼之中枢，且为狭义之刑事诉讼，但刑事诉讼之目的，仅能因判决达其一半，其他一半，必待执行始能完成。故执行程序，实可谓与判决程序并重者也。[1] 受"重审轻执"的观念影响，我国刑事执行的立法一直处于相对滞后的状态。一方面，《刑事诉讼法》"执行编"的规定过于粗疏。虽然有《监狱法》《中华人民共和国社区矫正法》（以下简称《社区矫正法》）等作为补充，但是未能形成统一的刑事执行规范指引执行实践。另一方面，从体系上看，将"特别程序"放在"执行"之后，"执行"编中未对适用特别程序案件的执行作出制度安排。[2]

强制医疗执行的目的是实现法院的决定，但执行程序并非审理程序的附属，它具有医疗照护、改善精神病人精神状况、促进其再社会化的独立价值和目标。作为强制医疗程序中衔接"入口"与"出口"的中间执行环节，不仅关系到强制医疗决定能否落实，能否及时解除强制医疗，还关系到精神病人的人权保障。与之不相匹配的是，涉及"强制医疗执行"的《强制医疗所条例》一直处于搁置待审状态，不得不说是一个遗憾。由于缺乏明确的法律依据，加之强制医疗执行中"医疗"的特殊内容，如何破解强制医疗执行领域"执行难"和"执行乱"的难题具有重要的理论意义和实践价值。

一、吸收公共卫生资源满足强制医疗执行的需要

对于涉刑精神病人的处置，根据具体情况分别安置于社区、普通精神病院、司法精神病院和监狱精神病监区的漏斗模式是各国比较普遍的做法。20世纪30年代，许多欧洲国家在刑事司法领域创建了专门的精神病院，通常会

---

[1] 参见陈瑾昆：《刑事诉讼法通义》，法律出版社2007年版，第399页。
[2] 参见熊秋红、余鹏文："刑事裁判执行程序之重构——以检察官指挥执行为目标"，载《国家检察官学院学报》2022年第2期。

将其命名为"司法精神病医院",如比利时、瑞士、奥地利等国。《比利时社会防卫法》引入了将被认为是"精神错乱的罪犯"安置于专门设置的病房中的做法,目的是实现"治疗康复"和"保护社会"。尽管"社会防卫"和"危险性"的概念在法国司法改革者中广泛传播,但当时法国并没有为被诊断有精神健康问题的犯罪人建立专门的机构,这项任务仍属于社区精神病院的职责范围,而且延续至今。[1]

比较国外的实践,我们发现,多数监狱都存在精神卫生资源匮乏的情况,而且机构之间的资源配置差别甚大。卫生系统的普通精神病院存在拒绝治疗和病床数不足等困扰。如英国从20世纪70年代开始,不论是中等戒备还是高等戒备的精神病医院床位都很吃紧。若在合理的期限内确实等不到床位,法庭就可能改成另一种处理方式,如为了治疗改成缓期。若住院的判决令因客观条件所限未能立即生效,则可将被告转移和拘留在"安全的地方"(警察局、监狱或其他的医院),等到能住院为止。[2]观察德国实践经验,因精神障碍而不具罪责能力的行为人,分别视情形令其强制入住医疗院所或管束机构,各邦做法不一,其共同点是由高阶层的地方自治团体承担。如巴伐利亚邦是由大区自行设置营运相关处所或委托私部门为之,财务支出由邦政府支付,2014年支出达2亿7千万欧元。而北莱茵邦则是由地方自治联合体负责,并且邦健康部设置专门保安处分官负责监督其执行。收治医疗院所不论在修建还是在人员配置上皆需符合一定的专业要求。行为人入住精神医疗院所前必须符合一定的评估程序,并由各该院所依各自条件独立作出是否收治之决定,一般而言应审查以下几项要件:(1)依医学知识经验该行为人的社会威胁性可经由治疗排除;(2)修建符合收治之要求;(3)足够人员以满足日益增加的照顾需求;(4)过去已有收治类似病患之成功经验;(5)对该等疾病状态具有适合的治疗方法;(6)病患在收治期满后具有严重发病情形时可以随时入院。

日本的《医疗观察法》规定,承担住院治疗和门诊治疗的机构均由政府指定的医疗机构进行。触法精神病人被法院裁定强制住院治疗的,由厚生劳

---

[1] 参见[法]托马斯·福韦、弗洛伦斯·蒂博等:"关于法国精神卫生系统与刑事司法制度的描述性回顾",陶逸君等译,载《犯罪研究》2021年第5期。

[2] 参见何恬:《重构司法精神医学——法律能力与精神损伤的鉴定》,法律出版社2008年版,第173~174页。

动省依据一定的标准指定医疗机构为其治疗,指定医疗机构下设专门的司法病房。[1]医疗机构必须是国家或地方或独立行政法人所开设的。将部分触法精神病人置于指定精神医疗机构,被指定的机构整体面临一定程度的困难。《医疗观察法》要求机构全部采用单独病房进行治疗,但现在的床位数显然不足。虽说经过审判决定住院,但对象人还不能入住,目前处于等待状态,应当尽早改变这种事态。面对此问题,日本厚生劳动省最初提倡将都道府县医院的其中一部分经费预算专门用来收治触法精神病人,但是这种解决方案不仅使得"充实紧密的医疗"目的无法达成,更会瓜分一般民事精神医疗的资源,最终必会形成资源竞逐的局面。承担门诊治疗的医疗机构,基本上都是私立医院,无法做到像指定住院医疗机构那样具备充足的医疗设备和人员,亦存在资源匮乏的困境。而且这些机构在各县市分布不均,治疗往返没有补助。这将会给重返社会辅导官带来极大的负担,而且超过半数的保护观察所只有一名重返社会辅导官。[2]

作为刑事裁决的一种,强制医疗的执行理应由国家机关负责。为了防止精神病人的人权被肆意侵犯,也应该交由具有人权保障机制和救济平台的国家机关来执行[3]。强制住院治疗交由公安系统的安康医院执行应该是最优的安排和合理的设计。考虑到安康医院有限的收治能力,调动和吸引公共卫生资源以及社会资源来满足实际需要,一定程度上可以解决燃眉之急。[4]

(一) 安康医院通过购买医疗服务方式提升执行能力

合同因其富有柔性与弹性,当下已经成为公共治理的重要工具形式。政府购买服务是指政府依据相关法规、规则和标准,通过与符合特定条件的非政府组织或私人机构签订合同的方式,将某些公共服务职能交由合同方执行,并向合同方提供补偿。与通过购进医疗设备、招聘或培养精神卫生专业人才相比,安康医院向精神病医院购买医疗服务成本较低,还可以提高医疗的质量和效率。为了避免购买过程的权力寻租,应该选择公开招投标的方式,实现

---

[1] 参见董林涛:"中日刑事强制医疗程序比较研究",载《石河子大学学报(哲学社会科学版)》2016年第1期。

[2] 参见[日]大谷实:《刑事政策学》,黎宏译,中国人民大学出版社2009年版,第433页。

[3] 参见卢建平、莫晓宇:"刑事政策体系中的民间社会与官方(国家)——一种基于治理理论的场域界分考察",载《法律科学(西北政法学院学报)》2006年第5期。

[4] 参见陈卫东:"构建中国特色刑事特别程序",载《中国法学》2011年第6期。

购买过程的公开透明,以确保契约"公共性"目标的实现。[1]

(二) 指定普通精神病院弥补安康医院执行能力不足

现有的安康医院较少,且一般位于省会城市或一线城市。法院应该指定普通精神病院执行强制住院医疗,这种做法具有一定可行性。首先,普通精神病院的病房通常实行封闭式管理,因为精神障碍患者有时会抗拒治疗,存在反复自杀和自伤行为,有的会出现激惹性伤人杀人行为。封闭式的病房管理可以更好地保障安全。其次,在精神科医生眼里,精神障碍患者就是病人,心理上不会歧视排斥他们。最后,普通精神病院充足的医疗资源可以保证治疗效果。

关于执行经费的问题,《中华人民共和国人民警察法》(以下简称《人民警察法》)第37条规定,国家保障人民警察的经费。无论是公务员单位还是事业单位,安康医院的经费开支基本由政府财政保障。解决普通精神病院执行中所遭遇的经费制约,最有效的方式是建立强制医疗费用的保障机制。由于强制医疗具有特殊预防的功能,因此这笔费用应该由作为受益者的政府和社会来承担。《刑事诉讼法》应当同《精神卫生法》相关规定衔接,对于已参加城镇职工医疗保险或者城乡居民医疗保险的精神病人的医疗费用,应按有关规定由医保支付。精神病人住所地的区(县)级政府应当按照国家有关规定对家庭经济困难的病人参加基本医疗保险给予资助。通过基本医疗保险支付医疗费用后仍有困难,或者不能通过基本医疗保险支付医疗费用的,民政部门应当优先给予医疗救助。医疗费用以外的支出应该由地方人民政府筹集安排专项资金予以解决。

除此之外,强制医疗执行涉及公安司法机关、卫生、医保、民政、财政、残联以及村(居)民委员会等多个部门和组织,应强化沟通协作,推进系统化精细化治理。对外,国外也有类似规定。如德国的《自由刑和剥夺自由的改善和保安处分执行法》第136条对收容于精神病院作出规定,对被收容于精神病院者的治疗应以医生的意见为准。他应该尽可能地被治愈或其身体状况尽可能地被改善,使其不再有危险。他应该得到必要的看管、照料和护理。同时该法强调通过"合作"完成执行任务,规定所有的执行行为应互相配合

---

[1] 参见王新清、吕晓刚:"非政府组织参与刑事强制医疗程序研究",载《湘潭大学学报(哲学社会科学版)》2013年第5期。

协作。这种"合作"不仅体现在司法执行机构的内部，还强调执行局与释放救济机构、劳工处、社会保险和社会救助机构等的外部合作。[1]

二、由公安机关负责监督强制门诊治疗的执行

许多国家根据行为人的精神健康状况和人身危险性大小，分别进行强制住院医疗和门诊医疗的多元化强制医疗措施体系，如美国、日本、法国等。这样不仅可以缓解强制医疗资源的紧张，并且可以尽可能地实现保障精神病人人权和社会防卫的平衡。[2]如上所述，我们分析了我国建立强制门诊治疗的必要性和可行性。

具体到制度设计，考察日本的实践经验，保护观察所的重返社会辅导官、指定定期治疗机构、居住地的精神卫生福利援助这三驾马车，使治疗对象能够"自由"地在社区生活并确保接受持续治疗。[3]把犯罪人放在自由的社会中处遇，对其进行监督教育辅导，防止再犯，是日本保护观察制度的最核心内容。[4]住院医疗通过隔离治疗防止再犯，保护观察所的重返社会辅导官主要通过与对象人的接触来防止再犯。自案件发生后的鉴定留置开始，审判入院或定期门诊决定开始促进持续治疗，到出院许可作为地域护理人员帮助精神病人顺利回归社会，恢复正常独立的生活，重返社会辅导官均扮演极为重要的角色。触法精神病人出院后或者被法院决定门诊治疗，重返社会辅导官要始终与其保持联系，时间通常为3年~5年。其主要职责包括生活环境的调整、处遇计划的拟定、精神保健观察的实施、关怀其生活状态，并提供必要的指导。通过召开照护会议，与各相关机关协商处遇计划，而在计划实施层面，为了确保对象人持续接受适当治疗，其必须定期与该对象人进行面谈。听取指定定期治疗的医疗机构、都道府县工作人员关于对象人治疗情况的报告，对于对象人的生活情况、医疗进度等进行持续性跟踪与关注，促其接受治疗与服药，接受家属的咨询并给予适当建议。如果精神病人病情恶化，应该

---

〔1〕 参见司绍寒："德国刑事执行法律概览"，载《德国研究》2007年第3期。

〔2〕 参见汪冬泉："强制医疗程序执行阶段的立法缺失与完善"，载《江西警察学院学报》2013年第4期。

〔3〕 参见［日］鹤见隆彦："精神障碍者危险行为（犯罪行为）的预防对策——医疗观察制度下心神丧失者的处遇"，载《犯罪学论丛》2008年第6期。

〔4〕 参见苏明月："日本保护观察制度的品格与功能"，载《厦门大学法律评论》2007年第2期。

按照危机应对方案进行处置。在日本，强制门诊治疗的执行需要重返社会辅导官的监督。门诊治疗对象应当遵守的义务有：按时接受治疗，未经批准不能离开其固定住所或外出旅行（2周以上），按照指示定期汇报近况等。在此期间，精神病人有义务定期到重返社会辅导官的住宅或保护观察所报到、汇报近况，就存在的问题咨询。同时社会辅导官定期也要到受保护观察人员家里访问，实务中分别称之为"来访"和"往访"。[1]即重返社会辅导官主要通过家庭访问的方式监督门诊治疗的执行情况，如果发现精神病人没有定期门诊治疗，病情反复有再犯可能性或者未经许可擅自离开住处时，应当向保护观察所负责人汇报，进一步研究是否向法庭申请变更执行方式。

有学者建议，我国可以由涉案精神病人的监护人和社区矫正机构共同担当强制门诊医疗的监督主体。[2]我们认为，精神病人不属于社区矫正的对象，由社区矫正机构作为监督主体缺乏制度支撑。虽然有学者认为，从实现适用对象回归社会的视角，强制医疗和社区矫正二者之间理念契合，因此应将门诊治疗的或者解除强制医疗后的精神病人纳入社区矫正的范围。[3]但是该观点忽略了无论是强制住院治疗还是门诊治疗，其根本目的在于消除其人身危险性，防止再犯。[4]然而社区矫正主要是通过法治、道德等教育，增强其法治观念，提高其道德素质和悔罪意识。试问对于精神病人如何施教，谈何矫正。他们身患精神疾病，只有针对性地治疗，改善其妄想、思维逻辑障碍、幻觉等精神症状，才能减少其社会危害行为的发生。[5]另外，《人民警察法》第14条和《精神卫生法》第28条第2款[6]关于"赋予公安机关对于具有肇

---

[1] 参见苏明月："日本保护观察制度的品格与功能"，载《厦门大学法律评论》2007年第2期。

[2] 参见张吉喜："中美刑事强制医疗制度相关问题比较研究"，载《环球法律评论》2014年第5期。

[3] 参见张晓凤："论我国刑事强制医疗制度和社区矫正制度之衔接与完善——以被解除强制医疗人回归社会为视角"，载《南海法学》2019年第5期。

[4] 参见宋英辉、茹艳红："刑事诉讼特别程序立法释评"，载《苏州大学学报（哲学社会科学版）》2012年第2期。

[5] 参见李纯、王小平："341例精神分裂症被鉴定人精神症状与社会危害行为的关系"，载《四川精神卫生》2014年第2期。

[6]《人民警察法》第14条规定，公安机关的人民警察对严重危害公共安全或者他人人身安全的精神病人，可以采取保护性约束措施。需要送往指定的单位、场所加以监护的，应当报请县级以上人民政府公安机关批准，并及时通知其监护人。《精神卫生法》第28条第2款规定，疑似精神障碍患者发生伤害自身、危害他人安全的行为，或者有伤害自身、危害他人安全的危险的，其近亲属、所在单位、当地公安机关应当立即采取措施予以制止，并将其送往医疗机构进行精神障碍诊断。

事肇祸风险精神病人处置权力"的规定为公安机关作为强制门诊治疗监督主体的建议提供了空间。同时，需要扎根于社区的村民委员会、居民委员会的协助，因为他们更容易和精神病人及家属建立信任关系，更容易与之交流接触。

法院决定强制门诊治疗的，应该指定专门的医疗机构。根据《严重精神障碍管理治疗工作规范（2018年版）》的规定，各类精神障碍的诊断和治疗是由精神卫生医疗机构［精神专科医院、有精神专科特长的综合医院（含中医院等）］提供。基层医疗卫生机构（乡镇卫生院、社区卫生服务中心和村卫生室、社区卫生服务站）为精神障碍患者提供的主要是随访管理和健康体检等服务。简言之，作为居民健康"守门人"的社区医生通常不具有精神卫生专业的执业资格，没有抗精神病药品的处方权。社区医生随访过程中对于病情反复的病人无权进行药物处置，具有危险性的精神病人如果处置不及时，极有可能导致其肇事肇祸。可喜的是，随着2014年《国家卫生计生委办公厅关于精神科从业医师执业注册有关事项的通知》〔1〕在全国范围内推进，未来全国每家社区卫生服务中心和乡镇卫生院都至少配有一名具有精神卫生服务资质的社区医生，精神病人不出社区就可以就诊取药。〔2〕因此我们建议，人民法院应该优先指定精神病人住所地的社区卫生服务中心或者乡镇卫生院为定点医疗机构执行门诊治疗。

指定的医疗机构通过评估精神病人的精神症状、功能损害，有针对性地为其制定阶段性治疗方案，以及生活职业能力康复措施。被执行人应当严格履行门诊治疗方案，离开社区所在县（市、区）7日以上的，须书面报告村（居）民委员会。村（居）民委员会应该通过家庭访问（现场或者电话）的方式了解精神病人是否定期去复诊、是否遵医嘱服药、精神症状、危险性、家属监护情况。指定的医疗机构应该定期与村（居）民委员会以及公安机关沟通精神病人的治疗情况。医疗机构经过定期评估，如果被执行人的症状已经明显改善，一定期间内无再发危险的，可以向公安机关说明情况，公安机关决定是否向法院申请解除门诊治疗。精神病人在门诊治疗期间严重不配合，

---

〔1〕《国家卫生计生委办公厅关于精神科从业医师执业注册有关事项的通知》规定，乡镇卫生院或社区卫生服务中心在岗临床类别医师，经过培训考核合格，经卫生行政部门的批准，其执业范围就可以申请增加注册精神卫生专业。该医师就具有了精神类药物的处方权。

〔2〕参见温州市卫计委："浙江基层将配精神科医生，温州社区医师率先'加注'"，载微信公众号"健康浙江"，最后访问日期：2023年4月6日。

屡次拒绝门诊治疗或接受评估的，擅自离开社区所在县（市、区）的；或者门诊治疗期间病情恶化的，医疗机构或者村（居）民委员会应该及时向公安机关汇报，公安机关有权申请法院变更为入院治疗。

三、规范强制医疗定期评估的期限和内容

域外立法例中，强制医疗期限多采用不定期制，在德国如果具备了《德国刑法典》第63条规定的先决条件，则必须命令安置于精神病院。现行法律并没有对此等处分作出时间上的规定；如果此等处分为了保安目的已不再属于必要，则结束安置。[1]在美国一般是不定期的，但有的州规定强制医疗期限以被告人所犯罪行的最高刑期为限制，如果需要延长强制医疗期限，必须举行听证。但是也有国家采取定期医疗制，立法对强制医疗的最长期限作出了规定。如日本的《医疗观察法》第44条规定，强制门诊治疗以3年为限，但是法院能够在2年范围内决定延长。

有学者认为，限定强制医疗期限，能够限制政府权力滥用，保障强制医疗精神病人合法权益。不定期的强制医疗以牺牲精神病人的人身自由权为代价实现社会防卫目标的最大化，这样的强制医疗带有了惩罚的性质。[2]我们认为，我国强制医疗没有规定期限，具有一定的合理性。强制医疗的解除以病情稳定、不再具有人身危险性为标准，无法预期设定期限。为了防止不具有人身危险性的精神病人被不当地继续"隔离治疗"，从保障人权的视角而言，定期评估机制的确立显得尤为关键。许多采取强制医疗不定期制和定期制的国家，均规定了定期评估制度。《俄罗斯刑法典》第102条规定，对被判处医疗性强制措施的人，每6个月由精神医生委员会进行至少一次检查，以便解决是否应向法院提出终止适用或者变更这种措施的问题。日本的《医疗观察法》第49条规定，指定医疗机构的管理者，在认为入院患者没有必要继续住院的时候，必须立即对法院提出出院要求。在认定有继续住院必要的时候，原则上，每6个月一次，向地方法院提出继续住院的要求。也有国家规定了由法院定期组织听证会审查强制医疗的必要性。如《加拿大刑事诉讼法

---

〔1〕 参见［德］汉斯·海因里希·耶赛克、托马斯·魏根特：《德国刑法教科书》（下），徐久生译，中国法制出版社2017年版，第1093页。

〔2〕 参见王迎龙："刑事强制医疗解除程序实证研究"，载《中国法学》2022年第2期。

典》第 672.81 条规定，对被告人作出的适当条件的释放以及拘禁于医院的处置，复审委员会应当在作出处置后的 12 个月内举行听证，并且此后于处置有效期内每 12 个月举行一次听证。如果在被告人获得律师代理且被告人和总检察长都同意延长的情况下，复审委员会可以延长至在作出处置或者审查处置后 24 个月内举行听证。对高风险被告人，复审委员会可以延长至在作出处置或者审查处置后 36 个月内举行听证。

我国《刑事诉讼法》只是规定强制医疗机构应当定期诊断评估被强制医疗人，具体到诊断评估的周期、内容、方式等立法均没有明确。立法的疏漏造成了执法的困难，各地为了解决操作上的障碍，增加制度的可操作性，制定了具体实施办法。如北京市《关于强制医疗程序的实施办法（试行）》第 24 条规定，诊断评估一般以 6 个月为一个周期，至迟不超过 1 年。上海市《关于本市强制医疗案件办理和涉案精神病人收治管理的暂行规定》中规定，诊断评估是指强制医疗人员在接受规范治疗和管理教育后，强制医疗所对其在所期间病情及表现的综合分析和客观评价。强制医疗所收治的被强制医疗精神病人，应当在执行强制医疗后的 2 年内，进行首次诊断评估，其后每隔 1 年应当对其进行一次诊断评估。

关于诊断评估周期的设定，不应为了实现立法目的而违背医学基本规律。无论是出于保障人权还是节约执行资源的目的，评估周期都应该尽可能缩短。但是不考虑精神疾病治疗常规的设定也不是科学的。有研究显示，由精神疾病所致的凶杀案件中 2/3 系精神分裂症患者肇事。[1]在此以精神分裂症为例，《精神分裂症防治指南（第二版）》中指出，精神分裂症应该坚持全程、长期治疗，以达到临床治愈。从缓解症状的急性期到巩固疗效期至少需要 6 个月，为保持缓解后的状态和预防复发，抗精神病维持治疗非常重要，虽然维持期治疗时间较长[2]，但是药物维持治疗为精神病人居家提供了可能性。强制医疗执行中的诊断评估除了具有保障被强制治疗人的人身自由不被任意侵犯的功能，还具有服务治疗的功能[3]，因此通过观察用药品种及剂量是否适

---

[1] 参见韩臣柏等："精神分裂症患者凶杀行为的犯罪学特征对照研究"，载《中华精神科杂志》1997 年第 1 期。

[2] 一般维持治疗的所需持续时间：首发患者至少需要 2 年；一次复发的患者需要 3 年~5 年；多次复发者需维持治疗需要 5 年以上甚至终生。

[3] 参见胡嘉金、刘志军："解除强制医疗程序实务探析"，载《法律适用》2018 年第 13 期。

合，审查治疗方案是否有效及有无调整必要；评估被执行人的症状是否缓解，为有无必要继续强制医疗提供依据。诊断评估期限不同于维持治疗时间，因此我们建议诊断评估的周期为6个月。根据适当性原则，对被执行人应该定期评估及时解除，但是解除后需要继续跟踪管理，督促其接受维持治疗，这样一定程度上就可以防止其疾病复发，再次继续危害社会。

除了定期评估之外，评估也可以在其他情况下进行，我们称其为临时评估。如果精神病人或其近亲属提出解除强制医疗的申请，法院可以要求强制医疗机构进行临时评估，如果主治医生认为被强制医疗人已经临床治愈的，也可以由他发起。精神病人及其家属有权对任何诊断评估的结果质疑，无论是定期评估还是临时评估，法院将根据具体情况决定是否有必要委托司法鉴定。[1]

在具体内容上，评估报告里是否要明确载明有无"人身危险性"内容，实践中强制医疗机构和法院之间存在分歧。我们认为，关系到强制医疗解除的评估应该载有是否具有"人身危险性"的内容。理由如下：首先，人身危险性兼有医学和法学的双重属性。精神医学专家是从疾病类型、症状以及行为人的人口学特征等方面评估危险等级，法官在此基础上综合公共安全与个人自由的微妙关系，以及执行资源、社会效果等因素，最终作出决定。[2]因此，强制医疗机构从自身专业角度作出判断即可。其次，国家卫生行政部门颁布的《严重精神障碍管理治疗工作规范（2018年版）》中将精神病人的危险性评估分为6级，以及临床中的《修改版外显攻击行为量表》均为强制医疗执行机构诊断评估中进行危险性评估，在报告中明确是否具有"人身危险性"的内容提供了可行性。

四、保障精神病人在执行期间的权利

首先，国外少数国家规定，法院对于不负刑事责任的精神病人作出拘禁于医院的处置时，并没有当然获得进行"治疗"的权力。在加拿大因精神失常不负刑事责任的精神病人，法院或者复审委员会可以作出的处置包括：无

---

[1] See Zhiyuan G, "Psychiatric Commitment Under the Criminal Law in China: An Empirical Perspective", *International Journal of Law and Psychiatry*, Vol. 73, 2020.

[2] 参见陈绍辉："论刑事强制医疗程序中人身危险性的判定"，载《东方法学》2016年第5期。

条件释放、适当条件的予以释放、适当条件的拘禁于医院。根据《加拿大刑事诉讼法典》第 672.55 条规定，法院或者复审委员会作出以上处置通常不得以治疗为条件、除非被告人同意且复审委员会认为合理并且为被告人利益所需要的，才可以进行治疗。由此我们可以看出，因精神失常不负刑事责任的，第一，审查是拘禁还是释放，第二，再审查有无必要治疗。随后在一系列备受瞩目的个人因精神失常而被认定不负刑事责任的案件之后，加拿大政府于 2014 年通过了《不负刑事责任改革法》，并且修订了 1985 年的《加拿大刑法典》。其中最大的变化是关于高风险被告人的规定。出于社会防卫的考虑，根据过去犯罪的严重程度，因精神失常而被认定不负刑事责任的被告人在未来有更高风险的，将受到一套更严格的处置措施。比如审查委员会通常不能作出有条件或者绝对的释放处置，被告人以后将永不获得押解外出的机会。同时处置审查可以延长到每 3 年进行一次，而不是每年或每两年一次。[1] 2014 年《加拿大刑法典》修订之前，释放回归社区是常态，拘禁于医院是例外。即使拘禁于医院，被告人也可以在专人押解下日间外出，可以到医院附近指定的地点，甚至邻近市区走动。[2] 加拿大立法表面上非常重视精神病人的自由权保障，承认精神病人拒绝治疗权，然而揭开面纱背后的实质是社会防卫目标指向下，强制医疗沦为非治疗性的"单纯监禁"，其本质和刑罚无异。

强制医疗执行必须保障被执行人的医疗利益。如果执行没有提供有效的治疗，那就是以强制医疗之名行社会防卫之实。强制医疗执行中必须保障精神病人获得医治的权利：一方面，履行健康权保障是国家责任之必需。就健

---

[1] See Ilvy Goossens & Tonia L. Nicholls. Yanick Charette. et al., "Examining the High-Risk Accused Designation for Individuals Found NotCriminally Responsible on Account of Mental Disorder", *Canadian Psychology/Psychologie Canadienne*. Vol. 60, 2019.

[2] 2008 年 4 月，Allan Schoenborn 亲手捅死了其 10 岁的女儿 Kaitlynne、同时还闷死了 8 岁的儿子 Max 及 5 岁的儿子 Cordon。最终 BC 最高法院法官 Robert Powers 裁定 Schoenborn 无罪：法庭认为 Schoenborn 杀人属有意而为，且经过精心策划，但犯案的同时精神已失常。宣判后，Schoenborn 一直在高贵林的法政精神病院（Forensic Psychiatric Hospital）接受监禁治疗。直到 2015 年 5 月，BC 复审委员会（BC Review Board）在对本案进行复审后，认为 Schoenborn 患有妄想症等，但多年来症状已逐渐缓和。与此同时因其臭名昭著，在被关押期间遭受了嘲弄、恐吓、身体攻击等对待。于是委员会批准 Schoenborn 可在高贵林法政精神病院的看管下，有限制地在日间进行押解外出（escorted outings）。尽管早已获得复审授权，医院当局至今仍未曾让 Schoenborn 在专人看管下走出过医院半步。详细记载参见今日温哥华："BC 精神病男子杀害三名亲生儿女被判无罪，获准日间走上大温街头"，载微信公众号"今日温哥华"，最后访问日期：2023 年 4 月 6 日。

康权而言，国家积极给付义务是其权利的主要内容，无论从基本权利、社会权还是准公共产品的视角理解健康权，它都体现的是以国家作为首要的、基本的义务主体。另一方面，只有通过积极医治才能最终消除精神病人的人身危险性。当然在医疗方法的选择上，即使精神病人被强制医疗，亦不能否认病人为自己决定权的主体。尊重病人自主的前提是病人具有知情的能力。精神病人知情同意能力的判断应视其临床状态所有区别，并以相关决策对于精神病人的危险与利益而定。因应不同医疗过程与处置，精神病人临床决策的行为能力，应持续以不同行为能力的标准来评判。即行为能力的应变模式，对于不同的临床状况（精神状态）、预设的治疗决策危险与利益关系，应适用不同的标准判断行为能力，因此行为能力的运用并非静止不变。当治疗为危险程度低而利益程度高的情形，应用低的行为能力标准评判精神病人的知情同意，而对知情应拒绝适用高的行为能力标准。当治疗的危险程度高而潜在的利益低时，应以高标准衡量知情同意，而以低标准来评价其知情拒绝的行为能力。

其次，执行机构通常会使用约束与隔离等手段预防被执行人因精神症状及攻击行为所造成的伤害，在医疗上有实施的必要性，但也不能忽略其被滥用的风险。约束与隔离的处理手段应该建立处置标准、制定操作流程，包括诊断执行原因、时间、次数、执行方式以及合并用药，执行过程中被执行人的精神症状等，以保障其合法权益以及其他人员的安全。

再其次，强制医疗执行阶段也需要贯彻适当性原则。执行方式方面，门诊治疗可以达到目的的，应尽量避免强制住院治疗。在执行机构方面，社区基层医疗机构能够达到目的的，应尽量避免在"戒备森严"的精神病专科医院执行。就治疗方法而言，应该选择行为治疗和药物治疗等干预强度较小的手段。对于药物治疗外的仪器治疗应该尽量避免，如改良电痉挛治疗（Modified Electra Convulsive Therapy，MECT）或者经颅磁刺激治疗（Transcranial Magnetic Stimulation，TMS）[1]等方式，除非有明确的适应症。对于设备选择，也是优先考虑非侵入式的。而且绝对禁止对被强制医疗的精神病人做药品临床试验。

---

[1]《中国精神分裂症防治指南（第二版）》规定，对于急性期伴有消极、自杀、自伤和精神抑制障碍等症状的精神分裂症患者可采用改良电痉挛治疗（MECT）；对于阴性症状表现突出可使用经颅磁刺激治疗（rTMS）。详细论述参见苏亮："精神分裂症防治指南第二版解读"，载微信公众号"SCH通讯"，最后访问日期：2023年4月6日。

最后，实践中住院执行强制医疗的精神病人身患严重躯体性疾病的就医问题也应该予以明确。保障被执行人的健康权益是强制医疗的应有之义。考虑到精神病人的人身危险性，不建议适用保外就医的相关规定。如果被执行人患传染病、严重躯体疾病的，强制医疗机构报交付执行的公安机关审批同意后，转送其他医疗机构治疗，并在24小时内通知监护人、近亲属，同时通知作出强制医疗决定的人民法院和同级人民检察院。

五、有条件地开展针对性的康复训练

保障精神病人的公民权利，使其有权利与尊严参与社会生活，不受歧视是世界各国的潮流趋势。被强制医疗的精神病人在受到监禁隔离之后，迈向社会回归之路越显艰辛。因此，强制医疗执行期间，帮助精神病人恢复身体机能和社会功能，为从强制医疗到社会融合的顺利过渡做好准备至关重要。

参考国外实践经验，日本的治疗方案以"治疗疾病病源，使治疗对象不再为同样危害行为，能重返社会"为目标，除药物疗法以外，还关注心理疗法，以及自我疾病管理训练和控制愤怒情绪训练等以认知行动疗法为中心的训练，达到对事件反省的目的。[1]在德国，针对精神病人的治疗性措施，通常持续数年且必须考虑其所犯罪行、人格特质及其与外界的互动方式等个人因素，并且通常会依其个人情形制定一个短期及中长期治疗计划。执行的医疗团队包含数个跨领域的专业人员，包含医师、心理师、护理师等，该计划中至少应包含几项目标：一是改善社交技巧、促进学习或职业能力、犯罪行为的矫正、个人过往经历回顾，以及药物治疗策略；二是部分诊疗措施，除集体治疗及个别谈话外，还包含职业能力重建、认知训练项目、药物、性或酒瘾治疗、运动、行为治疗及心理药物疗程。最新研究中指出，应对该类精神病人加强或重建其社会道德观，他们可能因过去家庭背景、社会弱势地位及情绪管理欠缺而欠缺社会性。

（一）强制医疗机构建立"中途宿舍"的必要性和迫切性

中途宿舍主要提供过渡性住宿及康复服务，是精神病人院外康复的一种

---

〔1〕 参见［日］鹤见隆彦："精神障碍者危险行为（犯罪行为）的预防对策——医疗观察制度下心神丧失者的处遇"，载《犯罪学论丛》2008年第0期。

新形式服务供给。目前，在北京[1]、广州[2]等城市已经建立了"中途宿舍"。他们以社区精神康复为出发点，强调应是"社区融合"而并非"社区隔离"的服务理念，使其在熟悉的社区生活环境中进行精神康复从而顺利重返社会，重过自由和独立的生活。此做法对于强制医疗也有借鉴意义。

根据监狱学理论，受刑人出狱之初，是最危险的时期。[3]长期"社会缺失"的病人逐渐丧失了出院兴趣，原有的阳性症状，如幻觉、妄想，显现出慢性化的趋势。他们对于医院有强烈的依赖，最初对医务人员的抵抗完全弱化直到消失，甚至对于医院变得不愿离开，视医院为养老院。这就是典型的"机构症"的产生。[4]被强制医疗的精神病人长时间与社会隔离，无论是社会适应还是人际交往能力已脱节于社会，加之有些精神病人敏感多疑，对陌生人普遍怀有不安全感和敌意，容易被一些微小事件激怒，再次激发其实施暴力攻击行为。因此有必要在强制医疗解除之前，建立从封闭到开放、从严到宽的一个过渡机制，发挥缓冲带的作用。[5]

（二）个别安康医院建立"中途宿舍"的有益实践

课题组通过调研发现，"中途宿舍"已经在个别安康医院进行了试点。如

---

[1] 本项目课题组在北京市海淀区调研中了解到，2011年海淀区精防院牵头成立了"北京海淀精神康复服务协会"，依托会员单位和社会志愿者，大力开发和管理居住式康复站——即出院患者中途宿舍，使更多的、符合出院条件的住院病人能够回到社区。目前，中途宿舍建有15所，共95个床位。据了解，除了纯粹以康复为主的模式外，中途宿舍还有一种形式，是为年轻患者提供简单的工作岗位，这些患者以家庭成员的形式住在一起，需要自己买菜、做饭、做家务等，也有专门的护士照管。并不是每一个精神残疾人都能进中途宿舍。每个进来的人，都必须经过精防院精神科专业医生的多项评估，包括患者安全性、精神状况等全面的检查测试，评估合格的病人基本也就达到了出院的标准。另外，该模式突出的问题是资金和安全的问题。一位受访者说，最大的问题是安全问题。由于精神病患者的特殊性，极容易发生逃跑、自杀或伤害他人等行为，每个精神病院里的防范是特别严格的，但在中途宿舍几乎是开放式的。

[2] 2013年5月，在越秀区残联的指导下，广州市首家专业性非营利的精神康复综合服务机构——越秀区社区精神康复综合服务中心成立。由政府出资，免费为康复出院的精神病人服务，由广州市家康社会工作服务中心负责运营。在这里，精神疾病康复者们可以慢慢恢复生活自理能力，提升社交能力，同时给康复者家庭成员留出时间做好接纳准备。成立5年多来，该中途宿舍已接待精神疾病康复者26人次，除了仍然在舍的5人，已有21名舍友顺利回家。

[3] 参见林纪东：《监狱学》，三民书局1977年版，第80页。

[4] 参见杨锃、陈婷婷："多重制度逻辑下的社区精神康复机构研究——兼论本土精神卫生公共性建设的可能路径"，载《社会科学战线》2017年第3期。

[5] 参见刘强："我国社区矫正应尽快建立风险控制的中途住所"，载《中国司法》2019年第4期。

北京市强制医疗所建立了特殊病房作为过渡,该病房模拟真实的社会环境。经过评估具备出所条件的病人可以在特殊病房里待上一段时间,进行过渡性治疗,为他们出所后面临的生活做好准备,在帮助康复方面也起到了积极的作用。湖南省强制医疗所的"中途宿舍"选择所外市州的普通精神病医院,命名为"湖南省强制医疗康复安置点",目前已经建立的有永州市、常德市、益阳市共3家。主要安置对象为2013年前由公安机关决定强制医疗的,经过评估可以出所,但没有监护人或者监护人缺乏监护能力的精神病人。所需费用由湖南省强制医疗所通过医保解决,差额部分由病人所在市州政府分担。

无论何种方式,"中途宿舍"的建立,不仅有助于精神病人康复,对于破解被强制医疗人"出入所不畅"、强制医疗解除难的困局,打通患者回归之路不无裨益。还可以一定程度上防止强制医疗解除后精神病人再次肇事肇祸,起到风险预防的作用。需要注意的是,"中途宿舍"是强制医疗执行中的一种特殊形式,尤其是在所外建立的,因此要强化部门之间的通报工作。如果是所外建立的"中途宿舍",需要通知原决定的人民法院和检察机关。明确"中途宿舍"的职责和义务,对于安置的病人强调康复和安全同等重要,将治病和治人相结合,逐渐由现阶段的治疗为中心的模式向以人为中心的执行模式转变。[1]检察机关要检察到位,确保程序合规合法。[2]

---

[1] 参见傅雷:"治病与治人相结合 康复与安全同等抓——湖南省强制医疗所用仁爱、担当、敬业管理严重肇事肇祸精神病人",载《人民公安报》2019年9月10日第3版。

[2] 参见"湖南省强制医疗所组织召开解除强制医疗工作联席会",载 https://www.sohu.com/a/321186562_120059328,最后访问日期:2022年7月24日。

第九章 强制医疗解除之完善

曾经实施犯罪行为被强制医疗不能成为永久剥夺精神病人人身自由的理由。强制医疗的条件不具备时，精神病人就有权与正常人一样享有平等的社会居住权，获得社区服务，摒弃歧视和隔离。我国司法实践中，强制医疗机构收治能力有限，如果强制医疗难以解除，会加重强制医疗机构的负荷，使得迫切需要收院治疗的精神病人没有床位。强制医疗难以解除对于不需要承担刑事责任的精神病人无异于施以"无期且不得减刑的刑罚"，这显然严重侵犯了精神病人的人权。而且有研究显示，相对于长期住院，短期住院的精神病人社会功能更好，再入院率更低，长期预后更优，家庭负担更小。[1]精神病人越早解除强制医疗，他们就越容易重新融入社区，恢复正常生活；被强制医疗和与社会隔绝的时间越长，他们就越难重新适应。所以完善强制医疗解除程序，保证被强制医疗的人顺利回归社会就显得尤为迫切。

一、规范与保障强制医疗解除的建议权和申请权

（一）保障精神病人的解除申请权

在被强制医疗期间，精神病人由于病情导致部分权利受到一定限制，且认知存在一定障碍，所以患者的权利更需要明确的法律规定进行保障。不能仅仅粗略规定享有申请权，还应当规定申请流程等详细制度来保障该权利的实现。[2]首先除了强制医疗机构要定期诊断评估之外，还要保证家属的探视权以及被执行人的通信自由。精神病人本人有对自身病情的判断，想传递申请解除强制医疗的意愿时，可以及时让近亲属或者强制医疗机构获悉。

---

[1]参见周燕玲等："精神分裂症患者住院时间与疗效的关系"，载《临床精神医学杂志》2014年第4期。

[2]参见李筱永、张博源主编：《精神健康社区治理与法治保障研究》，中国政法大学出版社2018年版，第139~141页。

若是其没有监护人或监护人怠于履行义务时，可考虑由法律援助机构及时了解被执行人的治疗进展和状况以及申请的意愿，维护被强制医疗人的权利。

（二）规范强制医疗机构的解除建议权

制度设计既要避免强制医疗机构怠于行使解除强制医疗建议权，又要防止滥用解除建议权。[1]首先，明确强制医疗机构提出解除建议的程序和条件。除了定期评估之外，主治医生初步诊断被执行人病情稳定的，可以向所属部门启动诊断评估，诊断评估须由3名以上精神科执业医师进行，评估小组一致认为被强制医疗人员病情稳定、当前不具有人身危险性，且执行期间服从治疗，未发生伤害自身、危害他人等具有人身危险行为的；或者被强制医疗的精神病人因年老体弱，日常生活不能自理等状况已不具有人身危险性，不需要继续强制医疗的。强制医疗机构应当向作出原决定的人民法院提出解除强制医疗的意见，并附诊断评估报告。同时抄送同级人民检察院。其次，明确强制医疗机构首次提出解除建议的期限。为了防止滥用解除申请权，《刑诉解释》规定了驳回解除申请之后，6个月后才能再次申请。精神疾病治疗巩固通常需要几个月的时间，考虑到课题组建议定期诊断评估为6个月，为了防止病情反复，建议将首次提出解除建议的期限确定为1年后。

二、明确委托人身危险性评估司法鉴定的"必要时"

无论是强制医疗决定还是强制医疗解除，司法鉴定均发挥着重要的作用。《刑诉解释》规定了，解除环节，必要时人民法院可以委托司法鉴定对被强制医疗的人进行鉴定。由于立法没有明确"必要时"的具体情形，加之国内一直未开展对精神病人危险性评估的鉴定项目，法律适用中委托司法精神病鉴定的比例较低。[2]然而2020年司法部颁布实施的《法医类司法鉴定执业分类规定》已经明确将危险性评估作为法医精神病鉴定的类别之一。[3]为了规

---

[1] 参见张晓凤："论我国刑事强制医疗程序的完善"，吉林大学2015年博士学位论文。
[2] 本研究样本中，强制医疗解除程序仅有173例法院委托了司法鉴定，占总数的22.88%；583例法院未委托鉴定，占总数的77.12%。
[3]《法医类司法鉴定执业分类规定》第31条规定，危险性评估适用于依法不负刑事责任精神病人的强制医疗程序，包括对其被决定强制医疗前或解除强制医疗时的暴力危险性进行评估。

范开展无刑事责任能力精神病人强制医疗程序中涉及的暴力危险性评估，中华医学会精神医学分会司法精神病学组经过调研和论证，已经形成了专家共识。[1]

随着危险性评估成为鉴定项目，我们认为，在强制医疗解除程序中，应该明确法官启动司法精神病鉴定的"必要时"。首先，委托鉴定被强制医疗人的人身危险性具有积极意义。司法实践中强制医疗解除的案件，证据类型单一，信息来源有限，法院高度依赖诊断评估报告。鉴定机构的介入，可以打破强制医疗机构的专业垄断，形成强制医疗机构与司法鉴定机构共同作用于人身危险性评估的竞争格局。[2]另外，司法鉴定一定程度上可以防止利益冲突。强制医疗机构既是执行机构，又是强制医疗解除启动主体的多元身份，是否会基于治疗资源限制的考量，倾向于给出"已无人身危险性"的评估意见不得而知。不存在利益冲突的鉴定机构会更为客观中立。而且，关于危险性评估的鉴定意见可以避免诊断评估报告的孤立存在，通过证据之间的相互印证，验证证据的真实性和可靠性，排除证据之间的矛盾，形成完整的证明体系，对于法官作出正确决定有着重要的价值。[3]

法院应该启动司法精神病鉴定的具体情形包括：（1）强制医疗诊断评估报告中对于人身危险性的表述含糊不清的；（2）强制医疗机构作为解除程序启动的唯一主体时；（3）被强制医疗人的家属或被害方与强制医疗机构关于"人身危险性"评估意见分歧较大的；（4）人民检察院建议的；（5）对是否解除存在合理怀疑的其他情形。[4]

三、强制医疗解除程序的司法化改造

《刑诉解释》第647条第1、2款规定法院应当组成合议庭审理强制医疗解除的案件，在必要时，可以开庭审理，并通知检察院出庭。关于强制医疗解除的具体程序，以及其他人员是否可以参与解除庭审程序，立法语焉不详。

---

[1] 参见中华医学会精神医学分会司法精神病学组："无刑事责任能力精神障碍者强制医疗暴力危险性评估的专家共识"，载《中华精神科杂志》2022年第2期。

[2] 参见吕晓刚、杨彩虹："刑事强制医疗解除程序完善实证研究"，载《河南财经政法大学学报》2020年第6期。

[3] 参见陈瑞华：《刑事证据法的理论问题》，法律出版社2018年版，第220~228页。

[4] 参见王迎龙："刑事强制医疗解除程序实证研究"，载《中国法学》2022年第2期。

未来立法应该细化强制医疗解除的开庭审理程序,保障多方主体实质参与。相对开放的庭审程序,利害关系人的说服和辩论可以对法官的判断产生相互影响、相互说服的意义。解除程序的交涉性一定程度上可以破解我国司法实践中解除程序"行政化"的问题,具体应该包括:一是保障被强制医疗的精神病人出庭发表意见的权利。法院启动解除程序的前提应该是有初步证据表明被执行人病情基本稳定,已经不具有人身危险性,那么其精神状态自然是可以保障其参与庭审的。二是作为申请主体,无论是强制医疗机构,还是被强制医疗的人的近亲属均应当出庭支持申请。三是作为强制医疗执行的法律监督机关,检察机关应当派员出席,并针对是否符合强制医疗解除条件发表意见。[1]四是被强制医疗的人所在的社区基层组织人员应该参与庭审。居(村)民委员会出席庭审,有利于法庭对于被执行人家属的监护能力条件以及解除强制医疗之后的社区能否辅助监护进行审查。[2]五是被强制医疗的人的主治医师或者司法鉴定人应当出庭接受法庭调查。强制医疗机构的评估报告或者司法鉴定意见是解除的关键证据,为了贯彻直接言词原则,主治医师应该有出庭接受询问的义务。若合议庭委托鉴定的,鉴定人员亦有出庭发表意见的义务。六是被害人或者家属也应当出庭发表意见,尤其是被害人是被强制医疗的人的家属之外其他人的。法庭应该询问被害方是否得到赔偿,是否谅解被告人。如果不考虑犯罪人和被害人之间的冲突是否缓解、关系是否修复,解除强制医疗可能存在潜在的社会危险性。[3]

四、规范强制医疗解除的认定标准

我国《刑事诉讼法》将"人身危险性"作为解除强制医疗的条件。人身

---

[1] 本研究样本中,检察机关同意解除强制医疗的有141个,其中法院决定解除的有138个,占97.9%,决定不解除的仅有3个,占2.1%;检察机关不同意解除强制医疗的有48个,其中法院决定不解除强制医疗的有48个,占100%。另外,756份裁判文书中,检察机关意见的缺失值为555份,占总量的73.4%。在强制医疗解除程序中,检察机关出庭并给出意见,更倾向于形式化。

[2] 本研究的结论:在审判过程中,社区对被强制医疗人解除与否的意见与最终解除结果高度相关,在56份社区表示愿意协助监管的案例中,解除率高达96.4%。在20份社区表示不愿意协助监管的案例中,不予解除率高达100%。由此可见社区在被强制医疗人解除强制医疗及后续监管过程中的关键作用。但是在756份裁判文书中,载入社区意见的裁判文书缺失值达到669份,可见88.5%的法院在审理解除强制医疗案件中未重视甚至忽略社区所能发挥的重要作用。

[3] 参见王迎龙:"刑事强制医疗解除程序实证研究",载《中国法学》2022年第2期。

危险性是关于未来再犯可能性的预测,具有高度的不确定性,现行立法没有制定具体的评估细则和操作标准,也未明确应当考量的因素,因此关于人身危险性的认定成为司法实践中最棘手的问题。

为了解决司法实践中面临的困境,增加立法的可操作性,2015年浙江省高级人民法院刑事审判第三庭出台的《关于审理强制医疗案件若干问题的解答》中指出解除强制医疗对象是否具有"人身危险性"的审查判断,一般应当通过审查强制治疗机构提供的诊断评估报告,会见被强制医疗的人,结合被强制医疗的人此前所实施危害行为的轻重程度,以及治疗时间长短等情况,综合判断其是否还具有"人身危险性"。必要时,可以咨询专家意见,或者委托鉴定机构对被强制医疗的人进行鉴定。上海市的《关于本市强制医疗案件办理和涉案精神病人收治管理的暂行规定》将强制医疗解除标准予以量化,基本标准是:(一)近二次诊断评估意见为"病情稳定",监护条件良好或一般,在所强制医疗时间二年以上;(二)近四年诊断评估意见为"病情稳定",但监护条件较差,在所强制医疗时间三年以上;(三)近四年诊断评估意见为"病情基本稳定"或包含"病情稳定",风险评估等级较低,监护条件良好或一般,在所强制医疗时间三年以上;(四)近六次诊断评估意见为"病情基本稳定"或包含"病情稳定",风险评估等级低,监护条件较差,在所强制医疗时间四年以上;附加标准是:(一)案情造成社会危险性较大的,在上述条件基础上延长在所强制医疗时间一年;(二)严重躯体疾病或年老体弱、生活不能自理,已经不具有人身危险性的,及时申报,不受其他条件限制。该规定将强制医疗解除标准细分为病情稳定情况、监护条件和治疗时间三个因素,并且对三个参考因素予以量化。该规定规范了强制医疗解除标准,克服了危险性评估的随意性,极大地降低了法官审查判断"人身危险性"的难度。但是有研究显示,男性、青壮年、单身者、失业者、文化程度低的病人更容易发生暴力行为甚至作案。[1]上海市的标准未考虑到被强制医疗人的个人情况,不得不说是遗憾。而且有学者指出,迎合法官"无力判断取舍"的法定化规则最终会让法官越来越依赖、盲从,长此以往会恶性循环,使我国法官对于

---

[1] 参见樊学文等:"易肇事肇祸精神分裂症患者的社会人口学特征",载《中国健康心理学杂志》2013年第1期。

证据审查判断的心证能力严重弱化。[1]

参考日本实践经验，法院在决定是否终止强制医疗时考量的因素有：一是精神症状是否明显改善，一定期间内无复发危险；二是强制医疗终止后，治疗是否可以持续、稳定地进行；三是是否有足够的社会生活能力；四是强制医疗终止后，是否具有完备的帮助其持续稳定治疗的社会支持体系；五是社会支持体系是否具备应急能力，足以应对突发紧急情况。这些做法为规范我国刑事强制医疗解除标准提供了借鉴。我们建议，法院审查判断人身危险性的重点要素有：

第一，精神疾病类型。《刑事审判参考》中第887号案例"宋某被强制医疗案"，将精神病人分为冲动攻击型、极度妄想型、社会能力衰退型三种类型，指出冲动攻击型的人身危险性较高。[2]实践中也有参考医学领域的重性精神疾病（精神分裂症、分裂情感性障碍、偏执性精神病、双相情感障碍、癫痫所致精神障碍、精神发育迟滞伴发精神障碍）来认定人身危险性，但有的学者认为这六类重性精神疾病仅限于目前医疗水平临床上认为治愈周期长或者比较难治愈的情形，并不都具有人身危险性。如癫痫所致精神障碍，只有癫痫后人格改变的危险性才高。相反，抑郁症属于危险性较高的精神疾病。[3]抑郁症病人会出现凶杀行为，其中多是扩大性自杀或间接性自杀，多为女性；部分存在报复性杀人或激惹性杀人，多为男性。[4]虽然这些分类不一定准确，但可以作为分析精神疾病症状所引发人身危险性的考量因素。精神分裂症病人的命令性幻听、被害妄想、烦躁和易激惹等四个阳性症状与精神分裂症病人的危险行为显著相关。[5]

第二，疾病治疗恢复情况。被强制医疗的人病情是否稳定；对疾病有无

---

[1] 参见元轶："强制医疗程序整体构造成因论"，载《证据科学》2017年第3期。

[2] 参见最高人民法院刑事审判一至五庭主办：《刑事审判参考（总第93集）》，法律出版社2014年版，第587~590页。

[3] 参见李筱永："风险预警中精神障碍者个人信息处理失序的法律应对"，载《残疾人研究》2021年第2期。

[4] 参见王靖等："具有凶杀行为的抑郁症与精神分裂症患者的作案特征对比"，载《法医学杂志》2017年第3期。

[5] 参见张钦廷、蔡伟雄："精神分裂症患者的暴力攻击行为"，载《上海精神医学》2005年第3期。

自知力，即有无主动接受治疗的意愿，服药依从性如何；[1]强制医疗执行期间有无自杀或者其他攻击行为。

第三，有无合并物质滥用[2]。有研究发现精神分裂症合并物质滥用者暴力行为较无物质滥用者明显增多，[3]最常见的物质滥用为酒精、可卡因。很多研究一致发现，共病物质误用在精神分裂症患者的暴力行为中扮演着中介角色，比单一的精神分裂症等易产生暴力行为，它通过多重机制使患者的暴力风险升高一倍。[4]

第四，既往暴力史。虽然不能以被强制医疗的人曾经实施的暴力行为直接推定其具有人身危险性，但是有研究显示，既往有暴力史及曾经或最近受暴力迫害的历史均可成为暴力行为增加的危险因素。暴力史是对于未来暴力行为，最有效的单一预测标准，因此可作为一个参考因素。[5]

第五，家庭监管的意愿和条件。被强制医疗人服药及心理治疗的依从性决定其病情稳定性，若中断相应的治疗可能会引起病情反复，从而导致暴力风险的增加。因此，考量家庭监护条件和能力就显得十分重要。

五、增加对于强制住院医疗的附条件解除强制医疗

正义要求法官所作出的任何不利于一方当事人的决定，必须是以适当之谨慎作出的，这种谨慎反映了对当事人的尊重，以及对其利益的适当关心。因此，在刑事审判中，必须对被告人采取一种"保护性态度"：在对他作出不利认定时，要比作出有利认定时秉持更多的谨慎。[6]根据《刑诉解释》的规

---

[1] "自知力"是精神病人疗效程度一个非常重要的评判指标。精神病人对自身疾病不能认识就难以主动配合服药，只有患者本人对其自身疾病有所认识，恢复现实检验的能力，才能使其及时主动就诊、主动用药。详细论述参见王健："浅议强制医疗的解除"，载《中国司法鉴定》2015年第2期。

[2] 这类情况在学术上被称作"双重诊断"（dual diagnosis，DD）或者共病问题（comorbidity），也就是在物质滥用之外，还有其他精神疾病，或者在有抑郁等精神疾病的同时，还有酗酒等物质滥用问题。

[3] See Moulin V. Framorando D. Gasser J et al., "The Link Between Cannabis Use and Violent Behavior in the Early Phase of Psychosis: The Potential Role of Impulsivity", *Front Psychiatry*, Vol. 13, 2022.

[4] See Whiting D, Lichtenstein P&Fazel S, "Violence and Mental Disorders: A Structured Review of Associations by Individual Diagnoses, Risk Factors, and Risk Assessment", *Lancet Psychiatry*, Vol. 8, 2020.

[5] 参见易芸等："严重精神障碍患者暴力行为相关因素的研究进展"，载《国际精神病学杂志》2022年第1期。

[6] 参见[新加坡]何福来：《证据法哲学——在探究真相的过程中实现正义》，樊传明等译，中国人民大学出版社2021年版，第314页。

定，解除案件经过审理，可以分别作出解除或者继续强制医疗的决定。我们认为：解除或者不解除的僵化规定无法涵摄具体案件的复杂情形。如法官对于精神病人是否具有人身危险性心存疑问，内心无法形成确信的；或者经过审查认定精神病人不具有人身危险性，但是根据专家建议，被强制医疗人尚无完全恢复自知力，无法主动接受治疗或服药的；或者精神病人的家属虽具有监护意愿和能力，但有的碍于"面子"不愿主动送治病人的可能性。[1]

同时，有研究表明，精神病罪犯在释放后脱离社区心理治疗再次犯罪率是坚持心理治疗患者的3倍。[2]在美国，继欣克利刺杀美国总统里根案后，对"有病无罪的人"强制医疗解除难问题仍然存在。虽然家人及本人多次向法院申请释放，但欣克利一直被收容在圣伊丽莎白医院接受治疗，长达40年之久，2022年才获无条件释放。而且美国目前整体上呈现住院时间越来越长的趋势。收容时间的影响因素中，收容目的、人身危险性的权重明显大于医学因素。[3]附条件释放与完全释放的区别在于精神病人存在极易诱发其再犯的危险因素，这些危险因素需要继续跟踪治疗，需要社区对他们的康复和再社会化给予支持。这不仅仅是医学的问题，更是为患者提供正当程序保障及保障公共安全的需要。[4]简言之，强制医疗之所以解除难，根源于在公共安全面前精神病人的利益不再是那么"至高无上"的。[5]

为了在保障社会公共安全与维护精神病人人权之间寻求最佳契合点，同

---

[1]《刑事审判参考》第886号案例"朱某被强制医疗案"中朱某在高中时即开始产生异常，家人未给予足够重视，仅认为朱某是心理问题，从而只看了心理咨询门诊。2012年，朱某病情进一步恶化，且已被诊断为病理性心理问题，朱某家属仍不愿意接受必须对朱某进行专业治疗的现实，而仅仅是继续带朱某看心理门诊和服用药物，在朱某不具备复学条件的情况下匆忙让其复学。在朱某复学后，家人仅嘱咐其服药，未尽到监督服药的责任。朱某长期携带长33厘米的匕首，更是其家属在监管上的失职。最终朱某因实施持刀抢劫、强奸行为，经法定程序鉴定为依法不负刑事责任的精神病人，有继续危害社会的可能，人民法院决定强制医疗。详细记载参见最高人民法院刑事审判一至五庭主办：《刑事审判参考（总第93集）》，法律出版社2014年版，第582~586页。

[2]参见易芸等："严重精神障碍患者暴力行为相关因素的研究进展"，载《国际精神病学杂志》2022年第1期。

[3]参见张钦廷、汤涛："从经典判例之行为人处置看强制监护治疗"，载《中国司法鉴定》2009年第3期。

[4]参见潘侠："刑事强制医疗解除研究——基于患者再社会化的进路"，载《贵州社会科学》2016年第7期。

[5]参见何恬：《重构司法精神医学——法律能力与精神损伤的鉴定》，法律出版社2008年版，第93页。

时鉴于我国强制医疗执行资源紧缺的状态，可以建立强制医疗的附条件释放。如果精神病人不具有人身危险性，考虑到大多数精神疾病需要维持治疗，如果本人及家属不具备自行主动接受治疗的条件，完全解除强制医疗存在风险隐患时，建议裁定附条件解除。

参考域外制度设计，精神病人解除强制医疗之后大多需要伴随进一步的社区治疗。以美国、英国等国家为例，法院采取附条件地解除强制医疗模式，并衔接强制社区医疗，根据病情的严重程度随时调整回归强制医疗机构治疗还是继续社区治疗。[1]关于强制精神病人于社区中接受治疗的法律制度，拥有其用语上的分歧性。由此也可以窥见此新兴制度的争议性。支持者主要着眼于其协助增加治疗的遵从面向，而称之为协助性社区治疗（Assisted Community Treatment）。反对者则着眼于预防与强制面向，倾向于称之为预防性强制社区治疗（Preventive Outpatient Commitment），该模式扩张了社会的控制网络。法院命令于社区治疗参与模式的预防性多于协助性，其实质为国家将公权力扩张于精神病人生活的社区中，本质上属于非自愿性治疗的一种形式。[2]

（一）美国纽约州的协助门诊治疗（Assisted Outpatient Treatment）

20世纪40年代，二战时从欧洲及太平洋战区下来的患有精神疾病的军人，造成了精神病院人口的急速膨胀。在20世纪50年代中叶达到了高峰期的55万人。随之出现了医院人满为患，医疗护理质量低下的情况。之前盛行的精神病院沦为类似于收藏了数以万计人体的"货仓"，[3]其中大部分精神病人在机构中度过余生。同时，治疗精神疾病药物的产生导致治疗模式的转变，依靠药物治疗而稳定在社区中生活成为可能。与此同时，精神病院患者的权益受到严重侵害等问题不断被披露，引起社会广泛的关注和批判。美国最高法院在1975年的O'Connor vs. Donaldson判决中提出：单纯因为发现精神疾病，不能正当化州政府违反病患意愿，强制病患住院的行为。政府权力不

---

[1] 参见陈绍辉：《精神障碍患者人身自由权的限制——以强制医疗为视角》，中国政法大学出版社2016年版，第291~300页。

[2] See Weich S, Duncan C, Bhui K, et al., "Evaluating the Effects of Community Treatment Orders (CTOs) in England Using the Mental Health Services Dataset (MHSDS): Protocol for a National, Population-based Study", *British Medical Journal Open*, Vol. 8, 2018.

[3] See Joel A. Dvoskin, James L. Knoll, Mollie Silva, "A Brief History of the Criminalization of Mental Illness", *CNS Spectrum*, Vol. 25, 2020.

能强制一名不具有危险性，且其可自由独立安全地生活，或是在家属或朋友帮助下安全生活的病犯住院治疗。[1]社会公众对于弱势群体自由权关注的提升，使得非自愿住院条件限缩、最小限制原则得以确立，且必须经过更加精细化的听证程序。加之前述"去机构化"浪潮于20世纪60年代晚期开始，并于20世纪70、80年代在美国实现。这样的背景下，病患广泛地释放回社区中，州立精神病院所收容的人数显著地减少。将以前住院的病人转移到社区护理，是为其融入社区生活提供新机会，以及为精神病患者提供更人道和更具成本效益的照护所作出的一项重要努力。不幸的是，规划有缺陷、执行不平衡。一个主要问题是未能预见和解决"邻避效应"综合征，这种综合征很快在许多社区发展开来。在一些地方，当地社区组织建立"反对之家"。精神卫生系统普遍没有准备好满足长期依赖社区照护的需求。[2]将患者送回社区的初衷是期望能解决医疗机构管理不善、患者复原困难的问题，然而在"去机构化"的前10年中并未作出任何管理上的安排去接纳"被推出精神病院大门外"、处于精神疾病发作期的患者。许多病患聚集于旅馆的单人房间或者其他廉价住房的地区，或流落街头缺乏照顾，病况恶化而需再次住院治疗，或对自身及他人造成危险。[3]

美国几乎所有的州都允许或未禁止各种形式的强制社区治疗。关于强制社区治疗的运用，或就规范的数量而言，呈现一个递增趋势。其模式主要有三种：一是强制住院治疗的附条件释放。该模式针对的是受强制住院治疗拘束的病患，以接受在社区继续治疗作为住院治疗的解除条件。类似于监狱中的假释制度，此模式以患者自身愿意继续接受社区治疗为条件，违反社区治疗条件的，可能导致其再次强制住院治疗。二是最小限制社区治疗模式。该模式适用于符合强制住院治疗标准的患者，法院按照最小限制原则，可以授权居住社区团体生活治疗、部分住院治疗、门诊治疗等方案替代住院治疗。患有严重精神障碍的病患可能对其自身或他人造成危险，因此国家预设其无

---

[1] O'Connor *v.* Donaldson, 422 U. S. 563 (5th Cir. 1975)

[2] *See* The Sentencing Project：" Mentally Ill Offenders in the Criminal Justice System An Analysis and Presciption", at https://www.opensocietyfoundations.org/publications/mentally-ill-offenders-criminal-justice-system-analysis-and-prescription（Last visited on April 25, 2022）.

[3] *See* H. Richard Lamb, Linda E. Weinberger. "Deinstitutionalization and Other Factors in the Criminalization of Persons with Serious Mental Illness and How it is Being Addressed", *CNS Spectrum*, Vol. 25, 2020.

决定能力，代其决定住院治疗。而社区中治疗可以达成预防公众免遭伤害的危险，与强制住院治疗相比，不以牺牲自由权为代价，被认为以最小限制手段等效益地实现了国家管制目的。三是预防性强制社区治疗。该模式允许法院仅需以较简易的标准即可强制未符合强制住院治疗的对象接受社区治疗。若法院无强制性的住院治疗命令，由于该对象不愿参与自愿性的治疗计划，其病情恶化而最终仍将导致非自愿性住院的结果。该模式是对应逐渐限缩的强制住院标准与"去机构化"政策，以弭平去机构化善意与其实践所造成的断层为目标的强制治疗手段。[1]

我们选择了纽约州为代表。纽约州于1999年以一名在地铁站中被居住于社区的精神分裂症患者杀害的女性受害者的姓名命名，出台了肯德拉法案（Kendra's law），此法规授权了协助性社区治疗。[2]其所定义的18周岁以上精神疾病患者接受强制社区治疗（Assisted Outpatient Treatment，AOT）的条件是：（1）缺乏监护照顾，无法在社区中安全生活的；（2）曾有不遵从精神疾病治疗的记录，在过去48个月内，一次或者多次发生严重暴力行为、暴力威胁的，或试图对自己或者他人实施暴力的历史；或者是在36个月内至少两次住院、进监狱的；（3）该对象无法参与自愿性治疗；（4）依据患者以往的治疗记录与现在的行为，判断其需要协助门诊治疗，以避免精神疾病反复或者恶化而有自伤或者伤害他人危险的；（5）该当事人可以从强制社区治疗中获益。[3]该法对于接受协助性社区治疗的标准是对自身或者他人身体有伤害危险性而非严重失能，而将调查期间回溯延长至48个月，包含对过去36个月该对象接受治疗的记录，并且将社区治疗预设为得以预防病情复发或恶化而导致自杀行为或住院治疗的必要方法。

治疗的申请可以由不同主体提出，具体包括家庭、精神科医师、社区治疗服务负责人、假释或缓刑监督官、该对象所居住机构负责人。申请书须附有一份医师的声明材料，具体内容指医师在呈交申请前10天内曾亲自检查或尝试检查该对象，有理由怀疑该对象符合协助门诊治疗的条件，且该医师愿

---

[1] 参见潘侠：《精神病人强制医疗法治化研究——从中美两国对话展开》，中国政法大学出版社2015年版，第247页。

[2] See New York Mental Hygiene Law §9.60, New York's States.

[3] 参见叶小琴、李筱永："精神障碍患者社区强制医疗制度评析"，载《中国全科医学》2015年第34期。

意在听证会上作证。法庭庭审程序要求被申请人出席听证，如果所有的努力均告失败，法庭可以在被申请人缺席情况下进行听证。但是检查医师必须亲自出庭作证、陈述事实和临床诊断，证明被申请人符合协助门诊治疗的标准，而且该治疗是限制性最小的选择。为了保障被申请人的合法权益，法律赋予其享有律师帮助权，以及对于不利证人进行质证的权利。听证程序上必须提出书面治疗计划，书面治疗计划包括个案管理或主动式社区治疗服务以提供协调治疗，还可以包括药物治疗、定期验血或尿液检测，以确定对处方药物的依从情况；个人或团体治疗；日间或部分日间计划活动；教育和职业培训或活动；酒精或物质滥用治疗和咨询及定期检测等服务。如果建议的协助性门诊治疗包括药物治疗，还应说明药物类型剂量以及药物的副作用，并建议此类药物应自行管理还是由授权人员管理。

法院应以明确且令人信服的证据作出协助门诊治疗的命令，首次期间不得超过1年。在命令届满前，申请人需要评判是否符合继续协助门诊治疗的标准，如果符合，应该在协助门诊治疗令到期前30天内提交延长治疗的申请，延长期限不超过首次命令到期日起1年。

如果未能或拒绝遵守协助门诊治疗的，法院可以指示由社区治疗顾问依法将患者送至医院治疗，或由警察人员陪同患者至医院，随后接受72小时内的留院观察，以确定此类患者是否需要住院治疗。如果不符合非自愿入院规定，并且该患者不同意入院治疗的，则必须将其释放。不遵守协助门诊治疗命令不得作为非自愿民事承诺或蔑视法庭裁决的理由。

（二）英国的监督社区治疗（Supervised Community Treatment, SCT）

20世纪50年代后期抗精神病药物和情绪稳定药物的引入允许更多的患者在社区（院外）接受治疗，门诊就诊人数大幅增长；加上国民保健系统带来社区康复理念的发展，人们越来越意识到，非必要情况下强制精神病患者入院治疗是对其人权的侵犯。于是英国皇家精神疾病和精神缺陷法律委员会（Royal Commission on the Law Relating to Mental Illness and Mental Deficiency, 1954-1957）在报告中建议，当患者的状况允许其回家，则不应该再让其留院治疗。[1]此外，1959年英国的《精神卫生法》（Mental Health Act）非常重视

---

[1] See Morris N, "Royal Commission on the Law Relating to Mental Illness and Mental Deficiency", *The Modern Law Review*. Vol. 21, 1958.

人权保护和尊重专业精神医学。该法是第一部阐明强制入院治疗规则的法律，而且厘清了自愿和非自愿治疗之间的区别。1961年，当时的卫生部长伊诺克·鲍威尔在他的"水塔（Water Tower）"演讲中进一步强调了关闭收容所的政策，宣布他计划将精神病患者的床位数量减半。政府在20世纪70年代开始实施关闭大型精神病院的政策，所有精神科服务由各地区的综合医院提供，并与社会服务机构保持密切联系。地区综合医院精神科的运营模式与其他科相同，分别设置住院部和门诊部。因此，门诊成为医院精神科的组成部分，并且功能从分诊转向评估和随访，精神科住院病床数量急速下降。除此之外，还有其他为精神病患者提供的社区服务，如支持性住房、日间服务、社区精神卫生护士、社会工作者团队服务。这种服务一般被称为社区护理，并得到政府政策的支持，如"为精神病患者提供更好的服务（Better Services for the Mentally Ill）"[1]政策、"社区护理（Care in the Community）"[2]政策和"特别针对精神病患者和智障人士的社区护理（Community Care With Special Reference to Mentally Ill and Mentally Handicapped People）"[3]政策。

随着社区服务提供的扩大，英国出现了以社区精神卫生小组为基础的单一护理模式。尽管收容所被大规模关闭后，社区康复服务为之前在收容所中长期居住的患者找到了新住所，但人们日益担心社区服务不能满足慢性精神疾病患者的需求以及新被诊断出精神疾病的年轻人的需求。关于社区护理服务缺陷的一系列报告促使护理计划方案（Care Program Approach, CPA）的引入和1990年《国民保健和社区护理法》（the NHS and Community Care Act）[4]的出台。该护理计划方案为有严重心理疾病的人提供了有效的精神卫生保健框架，重新规定了卫生部门和地方当局的职责，以确保人们得到周全的护理

---

[1] See "Better Services for the Mentally Ill", at https://navigator.health.org.uk/content/better-services-mentally-ill-white-paper-was-published-department-health-1975（Last visited on May 14, 2018）.

[2] See wikipedia, at https://en.wikipedia.org/wiki/Care_in_the_Community（Last visited on May 14, 2018）.

[3] See "Community Care with Special Reference to Adult Mentally Ill and Mentally Handicapped People", at https://www.scie-socialcareonline.org.uk/community-care-with-special-reference-to-adult-mentally-ill-and-mentally-handicapped-people-second-report-vol-i/r/a11G0000001834YIAQ（Last visited on May 14, 2018）.

[4] See National Health Service, England and Wales, "National Health Service and Community Care Act 1990", at https://www.legislation.gov.uk/ukpga/1990/19/contents（Last visited on May 14, 2018）.

服务。计划和法案都得到了 1991 年精神疾病专项拨款的支持,以进一步发展社区精神卫生服务。

然而,20 世纪 90 年代发生的恶性事件使社会对精神病患者群体的关心变为了恐惧。一位精神分裂症患者 Christopher Clunis 在伦敦谋杀了无辜平民 Jonathan Zito,这一案件尤其突出显示了社区精神卫生服务无法触及社区患者处于疾病过渡期的生活状态,人们对普通社区精神卫生小组能否处理复杂精神障碍患者和严重危急患者产生了质疑,甚至很多人因此认为社区康复服务是失败的。从那以后,越来越多的政策把关注点放在了严重精神疾病患者的风险管理以及公众安全上。

1983 年《精神卫生法》于 2007 年进行了修订。为严重精神病患者强制入院进行评估或治疗制定了法律框架,以确保他们自身及公众安全。2007 年修订重点是增加了通过颁布社区治疗令(Community Treatment Order,CTO)实施监督社区治疗(Supervised Community Treatment,SCT)[1]的详细程序,依据该法被强制入院的精神病患者出院后,根据其精神障碍性质程度,考虑到如果不接受治疗,其病情会存在恶化风险,为了他的健康安全或为了公共安全,根据社区治疗令在社区继续接受治疗;但若病人未能遵守社区治疗令所规定的条件,他们有可能会被召回医院继续接受治疗。

在英国,精神卫生领域内的"危险性""治疗的必要""住院的必要"等实体标准都是完全由医生判断的,法律未给出任何建议,在事后的司法程序中也不会对这些实体标准的判断进行审查,但法律对程序作了非常详细、严格、类型化的规定。区别于美国,社区治疗令是由临床医生发出的。为了防止权力滥用,保证该命令的专业性,法律要求该命令需要征得另一名经批准的精神健康专业人员的书面同意。而且区别于美国社区治疗命令有年龄限制,英国社区治疗命令允许未成年人接受社区监督治疗。[2]为促进社区的持续治疗,需要满足两个条件:首先,须有一个机制确保患者留在社区期间参与治疗(包括服用处方药);其次,须有一种方法确保这一过程的连续性,而不影

---

[1] See The Free Dictionary, "Supervised Community Treatment", at https://medical-dictionary.thefreedictionary.com/supervised+community+treatment (Last visited on May 15, 2018).

[2] 参见叶小琴、李筱永:"精神障碍患者社区强制医疗制度评析",载《中国全科医学》2015 年第 34 期。

响患者在社区中的地位。[1]临床医生还可以指定其他条件,通常包括接受检查、药物治疗和参与服务。一般期限是6个月,特殊情况下可以延长至1年。如果有理由怀疑患者精神健康恶化或存在相应风险的,则可能会将不符合这些条件的患者召回医院进行评估,如果该评估表明需要进一步治疗,则撤销社区治疗命令,并适用最初的治疗令。[2]

(三) 我国附条件解除强制医疗的具体建议

考虑到域外规定的附条件解除的社区强制医疗伦理争议较大,不应因强制社区治疗而高举治疗疾病的大旗,并忽略其社会控制的成分,以太过宽松的态度对待此制度。而且我国《精神卫生法》亦无关于社区强制医疗规定,虽然个别地方性立法有类似规定,但其合法性存疑。[3]从比较法的视角,域外强制医疗附条件释放的"条件"并不仅限于定期接受治疗或定期服药,条件可以有多种内容。另外,附条件解除必须有特定机构来行使监督职能,而且须具有通过制裁、召回医院或任何其他方式来执行这些条件。如果没有监督机制,附条件解除实际上就是无条件解除。如爱尔兰的 B. v. Mental Health (Criminal Law) Review Board 案[4],中央精神病院的 Harry Kennedy 教授在宣

---

[1] See Arthur Owino, "Supervised Community Treatment and Section 17 of the Mental Health Act 1983", *Psychiatric Bulletin*, Vol. 31, 2007.

[2] See Weich S, Duncan C, Bhui K, et al., "Evaluating the Effects of Community Treatment Orders (CTOs) in England Using the Mental Health Services Dataset (MHSDS): Protocol for a National, Population-based Study", *British Medical Journal Open*, Vol. 8, 2018.

[3] 上海市在2014年修订的《上海市精神卫生条例》中引入了强制社区治疗制度,该条例的第44条规定,严重精神障碍患者出院时,经具有主治医师以上职称的精神科执业医师病情评估,认为有接受定期门诊治疗和社区随访必要的,严重精神障碍患者的监护人应当协助其接受定期门诊治疗和社区随访。有学者认为该条规定的"定期门诊和社区随访"类似于附条件出院这一强制社区治疗模式,开创了国内强制社区治疗立法和实践探索之先河。参见陈绍辉:"强制社区治疗的域外经验及其本土构建",载《残疾人研究》2021年第2期。

[4] 本案是关于强制医疗解除的申请人提起的司法复议。申请人杀死了他5岁的女儿,2002年1月31日,陪审团在中央刑事法院裁定他因患有精神疾病不承担法律责任,初审法官(Carney J.)根据1883年《精神病犯审判法》第2条判决申请人在邓德拉姆(dundrum)的中央精神病院治疗。经过治疗申请人似乎身体状况良好。他被准予每周与家人同住四晚,剩下三晚回到中央精神病院。但是申请人表示审查委员会没有权力拘留他,因为他不再患有精神障碍,也不需要住院治疗,不再符合继续留在医院的标准,在中央精神病院的进一步拘禁侵犯了他根据《宪法》和1950年《保护人权和基本自由公约》第5条享有的自由权。然而,中央精神病院临床主任及精神科医生认为,申请人出院需要附加条件,他不适合无条件出院,不建议申请人出院。See B. v. Mental Health (Criminal Law) Review Board & Ors [2008] IEHC 303.

誓证言中提出，申请人目前不适合无条件出院，其出院必须附加条件，具体包括：（a）和家人住在家里；（b）戒掉过量的酒精和非法药物；（c）遵守随机药物测试和/或酒精测试；（d）参加由其心理健康治疗团队成员安排的定期复查和例会；（e）如果出现精神疾病症状，会及时通知他的心理治疗团队；（f）按照规定服药；（g）接受心理健康治疗团队成员的家访和电话联系；（h）与心理健康治疗团队的成员合作，并允许他们在临床上认为合适的情况下联系直系亲属、雇主和其他密切接触者；（i）不担任负责照顾儿童或与儿童一起工作的职务，而且在他的家庭环境中，不应单独负责照顾儿童；（j）将每周工作时间限制在 39 小时内，不得加班或轮班工作。而且 Harry Kennedy 和他的同事都担心，尽管申请人承诺遵守这些条件，但他们不相信他会中长期遵守这些条件，除非审查委员会有监督他遵守条件的强制力。然而爱尔兰的法律没有执行附加条件的规定，复审委员会担心，立法中附条件解除实际上是无条件的。最终决定维持初审法官的裁定，继续对申请人采取强制医疗措施。

综上，我们建议解除程序中，强制医疗机构或司法鉴定专家评估被强制医疗人的人身危险性程度低的，可以建议附加条件。如有饮酒等物质滥用史，可以增加戒掉酒精的条件；如精神病人的暴力攻击行为是受现实因素的刺激，可以增加禁止进入特定场所的条件等。我国附条件解除强制医疗以精神病人及其家属承诺自愿遵守条件为前提，该承诺的内容能否实现，必须由特定机关进行跟踪和监督。如上所述，检索我国强制医疗解除的裁判文书，根据回归分析结果，承诺监管这一自变量对应的 p 值为 0.000，在 $\alpha=0.01$ 显著性水平上承诺监管对强制医疗解除存在显著影响，说明承诺监管对强制医疗解除的决定存在非常强的影响。数据显示，当有亲属承诺对被强制医疗的人在解除强制医疗后进行监管时，解除率明显高于不予解除率[1]。由此我们可以看出，附条件解除在我国法律适用中已经具备了一定的实践基础。

承诺遵守附加条件需要后续监督予以支撑，两者是共生依附的关系。

---

[1] 本研究结论：Exp（B）值表明出现某种结果与不出现某种结果的概率比。Exp（B）值为 2.937，意味着当有亲属承诺对被强制医疗人在解除强制医疗后进行监管时，解除率是不予解除率的 2.937 倍。

〔1〕参照英美国家的个案管理，后续治疗的监督由公安民警及医务人员、村（居）民委员会成员等共同组成的社区治疗小组负责〔2〕。如果精神病人有违反条件的行为，治疗小组负责人可以警告，确有必要可以安装 GPS 监控之类的电子监控设备。精神病人如果未经批准私自外出的，有关部门根据大数据筛查可以识别并报警〔3〕。治疗小组负责人必须定期将该精神病人的治疗过程、病情状况、条件履行情况等资讯向法院报告。若治疗计划书有所变动，必须取得法院的许可。如果精神病人能够遵守承诺，在治疗小组的监督下接受治疗、定期服药、履行其他条件的，病情稳定、未出现伤害自身及他人的情况，且持续时间为 1 年~2 年的，治疗小组应及时向人民法院汇报，由后者批准无条件释放。〔4〕

六、将强制医疗解除后的精神病人纳入社区管理治疗和监控体系

强制医疗最终的目的是让精神病人回归社会，实现其再社会化的目标。对于强制医疗解除后的跟踪管理是政府、社会、监护人共同的责任。因此，明确各方主体的职责，建立强制医疗解除与再社会化的过渡机制，是破解解除难的路径之一〔5〕。

既往研究可知，大约 70%的精神分裂症患者依从性较差，能够出院后巩固治疗 2 年以上的患者不足 30%，临床治疗现状不容乐观。〔6〕精神疾病治疗时，停药几乎不可避免地导致复发，而多次复发会对大脑产生严重的损伤，而

---

〔1〕参见卢超：“行政许可承诺制：程序再造与规制创新”，载《中国法学》2021 年第 6 期。

〔2〕参见刘勇、谢斌：“强制社区治疗的国际经验及对我国的启示”，载《中国心理卫生杂志》2017 年第 12 期。

〔3〕《精神卫生法》规定了严重精神障碍发病报告制度，符合条件的严重精神障碍的相关信息必须上报系统，而且危险等级在 3 级以上的，卫生和公安是可以共享的。因此这样的建立具有制度支撑和实践基础。详细论述参见高佳："入库被歧视，用药短缺，配套措施不全——重性精神病患者都去哪儿了"，载 https://www.sohu.com/a/315619381_120146415，最后访问日期：2022 年 7 月 27 日。

〔4〕参见潘侠："刑事强制医疗解除研究——基于患者再社会化的进路"，载《贵州社会科学》2016 年第 7 期。

〔5〕参见潘侠："刑事强制医疗解除研究——基于患者再社会化的进路"，载《贵州社会科学》2016 年第 7 期。

〔6〕参见苏亮："精神分裂症防治指南第二版解读"，载微信公众号"SCH 通讯"，最后访问日期：2023 年 4 月 6 日。

维持治疗是降低复发和住院风险最有效的方法之一。[1]有学者以法国被判为无刑事责任的谋杀行为而拘禁于精神病医院的精神病人为研究样本,结论显示,90%以上的谋杀事件发生在精神病人没有接受治疗和停药时。[2]

　　对于精神病人而言,治疗是预防犯罪最直接的方法。除此之外,家庭监督支持、医疗资源与社区照顾等同样重要。只有医疗、司法与社区三方互相配合,共同预防疾病、追踪愈后,才是对精神病人犯罪者最佳的处遇策略。持续医疗对于精神病人至关重要,融入社区就近取得居家治疗、日间病房、门诊治疗十分重要。重新接受技能训练,取得工作机会维持经济来源,不仅能提高个人成就感,也是促进人际交往和延缓失能最佳的康复训练。为了避免精神病人在医院与社区之间进进出出,宛如"旋转门"一样,我们应该连接司法与社区卫生资源,促进精神病人回到社区接受维持治疗,这对于最终融入社会生活有着重要的意义。具体建议如下：

　　(一)强制医疗解除后的精神病人纳入社区精神卫生管理体系

　　自2012年《精神卫生法》颁布以来,我国确立了严重精神障碍患者的社区随访和管理制度。随着国家卫健委发布的《严重精神障碍管理治疗工作规范(2018年版)》,我国对于居家严重精神障碍患者形成了三级精神疾病预防控制体系(以北京市为例,如图9)。然而遗憾的是,由于《精神卫生法》只针对非涉刑的精神障碍患者,加之《精神卫生法》和《刑事诉讼法》缺乏有效的衔接,因此解除强制医疗后的精神病人没有纳入社区管理治疗范围。这样的规定不利于对其进行治疗管理,也难以有效预防肇事肇祸的再次发生。其实,强制医疗解除后的精神病人有类似的甚至比非涉刑领域的患者更迫切的需求。

---

　　[1] 参见王天啸："CSP2016：精神分裂症防治指南第二版解读",载http://psych.dxy.cn/article/503130,最后访问日期：2022年7月23日。

　　[2] 参见郝亚利："法国精神病患者凶杀行为的研究",载《国外医学(精神病学分册)》1984年第4期。

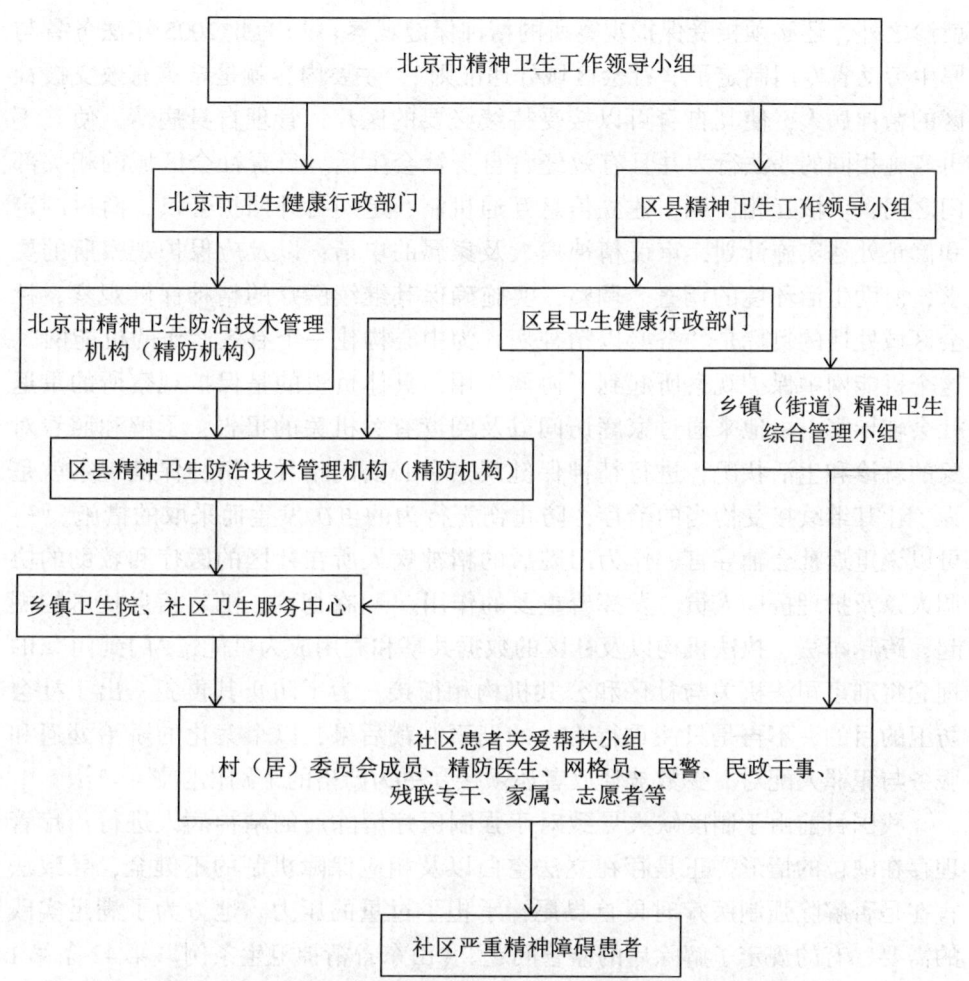

图9　对于居家严重精神障碍患者的三级精神疾病预防控制体系

强制医疗解除后，精神病人回归社会，无论对于政府还是公民而言，均是一项充满挑战的工作。政府必须思考如何有效地监管这些被释放回社会的精神病人，防止其再犯；公民则需要思考如何与精神病人共处，建立所谓的共生社会。就前者而言，被强制医疗的人回归社会需要社区机构有效监督其服药、接受治疗等，若精神病人一旦脱离治疗，就必须采取应急处置措施。在日本，法院判决允许出院的人，原则上除了3年之内必须在指定医疗机构就诊之外，还必须接受保护观察所的精神保健观察。[1]为此2005年法务省与厚生劳动省专门制定了"社会区域处遇准则"，主要内容就是希冀有效支援社区的精神病人，使其自身可以接受持续必要的医疗，管理自身病情，使其不再实施相同的违法行为并且有效经营自身社会生活。负责社会区域的相关部门之间，应该互相协助，建立信息互通机制；定期召开照护会议，商讨制定和修正处遇实施计划，审议精神病人及家属的申请；以及应保护观察所的要求，协助生活环境的调查、调整，实施确保其继续医疗的精神保健观察。社会区域处遇的目标是"务必以精神病人为中心构建一个有效运作的机能网"，这个机能网中保护观察所起到了协调作用，具体负责的是保护观察所的重返社会辅导官，由他来通过家庭访问以及阅读有关机关的报告，了解和照看对象的就诊和生活状况，进行精神保健观察和必要的指导。精神保健观察就是为了让其继续接受恰当的治疗，防止伤害行为的再次发生而采取的措施。[2]可以说重返社会辅导官，作为出院后的精神病人所在社区的医疗和救助的协调人以及护理援助人员，发挥着重要的作用。[3]在德国，随着信息技术的崛起，跨越司法、执法机构以及社区的数据共享和利用成为可能，"门到门"的理念将刑事司法机关与社区和公共机构相衔接。为了防止其再犯，出于社会防卫的目的，不再是只注重行为人的刑事制裁后果，以个案化的矫治处遇和服务与犯罪人配对。少数被释放者还须接受更为严格的个别化监督。[4]

我国目前由于制度缺失导致对于强制医疗解除后的精神病人进行治疗管理存在缺位的情形。正是存在立法空白以及相应保障机制的不健全，导致法官在是否解除强制医疗时畏首畏尾，承担了过重的压力。地方为了满足实践的需要，有的规定了解除后的监管问题。《山东省精神卫生条例》第42条第1款规定，严重精神障碍患者出院或者被解除强制医疗回到社区后，乡镇人民政府、街道办事处应当及时组织有关单位与患者监护人签订看护协议。《湖北省公安机关办理不负刑事责任的精神病人强制医疗案件工作规定》第16条第

---

[1] 参见[日]大谷实：《刑事政策学》，黎宏译，中国人民大学出版社2009年版，第431页。

[2] 参见[日]大谷实：《刑法讲义总论》，黎宏译，中国人民大学出版社2008年版，第499页。

[3] 参见[日]鹤见隆彦："精神障碍者危险行为（犯罪行为）的预防对策——医疗观察制度下心神丧失者的处遇"，载《犯罪学论丛》2008年第0期。

[4] 参见韦佳："争议中前行：德国预防性监禁的复兴、修正及其借鉴意义"，载《法学杂志》2017年第11期。

1款规定，被依法解除临时的保护性约束措施、解除强制医疗的人在本辖区居住的，办案部门应当将有关情况通知其居住地公安派出所和卫生部门，由居住地公安派出所按照有关规定协助做好社区监护管理工作。虽然规定得不够具体，但是说明各地逐渐认识到强制医疗解除后跟踪管理的重要性，具有很大制度创新性，也为未来立法完善提供了实践参考。综上，我们建议将解除后的精神病人纳入社区管理体系。具体而言，可以在《精神卫生法》中增加"将被解除强制医疗的精神病人纳入社区管理治疗"的条款[1]。同时对于《精神卫生法》的相关规定进行细化，如第55条建立健康档案的范围就不应仅限于严重精神障碍患者，还应当包括被解除强制医疗的精神病人[2]。程序上，人民法院决定无条件解除强制医疗的，强制医疗机构应该将有关情况通知其居住地的公安派出所和卫生行政部门。社区管理的主要内容包括随访、用药以及辅助性指导、应急处置等。我国的社区管理类似于日本的精神保健观察，其目的均是让居家的精神病人继续接受治疗，防止再犯而采取必要指导以及其他措施。具体负责随访管理的是乡镇卫生院、社区卫生服务中心的精防人员。首次随访应该在解除强制医疗之后10个工作日，以家庭访问的方式，由精防人员、民警与村（居）民委员会共同进行，随访时应当充分告知本人及家属关于社区管理治疗主要内容，首次随访的重点内容是评估病人的危险等级，首次危险性等级评估、精神症状评估、社会功能状况等因素决定随后随访的主要形式和频次。平时的随访以电话访问为主，精神病人的家属随时可以联系精防人员。除了定期随访之外，精防人员如果了解到精神病人病情反复不稳定时，应当在民警与村（居）民委员会共同协助下，联系精神科医师进行应急医疗处置。根据病情情况可以随时增加随访频次，改变随访方式。精防人员要与民警、村（居）民委员等协力合作，定期通报信息。

（二）国家亲权来补充或者干预精神病人监护缺位错位的现象

不论是我国《精神卫生法》为了适应精神疾病治疗"去机构化"的国际趋势，抑或是刑事强制医疗为了保障人权适用"存疑有利于被告"原则，均强调整体性连续性的最少限制环境积极治疗的原则，这一原则的执行有赖于

---

[1] 参见吕晓刚、杨彩虹："刑事强制医疗解除程序完善实证研究"，载《河南财经政法大学学报》2020年第6期。

[2] 参见王昊旻、李筱永："风险防范背景下精神障碍患者强制医疗解除的相关问题研究——以社区精防医生认知调查为依据"，载《医学教育管理》2022年第3期。

精神病人家庭的积极配合和协助。家庭是一个人一生中社会化过程的重要单位，发挥健全的家庭功能才能缔造个人的健康。对于精神病人，家庭内部的正向支持具有重大意义。解除强制医疗后，对于精神病人的看管和治疗，监护人的责任更为重大。

实践中，肇事肇祸精神病人的监护主体以父母和配偶最为常见，考虑到年龄、生活关联度等因素，配偶虽然系监护的最理想人选，但鉴于精神病人已婚的比例相对较低，现实中主要承担监护职责的依然是精神病人的父母。[1]然而由于后续治疗服药的经济压力以及父母年龄的增长，其监护能力也在逐渐下降。精神病人可能或因家庭贫困得不到医治，或因监护人疏于医治管理而伤害自身或危害社会，精神病人监护一定程度上存在缺位和错位的现象。

按照国家亲权理论，君主作为"国父"对无行为能力需要保护的未成年人与精神病人行使监护人的职能。罗马法中，国家亲权首先表现为国家在自然亲权缺位的时候顶替其角色，其次表现为为了国家的利益，国家亲权可以干预或阻却自然亲权。[2]2020年出台的《中华人民共和国民法典》（以下简称《民法典》）顺应了国际关于成年监护制度的发展趋势，由"隔离式概括监管模式"向"人权监护模式"转变，以尊重自我决定和有限监护为基本原则，平衡了自治和他治。[3]不仅正视了实践中存在精神病人监护人缺失的问题，对无亲属无单位的精神病人实施国家监护，[4]而且对于监护人任意而为，实施严重损害被监护人利益的行为；或者怠于履行或无法履行职责等缺位情形的，国家有权加以干涉，撤销其监护人资格。[5]

---

[1] 根据罗丽新等人的统计数据，广州市强制医疗所的215例肇事肇祸精神疾病患者中，与家人同住的仅有33%，其余67%的病人均为独居状态，其家人虽偶尔探视，但就探视情况的统计数据也很不理想。在上述病例中，有24.7%的病人全年无人探视，有70.7%的病人每年只有一到两次的探视，每月能有一到两次探视的病人只占4.7%的比例。详细论述参见罗丽新等："肇事肇祸精神病人特征分析"，载《齐齐哈尔医学院学报》2016年第13期。

[2] 参见徐国栋："普通法中的国家亲权制度及其罗马法根源"，载《甘肃社会科学》2011年第1期。

[3] 参见李霞："成年监护制度的现代转向"，载《中国法学》2015年第2期。

[4] 参见侯雪梅："挑战与应对：民法典时代监护人责任规则再审视"，载《残疾人研究》2021年第4期。

[5]《民法典》第32条规定，没有依法具有监护资格的人的，监护人由民政部门担任，也可以由具备履行监护职责条件的被监护人住所地的居民委员会、村民委员会担任。第36条规定，监护人有下列情形之一的，人民法院根据有关个人或者组织的申请，撤销其监护人资格，安排必要的临时监护措施，并按照最有利于被监护人的原则依法指定监护人：（一）实施严重损害被监护人身心健康的行为；

政策上，为了贯彻落实《国务院办公厅转发中央综治办等部门关于加强肇事肇祸等严重精神障碍患者救治救助工作意见的通知》、中央综治办等六部委制定《关于实施以奖代补政策、落实严重精神障碍患者监护责任的意见》，各地不断完善政策措施，切实加强对于精神病人的救治救助，这也是国家亲权制度的内容。国家亲权的设置除了为了国家利益，也体现为了保护精神病人人权和人的尊严。[1]如 2012 年北京市将户籍内的重性精神疾病患者门诊免费服药工作列入财政预算。[2]2015 年北京市建立了严重精神障碍患者监护人看护补助制度[3]，激励监护人积极主动履行职责，防范精神病人肇事肇祸事件发生。安徽省规定，监护人在一个监护年度内能够履行监护责任且被监护人未发生肇事肇祸行为的，监护人可以足额申领监护管理补贴。[4]海南省同样对于严重精神障碍患者门诊治疗实现免费服用基本药物。[5]

最后，为了保障强制医疗解除后的病人能够顺利回归社会，应该积极培育精神卫生的公共性理念，努力形成一种多元主体间协商的治理结构刻不容缓。结合市民力量于公共事务中，让公共部门在不增加经费的状态下，增强服务效能，同时提供民众参与公共事务的渠道，落实公民权。其中从事精神卫

（接上页）（二）怠于履行监护职责，或者无法履行监护职责且拒绝将监护职责部分或者全部委托给他人，导致被监护人处于危困状态；（三）实施严重侵害被监护人合法权益的其他行为。本条规定的有关个人、组织包括：其他依法具有监护资格的人，居民委员会、村民委员会、学校、医疗机构、妇女联合会、残疾人联合会、未成年人保护组织、依法设立的老年人组织、民政部门等。前款规定的个人和民政部门以外的组织未及时向人民法院申请撤销监护人资格的，民政部门应当向人民法院申请。

[1] 参见徐国栋："国家亲权与自然亲权的斗争与合作"，载《私法研究》2011 年第 1 期。

[2] 《北京市门诊使用免费基本药品治疗严重精神障碍管理办法（试行）》提出，具有北京市户籍的经具有精神障碍诊疗资质的医疗机构确诊为严重精神障碍的患者，若自愿接受社区服务管理和免费基本药品服务，可以到户籍所在地基层卫生服务机构建立档案，领取门诊免费治疗手册，确定一所提供服务的医疗机构。持免费治疗手册到确定的定点医疗机构门诊治疗严重精神障碍，免费服用相应基本药品。

[3] 《严重精神障碍患者监护人申领看护管理补贴的暂行办法》规定，由严重精神障碍患者监护人向街道办事处（乡镇政府）提出申请，由居住地村居委会和卫生、公安、民政、残联等部门的基层工作人员共同审核，对落实看护管理并且患者未发生肇事肇祸行为的监护人，给予每月 200 元，全年最高 2400 元的补贴，所需经费由区县财政支付。

[4] 《安徽省严重精神障碍患者监护人申领监护管理补贴暂行办法》规定，监护人在一个监护年度内能够履行监护责任且被监护人未发生肇事肇祸行为的，监护人可以足额申领监护管理补贴。补贴标准按照每名患者每年不低于 2400 元执行。

[5] 《海南省严重精神障碍患者门诊治疗免费服用基本药物项目实施方案》。

生服务的社会工作者的作用尤为重要。社会工作者可依托社会服务机构，设法整合基层政府、精神卫生系统的资源，通过政策解读、社区倡导等行动，消解公众对精神病人的偏见，积极推动各方主体共同参与到社区精神康复服务中来。对此，作为连接精神卫生领域多元主体的桥梁，社会工作者可以发挥重要作用。[1]同时，加强对精神病人及家属的志愿服务，志愿服务是辅助政府达到社会福利完整性的一块重要的拼图，且能够让社会福利更具关怀与温情。

---

[1] 参见杨铿、陈婷婷：“多重制度逻辑下的社区精神康复机构研究——兼论本土精神卫生公共性建设的可能路径”，载《社会科学战线》2017年第3期。

第十章 强制医疗证据制度之完善

强制医疗程序是建立在前续行为已经达到犯罪程度,但由于行为人不具备刑事责任能力,不能追究刑事责任的基础上,以其人身自由是否需要限制为内容的程序。传统刑事证据规则是否能够涵摄这一特殊类型的案件,有无必要构建独立的证据规则成为学界热议的话题。强制医疗案件的特殊性,具体体现在,一是证明对象的复杂性和特殊性,包含了既往已经发生的犯罪行为,还包括了未来继续危害社会可能性判断,兼有回溯式和预测式证明时间向度,[1]这是常规证明无法兼容的。二是强制医疗案件中涉及刑事责任能力和人身危险性的判断均是专门性问题,应由有专门知识的人来解决。然而,与法医病理鉴定、法医临床鉴定、法医物证鉴定、法医毒物鉴定相比,法医精神病鉴定的复杂性和不确定性是较为突出的。除了器质性精神障碍可以通过仪器设备检查之外,大多数精神障碍的诊断主要以精神症状为依据。鉴定过程中的偏差始终存在。[2]综上,不以追究刑事责任为目的的强制医疗程序,其证明对象指向未来的再犯可能性,未来的可能性具有动态性和不确定性,因此证明难度较高。不宜统一适用《刑事诉讼法》所确定的证明标准。强制医疗证据体系内容具体如下:

一、非鉴定类的专家咨询意见和诊断评估报告的质证问题有待完善

为了满足实践中的现实需求,《刑诉解释》第100条用"报告"一词取代了旧法条中的"检验报告",该规定意味着非鉴定项目的专家意见具有了法定证据形式,非鉴定专家提供的"报告"的审查认定参照鉴定意见进行,经查证属实可以作为定案的根据。[3]虽然有学者质疑"立法式司法解释"模式并没

---

[1] 参见秦策:"预测式证明:一种新的诉讼证明类型——围绕人身危险性评估展开",载《金陵法律评论》2014年第1期。

[2] See Katherine E McCallum & W Neil Gowensmith, "Tipping the Scales of Justice: The Role of Forensic Evaluations in the Criminalization of Mental Illness", *CNS Spectrums*, Vol. 25, 2020.

[3] 参见龙宗智、孙末非:"非鉴定专家制度在我国刑事诉讼中的完善",载《吉林大学社会科学学报》2014年第1期。

有《刑事诉讼法》上的依据，但是无论何种模式，非鉴定类项目的专家意见因司法解释的规定而解除了"身份危机"，不得不说是可喜的事。毕竟我国法定鉴定机构只涵盖了法医类、物证类、声像资料类、环境损害类四大类，导致我国刑事诉讼中出现了很多需要鉴定的领域欠缺具有资质的司法鉴定机构的现象，许多专门性问题无法获取有资质的鉴定人出具鉴定意见，影响了对案件事实的查实和诉讼程序的顺利进行。[1]。

自此，强制医疗案件中，法官就"继续危害社会可能"的专门性问题咨询精神科医生意见和强制医疗机构出具的诊断评估报告具有了区别于鉴定意见的另一种证据形式，具有了合法性。但由于司法解释仅作概括规定，在实务中此类证据如何审查认定仍然是亟待解决的难题。[2]虽然我们一直质疑法官审查判断鉴定意见的心证能力严重不足，最终导致裁决权旁落他人的境地，但是法官对于鉴定意见的形式化审查还是可以实现的，如审查机构及人员的资质、程序是否合法、形式是否规范、鉴定意见是否明确等。然而对于非鉴定类的专家意见由于国家不进行资质管理，专家选择、信息提供、意见生成都有很大的随机性和任意性，对于此类专家意见的审查认定根本无法套用传统的鉴定意见的规则。虽然《刑诉解释》第100条的规定，使非鉴定类的专家意见"名正言顺"，但是如果没专家陪审员参与、专家辅助人帮助，法官认证能力和水平不能提高，法官被专家"挟持"局面会更加严重。因为，鉴定意见和非鉴定类意见就其本质都是专家意见，具有客观性和主观性的特征，其采纳和采信均只能由裁判者定夺。

二、关于精神病人过去相似行为证据问题

对于品格证据，普通法系是以排除规则的形式实现的。大陆法系的审判是一元化模式，既要决定事实问题，又要决定法律问题。在这种情况下，对于品格证据采取的是"法官负有义务撰写推理意见，以论证他们的事实认定

---

[1] 2005年2月28日颁布的《全国人民代表大会常务委员会关于司法鉴定管理问题的决定》开启了我国司法鉴定行政管理的路程。2018年司法部办公厅发布了《关于严格依法做好司法鉴定人和司法鉴定机构备案登记工作的通知》从事"法医类""物证类""声像资料类""环境损害类"四大类司法鉴定之外鉴定业务的法人、其他组织及有关人员，将不再受司法行政管理部门（以下简称"司行管部门"）的颁证约束。详细论述参见李学军："诉讼中专门性问题的解决之道——兼论我国鉴定制度和法定证据形式的完善"，载《政法论坛》2020年第6期。

[2] 参见王星译："刑事诉讼中的社会科学证据——兼论专门性问题解决方法的整合路径"，载《华中科技大学学报（社会科学版）》2022年第4期。

有坚实的证据基础，以及理性推论的牢固支撑"。[1]究其原因来看，采纳此类证据存在使事实认定者高估先前不当行为证据意义的危险性。同时事实认定者会因为被告人不良品行的证据，对其不当地反感，从而认为被告人无论如何都应当得到惩罚，不管他是否实施了所控之罪。根据外部证成的解释，因为他们可能导致事实裁判者作出错误的裁判，因此应予反对。法庭不应直接因被告人不名誉的过往来反对他，因为这样做就否定了被告人的道德自主性。作为自主性的人有能力参与理性的自我再创造过程，他有能力从自我认知、从他所处的情势和他的品性中抽离，重新审视以作出不同的应对。人格是可能改变的，具有流动性和可塑性的特征，当一个人最终明白自己行为真正的严重性时，他可能洗心革面重新做人。[2]

我国立法没有对品格证据作出明确规定，通说认为定罪裁判，品格证据原则上应该排除，作为量刑事实的品格证据则具有可采信性。强制医疗是审理以行为人是否具有人身危险性，有无强制医疗必要为目的的司法裁判活动。人身危险性属于事实层面的范畴，它以行为人为导向，面向的是"未来"。即使同为精神病人，人身危险性程度也因人而异。人身危险性事实无法通过指向既往已然发生犯罪行为的证据进行准确认定，虽然既往犯罪事实与人身危险性事实具有相当程度的交叉性和重合性。如法院在作强制医疗决定时需要考虑已然发生的犯罪行为的性质、情节。为了证明危险性是否真实存在，我们有必要从行为向行为人延伸，扩展到考察行为人的一贯表现、危害行为发生的频率、家庭监护情况等品格证据。这些品格证据与待证事实（人身危险性事实）之间存在直接的实质性关系。因此，强制医疗证据体系的构建，应该承认品格证据的适格性。[3]

三、举证责任

（一）人民检察院申请启动强制医疗程序的案件

人民检察院申请启动的，检察机关就负有提供证据证明被申请人应该予

---

[1] 有学者将英美法系归纳为具有"事前防范""间接控制""严进宽出"的特征，大陆法系的法律控制则呈现为一种"事后监督""直接控制""宽进严出"的特征。详细论述参见周洪波："证明标准视野中的证据相关性——以刑事诉讼为中心的比较分析"，载《法律科学（西北政法学院学报）》2006年第2期。

[2] 参见徐昀："品格证据规则的反思与重构"，载《河北法学》2009年第2期。

[3] 参见宋浛沙："被告人品格证据在我国刑事审判中的运用"，载《中国检察官》2020年第15期。

以强制医疗的责任。运用符合法律要求的证据来说服法官相信其主张的责任。若其在不能提供证据或者不能说服法官的情形下,检察机关将承担被驳回申请的责任。

首先,强制医疗不是刑罚,不具有惩罚性,但仍是一种强制,涉及被申请人人身自由的限制和剥夺。检察机关作为国家利益的代表,在涉刑精神病人的案件中,由于疾病使行为人丧失了辨认能力或控制能力,导致无法追究其刑事责任。但是检察机关肩负着维护社会秩序和保障人权的使命并未发生变化,请求法官作出强制医疗代替刑罚的决定是其应对此类涉案人的主要手段。[1]其次,我国刑事诉讼中,基于无罪推定原则的基本精神,公诉案件证明责任由控方承担,被告人不负有证明责任。辩护人在审判中提供证据证明被告人无罪或者罪轻,是法律赋予被告的权利,不是义务或责任。法典总分则体例是以提取法律概念共同特征的公因式为形式逻辑。贯彻总分则体系思维和法律逻辑,强制医疗作为刑事诉讼法典的分则编,总则对分则发挥着体系性的统辖作用。除非有特殊规定,总则中关于证明责任分配的规定,对于强制医疗这一特别程序当然具有法律效力。从操作层面来看,按照公平原则,检察院是强制医疗程序的启动者,是要求法院作出决定的申请方,所以其应该向法庭提供证据支持其要求和主张。其既然做好了准备,自然处于举证的有利位置,让其承担对被申请人施加不利的证明责任也是合理的。《刑诉解释》第632条的规定[2]也说明了强制医疗的证明责任在检察机关,只是申请书代替了起诉书。因此,在检察机关申请强制医疗的案件中,应由检察机关承担证明责任。除非检察机关能够对被告人符合强制医疗的要件事实进行证明,否则其强制医疗申请就会被法院驳回。

需要注意的是,如果被申请人的家属提出具有看管和医疗的条件和能力,强制医疗没有必要的,基于谁主张、谁举证的原则,被申请方应该提出证据证明该主张,其证明只要达到动摇申请方证据可信度的程度即可,最终是否满足强制医疗条件的证明责任仍在申请方。

---

[1] 参见潘侠:"刑事强制医疗证明机制论",载《河南社会科学》2015年第3期。
[2] 检察机关提出强制医疗主张时,必须提出被申请人实施暴力行为的时间、地点、手段、所造成的损害等情况,并附相关证据材料;要求附有法医精神病鉴定意见和其他证明被申请人属于依法不负刑事责任的精神病人的证据材料。

(二) 人民法院依职权启动强制医疗程序的案件

强制医疗的目的在于消除行为人的危险性，确保公共安全。因此法院依职权启动强制医疗程序，符合强制医疗的目的。《刑事诉讼法》规定依职权调查证据的必要性在于该证据具有与待证事实之间的关联，并且有调查可能性，客观上确实为法院认定事实、适用法律的基础。被告精神疾病事由之有无，与其利益乃至自由有重大关系，亦有调查的必要性。

法院依职权启动强制医疗程序，可以肯定的是不能由法官来承担证明责任。审判人员为了查明案件事实可以调查核实证据。其调查核实证据是为了让自己明白，进而内心形成确信，不是为了让他人明白。他们不是证明活动中的说服者，而是被说服者。因此，法官承担证明责任显然违背诉讼的基本原理。人民法院依职权启动强制医疗程序的，是法官客观义务和调查义务的体现。法官是证明主体，但不是证明责任主体。根据《刑诉解释》的相关规定，法庭审理重点首先是对于精神病司法鉴定意见的质证。质证过程中，对证据质疑是质证的目的，具体方式是因疑而问、有疑有问，对提出证据的鉴定人进行质问。针对公诉人和被告人的质问，鉴定人给予回应解答。合议庭在充分听取双方意见的基础上，综合判断行为发生时被告人是否因为精神疾病导致其辨认能力或控制能力丧失，如果合议庭认为被告人具有完全或者部分刑事责任能力，初步认定应当追究刑事责任的，这时强制医疗程序转为普通程序继续审理。相反，合议庭认为被告人不具有刑事责任能力的，法庭审理重点转移为是否符合强制医疗的要件，这时检察机关仍需负担证明责任，公诉人需要重点论证被告人有极大的可能性会继续实施危害社会的行为，应该予以强制医疗。因为此时证明责任的分配仍然坚持利益衡量原则，考虑诉讼便利的原则，由于检察机关先前已经围绕刑事指控作了大量的证据收集工作，仅需要重点补充继续危害社会可能的证据材料，从证据获得难易程度看，由检察机关负证明责任是公平的。[1]

(三) 被告方提出精神病辩护的案件

普通刑事程序中法律推定被告具备完全刑事责任能力，被告方进行精神病抗辩意图使刑事责任能力欠缺成为诉讼争点。被告方必须先行提出证据，表明其在犯罪行为时处于精神疾病发病期。即该主张应由被告提出，并且由

---

[1] 参见潘侠："刑事强制医疗证明机制论"，载《河南社会科学》2015年第3期。

被告对此立证。如被告未提出该主张，或未能立证，均推定被告行为时精神状态正常。至于被告为了立证其刑事责任能力欠缺的主张，究竟需要提出若干证据，还是提出初步证据即可，学界观点不一。通常认为，即使被告只提出一位普通证人证明被告有些怪异行为，即可被认为已尽到立证的责任，而使其刑事责任能力欠缺抗辩成为诉讼争点，其提出责任的负担较轻。被告在表明其刑事责任能力欠缺而尽其立证责任之后，所应裁量的是实质举证责任的归属及标准问题，按照无罪推定的原则，关于精神病人刑事责任能力欠缺的诉讼争点，其实质举证责任在检方。但是关于刑事责任能力的证明标准亦有不同观点，有的认为检察官须就被告行为时精神状态正常，举证至最高的"排除合理怀疑"的程度，方尽到说服责任。有学者认为被告只需负最轻的证据优势之举证责任即达到证明标准。

（四）强制医疗解除的证明责任

我国立法没有规定强制医疗的期限，因此强制医疗解除对于精神病人权利保障来说至关重要。根据法律的规定，提出强制医疗解除意见和申请的主体分别是强制医疗机构和被强制医疗人及其近亲属，因此有学者认为，强制医疗解除的证明责任主体是强制医疗机构和被强制医疗人及其近亲属，即谁主张、谁举证的原则。我们认为该观点值得商榷，理由如下：第一，刑事诉讼证据法所规范的对象主要是刑事法庭的审判过程，而不是审判前的侦查和审查起诉程序，更不是执行程序。执行程序中的证明并非严格意义上的诉讼证明活动。[1]即使最新司法解释规定要组成合议庭，确有必要开庭审理，通知检察机关派员出庭，试图进行司法化改造，然而强制医疗解除程序"行政化"问题仍然无法有效解决。[2]而且要求强制医疗机构提供诊断评估报告，或者必要时候委托鉴定机构进行人身危险性鉴定，足以说明立法者为了提高效率，贯彻的是一种行政审批的逻辑。[3]第二，基于"依事实性质立证的难易"的考虑，[4]人身危险性是一个极其模糊的概念，反向证明人身危险性不存在比正向证明人身危险性存在难度更大，让被强制医疗人及其近亲属承担证明责任不合理。第三，被强制医疗人由于人身自由受到限制，让其承担解

---

[1] 参见陈瑞华：《刑事证据法的理论问题》，法律出版社2018年版，第16~18页。
[2] 参见秦宗文："刑事强制医疗程序研究"，载《华东政法大学学报》2012年第5期。
[3] 参见王迎龙："刑事强制医疗解除程序实证研究"，载《中国法学》2022年第2期。
[4] 参见卞建林主编：《刑事证明理论》，中国人民公安大学2004年出版，第190~191页。

除强制医疗的证明责任,不能有效防止"超期"的强制医疗。

我们认为,强制医疗机构和被强制医疗人及其近亲属提出申请时,承担的是初步证明责任,强制医疗机构的诊断评估报告能够显示被执行人病情稳定,人身危险性减弱或消除,被强制医疗人的近亲属则可以提供自己具有严加看管和监护能力和条件的证据材料。检察机关承担被执行人仍然具有人身危险性,需要继续强制医疗的证明责任。[1]

四、证明标准

司法证明的目的是客观真实。在司法活动中,由证据证明的案件事实并不完全是客观的东西,其中或多或少掺杂一定的主观评价。人类认识能力具有相对性,司法证明的结果也具有相对性。在任何一个具体案件中,司法证明的结果只能是相对真实,不是绝对真实。即使法官采信的证言,往往也包含不真实的成分。[2]这是我们不能回避的,也不得不接受的。最终为法院认定的事实是建立在法律规则之上的以概率为基础的法律事实。追求客观真实是证明活动追求的一种终极的、理想的目标。证明标准是法律所认可的具有现实性品格的衡量准则。2012年我国《刑事诉讼法》将"排除合理怀疑"这一主观性要素注入"证据确实、充分"的客观化要求之中,形成了客观要求与主观要素相结合的证明标准立法模式。

证明标准是指当事实认定者审查并权衡证据之后,他对于一个争议主张为"真"的确信度。证明标准的设定应该考虑以下因素。第一,作为一种政策性工具,证明标准必须对不断变化的社会环境作出回应,应当随时势而变。第二,最佳的证明标准应当对错判有罪的社会成本以及错判无罪的社会成本权衡,进而应当在错误成本和设置程序(包括降低证明标准)以减少错误率的成本之间进行权衡。[3]第三,法官作出肯定性事实认定时必须秉持谨慎,证据必须能够证成一个足够强的绝对确信(即相信所争议的主张为真)。此处所谓的"足够强"是一个与所指控内容严重性以及接受其为"真"时后果的

---

[1] 参见张吉喜:"中美刑事强制医疗制度相关问题比较研究",载《环球法律评论》2014年第5期。

[2] 参见何家弘:"论司法证明的目的和标准——兼论司法证明的基本概念和范畴",载《法学研究》2001年第6期。

[3] 参见陈绍辉:"精神疾病患者强制医疗的证明标准研究",载《证据科学》2014年第2期。

严重性变量相关的因变量。简言之，证明标准必须与事实指控的严重性以及接受它为"真"时的后果严重性相一致。[1]

强制医疗证明标准的设定也应该参考这三个因素，首先，保障公众安全和保护个人利益之间的平衡。一个尚未发展出有效社会控制体制并且缺乏治安和刑事调查机构的社会，很可能会期望以更多的国家干预来果断遏制违法与混乱现象。只有当社会已经从恐惧中解放出来，它才敢赋予犯罪嫌疑人疑罪从无或从宽之利益。[2]有调查数据显示，常见精神障碍的患病率显著高于早年，有的病种甚至高达50倍之多。[3]精神病人所致重大刑事案件日益增多，然而当前严重精神障碍者暴力危害行为的治理体系无法满足实践需求。[4]强制医疗通过强制收治和治疗精神疾病消除其人身危险性，过高的证明标准将导致本应该收治的患者被放任社区，过低的证明标准将导致不应该收治的患者被强行收治。两种做法都有其自身的社会成本，因此我们必须决定，如何在两者之间作出最佳权衡。其次，指控行为的性质及其严重性，以及处置行为的严重性。和刑事定罪一样，强制医疗适用前提是对行为人实施暴力行为达到犯罪程度的否定性评价。这种否定性评价涉及声誉问题，其重要性可能超过人身自由。而且适用对象较为特殊，强制医疗适用期限通常不确定，最终剥夺人身自由的严重性并不低于刑罚。因此，相比于被申请人和被告人的抗辩，事实认定者应当需要更倾向于拒绝检察机关的"指控"。在对精神病人作出不利决定时，要比作出有利认定时秉持更多的谨慎。

关于强制医疗程序中的证明标准，应该区分不同的证明对象，建立多元化的证明标准。[5]

首先，证明"实施暴力行为，危害公共安全或者严重危害公民人身安

---

[1] 参见[新加坡]何福来：《证据法哲学——在探究真相的过程中实现正义》，樊传明等译，中国人民大学出版社2021年版，第240~244页。

[2] 参见[新加坡]何福来：《证据法哲学——在探究真相的过程中实现正义》，樊传明等译，中国人民大学出版社2021年版，第240~244页。

[3] 如1993年报告的情感性精神病终身患病率为0.83‰，2000年世界卫生调查的结果是4.1%。详细记载参见精神卫生报告作者："常见精神障碍发病率暴增50倍，精神卫生形势严峻"，载微信公众号"健康国策2050"，最后访问日期：2022年3月24日。

[4] 参见向静："社会安全视野下的严重精神障碍者智能管控研究"，载《中国刑警学院学报》2019年第3期。

[5] 参见王良宝："论适当证明理念在强制医疗程序中的运用"，载《江西警察学院学报》2014年第4期。

全",凡是能够进入强制医疗程序的,行为人刑事不法行为均应达到入罪标准。该部分事实的证明如同普通刑事案件一样,主要围绕所涉嫌罪名的构成要件进行证明,由于强制医疗适用对象是不负刑事责任的精神病人,因此无需对行为人的主观状态进行证明,只需证明客观行为在刑法上的违法性及其与危害后果的因果关系即可。根据体系解释方法,法律总则中"证据确实、充分"的证明标准应当适用于强制医疗程序中犯罪事实的证明。同时,为了防止放纵了真正的犯罪人,强制医疗程序中犯罪事实的证明必须采用最高标准。而且从法理的视角,犯罪事实成立的否定性评价涉及行为人的名誉,不得因其"无刑事责任能力"而降低标准。

其次,证明"行为人是依法不负刑事责任的精神病人",也应该适用犯罪事实的"证据确实、充分"的证明标准。因为刑事责任能力属于犯罪事实中的主体事实,无论是对刑事责任能力进行肯定性或是否定性评价,都被涵盖在犯罪事实的证明中[1]。从证明成本的角度来分析,作为负有举证责任的检察机关有权启动鉴定程序,鉴定意见等证据材料的获得更容易。有人会质疑达到"证据确实、充分"高标准的可能性。毕竟司法精神病鉴定的主观色彩浓厚,自然科学属性不强。[2]然而,一旦降低证明标准,"借精神病脱罪"就会成为可能。让普通公众在心目中留下精神病犯法后有"免死牌"烙印的错误成本是不可以接受的。随着《精神病人刑事责任能力评定量表》[3]的出台在一定程度上减少了刑事责任能力评定的主观性,而且通过要求鉴定人和

---

[1] 参见潘侠:"刑事强制医疗证明机制论",载《河南社会科学》2015年第3期。

[2] 参见吴仕春:"强制医疗程序精神病鉴定意见认证障碍分析",载《河北法学》2013年第9期。

[3] 2010年6月7日北京司法鉴定业协会发布的《司法精神病学法律能力鉴定指导标准》与2016年9月22日司法部司法鉴定管理局发布的《精神障碍者刑事责任能力评定指南》(以下简称《评定指南》),对于司法人员判断精神病人的辨认、控制能力情况,具有极高的参考价值。司法部《评定指南》主张根据以下18个指标评估精神病人辨认、控制能力损害的程度:作案动机、作案前先兆、作案的诱因、作案时间选择性、地点选择性、对象选择性、工具选择性、作案当时情绪反应、作案后逃避责任、审讯或检查时对犯罪事实掩盖、审讯或检查时有无伪装、对作案行为的罪错性认识、对作案后果的估计、生活自理能力、工作或学习能力、自知力、现实检验能力、自我控制能力。至于这些指标是对精神病人的辨认能力产生影响,还是对控制能力产生影响,《评定指南》未予细分。《评定指南》还将上述18个指标编制成《精神病人刑事责任能力评定量表》,对每一指标再细分各种情形,对每一情形赋予一定分值,据此对精神病人进行测评,总分在15分以下(含15分)为无责任能力;总分在16分~36分之间为限定刑事责任能力;总分在37分以上(含37分)为完全刑事责任能力。详细论述参见李立众:"精神病人责任能力的认定方案研究",载《中外法学》2020年第3期。

专家辅助人出庭，提高法官心证的能力，刑事责任能力的证明达到"证据确实、充分"的程度是合理的。

再其次，证明"行为人是否有继续危害可能的"，不宜采用"证据确实、充分"的标准。具体理由如下：其一，区别于犯罪事实证明的回溯性，是否有继续危害可能性是一种对于未来预测，预测式证明是一种盖然性证明。虽然目前大量研究说明暴力攻击行为可能相关的影响因素，但是它们之间的因果关系尚无法验证。[1]客观上达不到"证据确实、充分"的高度。其二，强制医疗的目的并不是对实施暴力行为的行为人进行惩戒和制裁，而是对行为人采取保护性措施，并给予其必要的治疗，使其尽快解除痛苦，恢复健康，同时避免继续危害社会。[2]尤其对于没有能力和条件监管精神病人的困难家庭而言，更显必要。如证明标准过高，则会使行为人无法得到救治，甚至流落社会继续肇事，社会安全防卫难以实现。那么，关于此证明对象，应当实行怎样的证明标准呢？是"优势证据"证明标准[3]，还是"清楚和有说服力的证明标准[4]"？我们认为，虽然对"行为人是否有继续危害可能的"事实应当适用低于"排除合理怀疑"的标准，但也不能将之简单等同于"优势证据"证明标准。因为强制医疗本质上是限制公民人身权利和自由的较为严厉的预防性措施，治疗只是其一种附随价值。[5]证明标准的设立还要兼顾司法成本和效益因素的考量，我国当前强制医疗执行资源匮乏，若贸然适用较低的"优势证据"证明标准，过多的精神病人涌入来分割有限的医疗资源，强制医疗执行的效果将大打折扣。因此，我们认为"清楚和有说服力的证明标准"是强制医疗证明不可突破的底线。按照比例原则，如果家属严加看管和治疗就能达到与强制住院治疗同样的效果，那么强制医疗就没有必要，在德

---

[1] 参见易芸等："严重精神障碍患者暴力行为相关因素的研究进展"，载《国际精神病学杂志》2022年第1期。

[2] 参见最高人民法院刑事审判一至五庭主办：《刑事审判参考（总第93集）》，法律出版社2014年版，第102~109页。

[3] 参见纵博、陈盛："强制医疗程序中的若干证据法问题解析"，载《中国刑事法杂志》2013年第7期。

[4] 参见陈绍辉："精神疾病患者强制医疗的证明标准研究"，载《证据科学》2014年第2期。

[5] See Christopher Slobogin. "Preventive Detention in Europe, the United States and Australia", *Vanderbilt Public Law Research Paper Working Paper*, No. 12-27, 2012.

国这种做法就称之为"补充原则的适用"[1]。补充原则的适用对于行为人而言是有利的。但该原则适用的证明是采用"存疑不利于被告"还是"存疑有利于被告"是有争议的。考虑到实际的举证能力,我们认为,行为人的家属提出具有监护能力,严加看管治疗能达到强制医疗的目的后,如果检察机关无法说服法院确信强制住院治疗是唯一合适的方式,便不能作出强制医疗的决定。

最后,强制医疗解除以"人身危险性"为条件,一方面该条件不仅要求评估精神病人当下的状态,另一方面要对其"将来状态"即"再犯可能性"进行预判[2]。关于可能性的预判属于概率问题。我们认为强制医疗机构、被强制医疗人或者近亲属申请解除的,其证明标准达到"优势证据"即可。但是检察机关主张精神病人具有人身危险性,需要继续强制医疗的,应当达到"清楚和有说服力"的中度证明标准。如果人民检察院未达到证明标准就应当解除强制医疗,涉及的公民的权利越重要,正当程序保障(包括证明标准)的力度和范围就应该相应增强。强制医疗解除对于行为人是有利的,如果继续强制医疗对其而言,是法律"负担"的延续,因此证明标准就应该相应地提高。证明标准的设定需要兼顾资源成本和法律实效二者之间的关系。强制医疗执行除了和刑罚一样具有安保成本之外,医疗成本应该是摆在立法者面前最棘手的问题。为了社会防卫不计成本,对于病情稳定甚至痊愈的行为人继续强制医疗的做法是不明智的。面对实践困境,如果检察机关主张继续强制医疗的,证明标准设定过低会增加解除的难度,加剧强制医疗解除难的局面。

---

[1] 参见倪润:"强制医疗程序中'社会危险性'评价机制之细化",载《法学》2012年第11期。
[2] 参见胡嘉金、刘志军:"解除强制医疗程序实务探析",载《法律适用》2018年第13期。

第十一章 强制医疗检察监督之完善

强制医疗虽然既不属于强制措施,亦不属于刑事处罚,但是强制医疗的决定和执行可能会对公民的人身自由和身体健康权产生重要影响。[1]为了防止权力恣意行使对行为人的合法权利造成不当的干预,除了确保强制医疗程序科学、合理地适用,以在最大程度上保障行为人的合法权益之外,也要进一步完善检察监督机制,通过检察监督实现权力制衡。[2]然而从强制医疗检察监督的实践来看,一直面临着检察监督缺位错位和虚化弱化的困境。究其原因除了立法本身密度不足,和现实条件因素之外,我们认为在强制医疗案件中,还存在诉讼职能和监督职能认知混淆,以及强制医疗机构监管和检察机关检察监督边界不清的误区。因此,首先需要厘清这两个基本范畴,才能真正发挥出检察监督的应有功能。

一、强制医疗检察监督体现的是单向监督的控权逻辑

检察机关的法律监督权可以通过更为具体化的"诉讼职能"和狭义上的"监督职能"来实现。[3]"诉讼职能",体现的是"侦、控、辩、审、执"主体之间相互"制约"的控权逻辑;"监督职能",超越于诉讼职能之外,表现为监督者对"侦、控、辩、审、执"被监督对象间的单向"监督"的控权逻辑,前者具有直接的程序效力,后者对诉讼程序产生的效果通常是间接的,依赖于其他机关对纠正意见的采纳。[4]传统诉讼职能和监督职能一元混同模式使监督职能的正当性受到质疑,对检察职能内部优化配置成为改革的重点。然而,两种职能功能和运行上很难加以分离。诉讼职能是监督职能的基础,

---

[1] 参见王迎龙:《刑事强制医疗制度研究》,中国政法大学2016年版,第266~267页。
[2] 参见陈卫东、杜磊:"刑事特别程序下的检察机关及其应对",载《国家检察官学院学报》2012年第3期。
[3] 参见魏晓娜:"依法治国语境下检察机关的性质与职权",载《中国法学》2018年第1期。
[4] 参见孙末非:"论检察机关诉讼职能与监督职能的优化配置",载《政法学刊》2014年第1期。

监督职能是诉讼职能的保障，两者呈现出"在监督中办案，在办案中监督"的状态。[1]

根据《刑诉解释》第 638 条、第 639 条的规定，法院审理刑事案件过程中，发现被告人可能符合强制医疗条件的，人民法院无须退回人民检察院，由人民检察院申请另行启动强制医疗程序，法院可以将两个程序合并为一个程序，直接适用强制医疗程序。[2]经过审理发现符合条件的，判决被告人不负刑事责任，同时作出对被告人强制医疗的决定。正是这种"合二为一"的判决和决定，《刑诉解释》第 644 条才规定，人民检察院可以提出抗诉。然而有学者建议，既然如此，检察机关申请强制医疗的案件，人民法院驳回申请的，检察机关如认为不当，同理也应该提起抗诉。[3]然而，我们认为，这一理解显然是对于诉讼职能和监督职能存在认知偏差。无论是谁启动诉讼程序，检察机关抗诉的对象都不是关于强制医疗的决定，而是人民法院作出的被告人不负刑事责任的判决。以定罪量刑确定刑事责任为中心的普通刑事程序，检察机关行使的是控诉职能，对于一审判决有权抗诉属于诉讼职能的延伸，诉讼职能具有直接的法律效力，必然会启动二审程序。判断是否具有人身危险性的强制医疗程序是介于诉讼与非诉讼之间的特别程序，因此检察机关行使的是超越于立案、侦查、审判、执行诉讼职能之外的监督职能。[4]

二、强制医疗执行检察监督的重点是执行活动的合法性

强制医疗执行检察监督的任务是保证国家法律法规的正确实施，保障强制医疗执行活动依法进行。检察监督的是强制医疗交付执行活动是否合法，强制医疗机构的收治、医疗、监管等活动是否合法，强制医疗解除是否及时（经过治疗不具有人身危险性后，继续强制医疗就不具有合法性）等。强制医疗执行检察和强制医疗执行是一种监督与被监督的关系。首先，强制医疗执行检察的对象是安康医院或者普通精神病院及其工作人员，强制医疗执行的

---

[1] 参见苗生明："新时代检察权的定位、特征与发展趋向"，载《中国法学》2019 年第 6 期。

[2] 参见程雷："强制医疗程序解释学研究"，载《浙江工商大学学报》2013 年第 5 期。

[3] 参见刘延祥、李兴涛："检察机关强制医疗法律监督问题研究"，载《中国刑事法杂志》2013 年第 5 期。

[4] 参见苗生明："刑事检察的职能配置、主导责任与处分权的双重属性"，载《国家检察官学报》2021 年第 1 期。

对象是被强制医疗的精神病人。其次，强制医疗执行检察的责任是法律监督，强制医疗执行机构的责任是对被强制医疗的人进行看管和医疗。最后，检察机关监督的是强制医疗执行活动的合法性，而不是执行活动的全部。安康医院和普通精神病院关注的是严加看管以及如何对其有效医治，检察机关和执行机关不能界限不清、越俎代庖。

强制医疗机构内部管理行为一般不属于检察监督的范围，如机构建设、设备购买、人员招聘等不属于检察监督的范围。检察监督不能替代与之并行的内部监督、审计监督、纪检监察监督等类型。[1]但是，当内部管理行为影响到强制医疗执行时，如购买医疗服务的医生或护士有无资质的问题，就属于执行检察的范围。另外，强制医疗执行不可避免地要涉及对精神病人日常生活起居的管理，执行活动会涉及食品安全、传染病管理、消防安全等其他专业领域事项，这些事项的监管应该有对口管理机构进行，这不是检察机关监督的范围。如涉及突发公共卫生事件，检察机关应该是联合或者是配合有关部门进行调查、分析原因，但是如果非正常死亡事故的，检察机关应该负责调查。

关于对于被执行人的医疗问题，我们认为，检察监督的重点为是否给予治疗、是否定期评估，涉及治疗方案是否科学、治疗手段是否合理、诊断评估是否准确的专业性问题，显然不是执行检察的范围。

三、优化强制医疗检察监督的具体建议

强制医疗检察监督的依据是法律。毋庸讳言，未来还是应该完善相关立法，弥补目前法律规定的概括性，尤其是建议"强制医疗执行条例"能尽快出台，只有这样人民检察院对强制医疗执行监督才会有实质意义，才可以保证检察机关对强制医疗监督进一步取得实效。[2]

（一）强化强制医疗审理和解除程序中人民检察院派员出庭的义务

审理强制医疗案件或者解除案件，人民法院应当组成合议庭，如果开庭审理的，人民检察院派员出席庭审是法定义务。强制医疗决定和解除程序的诉讼化，不仅有利于查明案件事实，作出正确的决定，而且人民检察院派员

---

〔1〕 参见侯亚辉："刑事执行检察职能定位和权力边界研究"，载《中国刑事法杂志》2022年第1期。

〔2〕 参见侯亚辉："刑事执行检察职能定位和权力边界研究"，载《中国刑事法杂志》2022年第1期。

出席庭审,可以对审理活动进行有效的事中监督,有效地防止权力滥用。如果人民检察院不派员出席庭审,将导致强制医疗程序演变成人民法院直接作出决定的行政程序,退回到了改革的原点。人民检察院通过出席庭审,可以对人民法院的审理活动实行监督,发现违法情形的,提出纠正意见。而且直接参与庭审,听取了被申请人或被告人法定代理人和诉讼代理人、医疗机构主治医生、鉴定人的陈述之后,对于整个案件会有全面直观的认识,对于人民法院的决定更有发言权,进而容易发现问题,提出纠正意见。

(二)加强对于强制医疗执行中医疗活动的检察监督

强制医疗执行环节具有封闭性、强制性和治疗性等特点,被强制医疗人处于相对弱势地位,过程中容易产生权力滥用。考虑到我国目前的实际情况,无须统一执行机构。对安康医院的执行活动,检察机关通过派驻检察的方式进行监督。对于精神卫生医疗机构的执行监督可以通过巡回检察方式缓解监管难题,然而由于检察人员不具备相关的专业知识,使得对于医疗活动的检察监督工作流于形式。如果没有开展必要医疗,强制医疗就沦为纯粹的拘禁隔离,意味着精神病人刑事处置历史车轮的倒退,这显然违背了我国强制医疗的立法初衷。

如上所述,强制医疗执行检察监督更多的是采取程序性监督的原则,而非对强制医疗组织管理活动、治疗方案、评估诊断等医疗专业行为开展实质性检察。对于强制医疗行为和诊断评估内容的合理性,检察机关只有在认为"明显不合理",当事人及其近亲属提出异议或接到举报的情况下,才开展实质性检察监督。总之,强制医疗执行权具有行政权[1]的性质,因此其存在一定自由裁量的行为。检察机关是否要对这些行为进行监督,要从行政行为的合法性和合理性两个方面进行判断。合法性是依法行政的基本要求,而合理性则是对执行活动中的自由裁量权的规制。[2]如医疗机构出于不正当因素的

---

[1] 刑罚执行权的性质一直存在司法权说、行政权说、双重属性说、独立说、司法行政权说等观点。但从执行工作实际看,执行机构大量行使的是执行实施权,如限制人身自由,强制其进行劳动、教育改造等,属行政权范围,这是刑罚执行的常态表现。而只有在减刑、假释等少数情况下,才须行使执行裁决权,属非常态表现。因此从刑罚执行权的主要内容来看,行政权的属性明显强于司法权的属性,行刑权更多地体现为行政权本质。详细论述参见张婧:"刑罚执行权性质研究",载《犯罪与改造研究》2016年第12期。

[2] 参见侯亚辉:"刑事执行检察职能定位和权力边界研究",载《中国刑事法杂志》2022年第1期。

考量，对被执行人以"保护性医疗措施"为名行"体罚虐待"之实，这显然也是检察监督的重点内容。因此，检察机关监督应当坚持以合法性监督为基础，以合理性审查为补充的原则。[1]

首先，检察监督收治入院的合法性。强制医疗机构收治时应当审查法律文书及其他手续是否完备。根据《人民检察院强制医疗执行检察办法》（以下简称《执行检察办法》）第8条规定，法律文书除了《刑诉解释》规定的强制医疗决定书和执行通知书之外，还应该有证明被强制医疗的人无刑事责任能力的鉴定意见书。同时强制医疗机构应该核实被强制医疗人的身份，有无携带违禁品入院。有观点认为，检察机关要监督强制医疗决定书是否生效。我们认为，立法规定强制医疗决定不因复议而停止执行。因此公安机关以强制医疗决定书未生效为由，未在规定期限内交付执行的，或者强制医疗机构以强制医疗决定尚未生效拒绝收治的，均属于违法行为，检察机关应该提出纠正意见。

其次，关于医疗活动的监督。《执行检察办法》第10条规定，监督强制医疗机构的医疗活动是否符合有关规定。我们认为监督的法律依据主要是《精神卫生法》。检察机关如果发现医疗机构对被强制医疗的人实施与治疗无关的实验性临床医疗的，应该提出纠正意见。另外，精神疾病的诊疗和护理过程中，强制医疗机构可以根据安全需要，对具有伤害自身或者伤害他人可能的被强制医疗人采取约束、隔离等保护性医学措施，如约束带、约束服以及隔离管理等。需要注意的是临时的保护性约束措施与保护性医学措施目的相同，但是本质不同，前者是特殊强制措施，后者是医疗措施。对应的是《执行检察办法》第29条规定的"公安机关在强制医疗机构内对涉案精神病人采取临时保护性约束措施的"和第12条规定的"违反规定对被强制医疗人使用约束措施"的。检察机关发现二者违法，可以提出纠正意见。

最后，在强制医疗执行检察监督中设立有专门知识的人参与的制度。根据《最高人民检察院关于指派、聘请有专门知识的人参与办案若干问题的规定（试行）》的规定，明确刑事强制医疗执行检察监督中，可以设立专家辅助人制度。对执行过程中医疗活动进行监督和解除强制医疗的时候，检察机

---

[1] 参见侯亚辉："刑事执行检察职能定位和权力边界研究"，载《中国刑事法杂志》2022年第1期。

关可以从精神医学专家的名单库[1]中选取专家，需要注意的是被选取的专家与强制医疗机构不得有利益冲突，由这些专家辅助检察人员开展监督工作，从而真正地实现强制医疗执行中医疗与司法的融合。

四、建立强制医疗程序违法行为的处理机制

（一）统一关于强制医疗检察建议的规定

《高检规则》只将《人民检察院强制医疗决定程序监督工作规定》中的采取临时的保护性约束措施的检察建议固化和吸纳，对于后者规定的关于开庭审理的检察建议[2]和关于精神病人准予到庭的检察建议[3]不置可否。司法实践中后两种检察建议是否有效，就成为实务部门的困惑。按照《高检规则》第684条规定，该规则实施后，以前发布的与该规则不一致的，以本规则为准。该条规定看似对于实务部门的困惑给予了回应，实际上如果将不一致理解为冲突的话，二者显然没有冲突。强制医疗案件中，临时的保护性约束措施涉及精神病人的实体权利，开庭审理以及准予到庭关涉精神病人的诉讼权利。如果只是为了维护其实体权利进行检察监督，难免会落入重实体轻程序的质疑和责难。而且根据2019年最高检发布的《人民检察院检察建议工作规定》规定，为了纠正法院在刑事诉讼过程中的违法活动，检察机关有权提出检察建议。我们认为未来立法应该统一关于强制医疗检察建议的规定。

（二）促进强制医疗检察建议和纠正意见的实质化

对于强制医疗的审前、审判、执行等活动存在违法情形，向公安、法院、执行机构提出纠正意见是最主要的检察监督方式。关于增强检察监督实效化是检察机关机构改革和调整的重点任务之一。《中华人民共和国人民检察院组织法》（以下简称《人民检察院组织法》）规定，人民检察院行使法律监督职权进行调查核实，有关单位应当予以配合，并及时将采纳纠正意见、检察建议的情况书面回复人民检察院。相关立法不仅赋予了检察机关履行强制医

---

[1]《最高人民检察院关于指派、聘请有专门知识的人参与办案若干问题的规定（试行）》第5条规定，具备条件的人民检察院可以明确专门部门，负责建立有专门知识的人推荐名单库。

[2]《人民检察院强制医疗决定程序监督工作规定》第12条规定，人民法院拟不开庭审理的强制医疗案件，人民检察院认为开庭审理更为适宜的，可以建议人民法院开庭审理。

[3]《人民检察院强制医疗决定程序监督工作规定》第13条规定，人民检察院认为被申请人的身体和精神状况适宜到庭，且到庭更有利于查明案件事实的，可以建议人民法院准许其到庭。

疗检察监督过程中，享有现场实地检察、审查相关法律文书、与有关人员谈话等必要的调查权，而且强调对于纠正意见和检察建议的落实跟踪。检察机关要及时了解公安机关、人民法院对纠正意见的执行情况，没有正当理由不纠正的，按照法定程序通过系统内部督促其纠正。为了增强检察监督实效，可以探索将检察机关在公安机关执法质量考评中增加话语权，将其提出的书面纠正违法意见及违法纠正情况纳入考评指标。[1]

对于强制医疗执行监督，可以根据违法行为的情节，提出口头纠正意见或书面纠正意见。发现严重违法情况，或者提出口头纠正意见后，被监督单位在7日内未予纠正且不说明理由的，应当及时发出纠正违法通知书。为了提高书面纠正的效力，应将纠正违法通知书副本抄送上一级检察机关和被监督单位的上一级机关。由上一级检察机关和被监督单位的上一级机关联系，共同督促纠正。

实践中，检察建议是检察机关正确履行法律监督职能的重要方式，也是参与社会治安综合治理的重要手段。[2]检察建议主要适用于检察业务过程中，发现有关单位管理上有漏洞，向其主管部门提出建章立制、改进工作；或是对查办案件中发现的违法违纪人员，向有关单位提出相关建议。[3]如在监督过程中，检察机关发现强制医疗机构的监管存在安全隐患，有权向其提出检察建议。同时检察建议发出后，检察机关应当及时跟踪了解被建议单位的采纳落实情况。

五、建立强制医疗检察监督的协同配合机制

强制医疗检察监督涉及的主体具有广泛性，其中包括公安机关、法院、强制医疗机构（安康医院或普通的精神病院）等，而且临时的保护性约束措施的执行机构与强制医疗执行机构有时也不是同一家。具体监督过程中还会与安康医院或普通精神病院的主管部门等发生联系。强制医疗检察监督范围具有全面性，检察机关可以向"前端"和"末梢"双向延伸：向前对于公安

---

[1] 参见贺小军："效果与反思：公安机关刑事执法质量考评机制实证研究"，载《法学家》2017年第3期。

[2] 参见陈贵荣、李小荣："检察建议立法化与机制完善"，载《上海政法学院学报（法治论丛）》2011年第5期。

[3] 参见韩成军："检察建议的本质属性与法律规制"，载《河南大学学报（社会科学版）》2014年第5期。

机关关于司法精神病鉴定的启动、对涉案精神病人的鉴定程序是否违反法律规定和采取临时的保护性约束措施进行监督。向后可以监督法院审判活动是否违反程序，法院作出强制医疗决定或者驳回强制医疗申请的，是否确有错误等。还可以延伸至交付执行环节，强制医疗机构的收治、医疗、监管等活动是否合法，强制医疗解除是否及时，关于解除与否的决定以及解除的执行是否正确、合法等。强制医疗检察监督内容具有专业性，强制医疗以医疗为目的，通过治疗改善被执行人的精神状况。[1]因此，强制医疗检察监督有必要强调部门之间的协作配合，同时还要加强与法院、公安、卫生行政部门的沟通协调，只有这样才能保证法律的正确实施，切实维护好被强制医疗人的合法权益。具体包括：

一是与公安机关建立案件通报机制。临时的保护性约束措施的适用和强制医疗决定交付执行主体均是公安机关。对于符合强制医疗条件，经鉴定为无刑事责任能力的精神病人的，公安机关应该将采取临时的保护性约束措施的情况及时通知检察机关，以便于对该约束措施进行监督。[2]

二是检察机关系统内部建立信息沟通机制。我国立法规定，强制医疗的决定和执行的监督分别由检察院捕诉部门和刑事执行检察部门进行。对于临时的保护性约束措施的监督存在两个部门之间的衔接问题。公诉部门监督的是临时的保护性措施的决定，具体包括采取、解除和以何种方式决定；执行检察部门监督重点在于对涉案精神病人采取临时的保护性措施的执行。另外，交付执行这一中间环节也可能成为检察监督的一个盲区，如何将检察院的捕诉部门和监所检察部门的监督职能无缝衔接就成为一个十分重要的问题。立法应该明确"公安机关—执行机构"的交接应由申请强制医疗的检察机关的执行检察部门进行监督。检察机关内部应该建立部门之间的信息通报机制，部门之间应该通报有关该强制医疗案件的相关信息[3]。时间从公诉部门在审

---

〔1〕 参见张桂荣："精神病人强制医疗制度的立法完善"，载《法律适用》2009年第10期。

〔2〕 实践中，有的地方政法委牵头出台纪要，明确要求公安机关发现涉案精神病人符合强制医疗条件的，应当对其采取临时的保护性约束措施，并在2日内将临时的保护性约束实施情况告知人民检察院，在7日内将强制医疗意见书移送人民检察院。参见中共桐庐县委政法委《关于办理强制医疗案件若干问题的会议纪要》第2条。

〔3〕 案件管理部门在收到人民法院强制医疗决定书及强制医疗执行通知书后，应当及时移送刑事执行检察部门。参见湖北省武汉市人民检察院《关于贯彻执行修改后刑事诉讼法、刑事诉讼规则各部门建立协调配合机制的通知》。

查公安机关移送的强制医疗意见书开始,到公诉部门决定向人民法院申请强制医疗,再到公诉部门在收到法院的强制医疗决定书副本后,最后到强制医疗的交付执行、执行和解除为止。对于强制医疗应该建立一种全过程的闭环检察监督机制,从单纯事后的监督到事中事后的监督,这样的规定可以实现整个过程办案质量的可追溯。

对于强制医疗机构所在地的检察机关与强制医疗机构主管部门不是同一级的情形,我们认为,强制医疗的执行监督应该由强制医疗机构主管部门同级的检察机关负责。无论是从检察官的业务水平,还是从事权归属的角度,这样的设计更有利于增强监督的效果。强制医疗机构主管部门同级的检察机关可以根据医疗机构的数量,决定监督的方式。如果约束机构和强制医疗执行机构是同一家,被约束的或者被强制医疗的精神病人人数较多的,尽量采取派驻检察的方式进行监督。如果医疗机构比较分散,约束机构和强制医疗机构不是同一家、类型复杂的,可以采取巡回检察的方式进行,或者采取两级联合检察的方式。强制医疗机构所在地的检察机关具有地理人脉优势,强制医疗机构主管部门同级的检察机关具有业务和管理优势,二者联合有助于提高监督的实效。[1]

---

[1] 参见胡剑锋:《强制医疗程序适用与检察监督》,中国检察出版社2017年版,第246页。

第十二章 强制医疗的两个特殊问题

一、对于"高度危险性"的反社会人格障碍者刑满释放后的应对

(一) 美国的预防性监禁

美国约有 17 个州先后制定了《性暴力罪犯法案》(Sexually Violent Predator Act),试图通过民事拘留或其他强制性治疗方案来保护公众免受具有"性危险"人格障碍者的侵害。其中 10 个州是在罪犯被逮捕并被指控犯有严重性犯罪后不久就开始对他进行治疗,只有 7 个州将"民事"收容(和治疗)推迟到罪犯服完刑之后。美国联邦最高法院于 1997 年的"堪萨斯州诉亨德里克斯案"判决中指出,只要行为人具有危险性、人格障碍且缺乏控制能力时,实施强制收容就不违反《美国宪法第十四修正案》中关于"未经正当法律程序剥夺自由"的条款。后来的"堪萨斯州诉克瑞恩案"的判决中,法院强调"缺乏控制"应该作扩大解释,只要求证明"在控制行为方面存在严重困难"即可[1]。缺乏意志控制,再加上对未来危险性的预测,足以将"那些可能被预防性拘禁的人"与其他危险的人区分开来。[2] 联邦最高法院同时指出,该程序与一般收容无责任能力者(Not Guilty by Reason of Insanity)有所差异,后者是刑事程序,此为民事程序,因此并没有违反禁止双重危险原则。

具体程序以堪萨斯州的《性暴力罪犯法案》为例,监狱计划释放一名可能是"性危险"人格障碍者 60 天之前,需要通知当地检察官。检察官有义务在 45 天内决定是否向州法院提出请求,要求对其作出非自愿医疗的决定。如果提出这样的申请,法院将确定是否存在"可能的理由"来支持这个人是"性危险罪犯"的结论,因此有资格进行强制医疗。一旦作出这样的决定,就

---

[1] See Kansas v. Crane, 534 U.S. 407 (2002).
[2] See Christopher Slobogin, "Preventive Detention in Europe, the United States and Australia", Vanderbilt Public Law Research Paper Working Paper, No. 12-27, 2012.

会将该人转移到相关机构进行专业评估。评估之后将进行审判，以排除合理怀疑的证明标准，确定该人是否为"性危险罪犯"。确认后，该人将被转移到社会和康复服务部门的监护下，以便控制、照顾和治疗，直到其精神异常或人格障碍发生重大变化，可以安全解除为止。也就是说，即使不能提供治疗，此种强制收容也是可以容忍的。立法机构最关心的是持续将性暴力罪犯与公众隔离，使他们重新融入社会为目标的治疗充其量是附随的。[1]需要注意的是，为了避免给预防性监禁贴上惩罚性标签，应该将监禁范围限制在一小部分特别危险的人，并且需要提供严格的程序性保障，将被监禁者与普通的服刑人员隔离。[2]

不仅如此，对于这种"危险分子"，除了强制医疗之外，监管手段愈发严厉。如美国联邦第 7 巡回上诉法院审理的 Doe v. City of Lafayette 案[3]，Doe 是多次对儿童性侵害的累犯，他于 1991 年被判决有罪，执行至 2000 年 1 月，处于强制医疗中，印第安纳州拉法叶市政府接到匿名电话，因此约谈他，之后根据他的回答，以及负责治疗他"性冲动"医师的意见，认为他的行为具有危险性，因此决定给予其禁止进入市内所有公园及学校的命令，且没有期限[4]。Doe 对于禁止进入公园部分不服，起诉到联邦法院。联邦多数法官认为，Doe 看到儿童就有性冲动的危险性，已经处于边缘，可能无法控制。着眼于其犯罪记录与他到某地的危险性，认为禁止进入公园是被允许的。

─────

〔1〕 See Kansas v. Hendricks, 521 U. S. 346 (1997).

〔2〕 See Christopher Slobogin, "Preventive Detention in Europe, the United States and Australia", Vanderbilt Public Law Research Paper Working Paper, No. 12-27, 2012.

〔3〕 Doe 主张他的性冲动已经通过与医师会晤、自愿加入性成瘾自助团体及服用药物等得到控制，而治疗中，大多数医师的意见认为，他就像其他成瘾犯，没有办法控制他们的思想，而且总是会有不适当的思想。因此至少在 10 年内，他都必须学会如何抵抗那些不适当的冲动。医师表示，他们决定无法保证 Doe 不会再犯，而且一旦他有再犯机会，可能就会产生滑坡效应。See Doe v. City of Lafayette, 337F. 3d757 (7th Cir. 2004)

〔4〕 美国对待涉刑的持续性严重精神疾病人群和性犯罪人群的刑事政策是截然不同的。前者强调尽量从刑事司法系统中分流出来和强化社区融合；后者强调更严格的社区控制和扩大刑事制裁的范围。但是关于"双重身份"罪犯的处置确是难题。实践中大多是以实施的性犯罪行为为标准进行处置，如居住限制、登记和公告、终身假释/缓刑的监督和 GPS 跟踪。See Harris et al., "Sex Offending and Serious Mental Illness: Directions for Policy and Research", Criminal Justice & Behavior, Vol. 37, 2010.

（二）德国的保安监督

为了防止反社会人格障碍者再次犯罪，德国刑法设立了最严厉的处分——保安监督。德国的保安监督本质上属于预防性监禁，其目的是保护公众免受累犯侵害。这些累犯即使执行过较长时间的自由刑后，仍然极有可能继续实施严重的犯罪行为，对于他们而言不再可能考虑治疗。该处分的特点在于，基于保安目的，纯粹是为了隔离罪犯而设立的，但不反对在执行过程中为其社会化作出努力。[1]

在"M. v. Germany"[2]案中，德国联邦宪法法院首先承认了保安监督是对自由的严重剥夺，将保安监督期限延长到10年以上应该是例外，并且需要明显的危险证据。但是该处分并不违宪，因为是为了保护重大法益免受迫在眉睫的危险，必须允许对个人自由予以罪责无关的干涉。保安监督不能视为刑罚，也不存在非法的双重处罚。[3]欧洲人权法院虽然对德国联邦宪法法院的主张没有疑义，但仍然认为对该案件的处理违反了《欧洲人权公约》的第5条和第7条。[4]自此背景下德国对保安监督制度进行了一系列修正。《德国刑法典》第66条c规定，为了区别于刑罚，除非是治疗的需要，否则应当在

---

[1] 参见马克昌：《比较刑法原理——外国刑法学总论》，武汉大学出版社2002年版，第964页。

[2] 上诉人M先生于1971年~1975年间多次盗窃并4次越狱，后因谋杀未遂与抢劫并具有非病理性的高度暴力犯罪倾向，于1986年被判处5年自由刑与预防性监禁。因M在服刑过程中参与监狱斗殴并在休假时脱逃，法院多次拒绝了其假释和转移至精神病医院的要求。2001年M向联邦宪法法院上诉失败，随即将诉状递至欧洲人权法院，主张其被判处超过10年的预防性监禁违反了《欧洲人权公约》第5条第1款人身自由权不受剥夺与第7条第1款中法不溯及既往的规定。欧洲人权法院就预防性监禁的最高年限与溯及既往问题比较了德国在内的8个设立预防性监禁国家的刑法与司法实践情况，综合各人权组织报告并对M作为精神病人的抽象危险性进行评估后判定：由于预防性监禁在《刑事执行法》中没有作出单独规定，而是"准用"自由刑规定，且未在执行手段与场所上和刑罚有实质区别或为上诉人提供治疗处遇，故其必须受到刑罚所遵守的禁止溯及既往原则之约束，否则违背罪刑法定原则。人权法院最终于2010年判处德国的事后预防性监禁违反了《欧洲人权公约》第5条第1款与第7条第1款的规定，勒令德国赔偿上诉人非财产损失5万欧元，并在2013年5月31日前提交修改法案。作为对此判决的回应，德国议会对其刑法做出了修正，新66b条于2011年1月1日生效，将事后的预防性监禁限制于几种例外情形，同时修正预防性监禁的执行以使其显著区别于普通自由刑的执行。详细记载参见韦佳："争议中前行：德国预防性监禁的复兴、修正及其借鉴意义"，载《法学杂志》2017年第11期。

[3] 参见［德］汉斯·海因里希·耶赛克、托马斯·魏根特：《德国刑法教科书》（下），徐久生译，中国法制出版社2017年版，第1090页。

[4] See Christopher Slobogin, "Preventive Detention in Europe, the United States and Australia", *Vanderbilt Public Law Research Paper Working Paper*, No. 12-27, 2012.

与刑罚执行相分离的特别建筑内或特定场所执行保安监督。[1]收容机构应该尽可能少地对被收容人造成负担,应该提供全面的照料,此照料应当具有针对性,且有助于唤醒和促进被收容人的参与热情,如果标准的治疗手段没有成效,可以提供精神病学、心理学的或者适合被收容人的社会治疗。此照料的目的在于降低被收容人对公众的危险性。同时,增加了一系列保护其诉讼权利的规定。如应该为其指定辩护人,法庭在庭审中,应该直接听取反社会人格障碍者本人和辩护人的意见;赋予被收容者上诉的权利;缩短保安监督定期审查期限为1年。[2]

正是这些立法的努力,在"Bergmann v. Germany"案[3]中,欧洲人权法院经审理认为,与"M. v. Germany"案不同,对于Bergmann的预防性监禁被延长是出于其精神障碍的治疗需要和可能对公众安全造成的威胁,上诉人并非被关押于普通监狱的预防性监禁监区,而是作为一个"精神不健全者"被关押于罗斯多夫监狱的预防性监禁中心接受心理障碍治疗。此中心的场地空间更大,犯人也被赋予了更多自由活动的权利,而且执行机关为其提供了由多方人员保障的专业护理,这对降低其人身危险性的治疗处遇有重要意义。因此法院认定,改革后的预防性监禁在其性质和目的上改变了惩罚手段,显著区别于刑罚执行。最终,欧洲人权法院判决德国胜诉。[4]

---

[1] 参见于志强:"预防性监禁的模式比较与中国选择——以中、澳、德三国为中心的比较法考察",载《法律适用》2019年第17期。

[2] 参见倪润:"强制医疗程序中'社会危险性'评价机制之细化",载《法学》2012年第11期。

[3] Bergmann在1966年~1984年间5次被刑事法院定罪,其中3次为针对儿童的性犯罪。1986年,汉诺威法院判处其15年自由刑并依据德国《刑法》第66条第2款判处其预防性监禁。15年刑期满后,2001年Bergmann开始第一次预防性监禁,至2011年6月11日已服满10年预防性监禁,此后吕讷堡法院再次对其判处预防性监禁。其间,上诉人多次拒绝了执行机关为其提供的康复治疗。2014年6月17日,Bergmann对德国政府提出诉讼,认为对其执行的预防性监禁超过了行为时法定的最高10年年限,因此侵犯了其依据公约第5条第1款享有的人身自由权,违反了第7条第1款所规定的法不溯及既往原则。至人权法院受理时,其已被监禁超过27年,时年69岁。对此德国政府的抗辩是,虽然上诉人年事已高,但鉴于其极高的危险性,对其实施监视居住被证明在实践中确实不可行,因此预防性监禁并非恣意判决。详细记载参见韦佳:"争议中前行:德国预防性监禁的复兴、修正及其借鉴意义",载《法学杂志》2017年第11期。

[4] 参见韦佳:"争议中前行:德国预防性监禁的复兴、修正及其借鉴意义",载《法学杂志》2017年第11期。

（三）对于我国反社会人格障碍罪犯刑后强制医疗的启示

反社会人格障碍者人身危险性极高，与犯罪的关联极高。在我国的罪犯中，反社会人格障碍的检出比例为32.8%，在累犯中更是高达55.6%。[1]有研究认为，反社会人格障碍的神经生物学异常会影响对错判断和决策能力，使得他们时常不能对自己的行为进行控制。因此此类人可以被视为丧失部分刑事责任能力。[2]然而我国《精神障碍者刑事责任能力评定指南》中明确规定，反社会人格障碍者在实施违法犯罪行为时并未丧失意识，被评定为完全刑事责任能力人。反社会人格障碍者并不是我国强制医疗的适用对象，但是客观上，反社会人格障碍者对社会治安带来了巨大的隐患和危害，且矫治难度很大。因此，有人建议限制其减刑假释，避免其过早回归社会，对社会造成再次危害。[3]

我们认为，在我国针对高度危险性的反社会人格障碍者，保留刑罚中天然的报应成分，可以参考借鉴美国和德国的经验，对具有"再次实施严重犯罪的风险"的反社会人格障碍者选择继续关押不予释放，以实现预防犯罪和社会防卫的目的。同时区别于刑罚，需要设置与监狱分离的专门人格障碍矫正中心，以应对在安全与自由平衡语境下的社会防卫的需求。该问题值得我国刑事立法重视。

二、强制医疗程序与《精神卫生法》非自愿医疗[4]的衔接

当患者没有病识感，不认为自己有病时，往往不会有自行就医行为。然而有些精神疾病患者，或因情绪不稳，容易有暴力攻击行为；或因不合逻辑的思考、怪异的思想，或异常的知觉，导致有自伤或者伤人的行为状况发生

---

[1] 参见蒋奖、许燕："罪犯反社会人格障碍的调查"，载《中国特殊教育》2007年第5期。

[2] 参见向静等："连续性犯罪的反社会人格障碍者个案研究"，载《中国刑警学院学报》2018年第4期。

[3] 参见刘宇平等："反社会人格障碍的神经生物学基础及其司法启示"，载《心理科学进展》2019年第10期。

[4] 非自愿住院医疗，也有学者称之为非自愿就医、非自愿医疗。2011年公布的《精神卫生法（草案）》首次正式提出了"非自愿住院医疗"这一完整概念。该草案第25～26条规定，精神障碍的住院治疗由患者自主决定。只有精神障碍患者不能辨认或者不能控制自己行为，且有伤害自身、危害公共安全或者他人人身安全、扰乱公共秩序危险的，才能对患者实施非自愿住院医疗。2012年通过的《精神卫生法》将这一条删去。为了区别于刑事强制医疗，理论界和实务界倾向于将《精神卫生法》领域的称为"非自愿医疗"。

时，为了保护患者及他人的安全，避免生命、身体或财物遭受损害，必须采取紧急措施，将不愿住院的病患送往医疗机构接受治疗，且治疗必须以住院的方式。针对不同类型的严重障碍患者，精神卫生立法设计了不同法律待遇。"已经发生伤害自身的行为，或者有伤害自身的危险的"是以监护权为法理基础，侧重于保护精神障碍患者本人的利益；"已经发生危害他人安全的行为，或者有危害他人安全的危险的"是以警察权为法理基础，侧重于保护公共安全。[1]

我国《精神卫生法》第30条第2款规定的对于"已经发生危害他人安全的行为，或者有危害他人安全的危险的"严重精神障碍患者的非自愿医疗，与《刑法》《刑事诉讼法》规定的对于具有"继续危害社会可能的"精神病人的强制医疗，具有效果的同质性。通过约束和治疗，保护他人及公众免受精神病人侵害和保护精神病人的利益。二者区别在于，立法表述上，前者为"危害他人"，后者为"危害社会"；前者针对的是一般违法行为，后者的危险性应达到犯罪的程度。因此，二者在适用对象、条件和程序待遇方面存在明显差异。有学者将《精神卫生法》第30条第2款的规定，概括为公安机关强制送医，医疗机构单方面决定的"行政—医学强制医疗模式"，《刑事诉讼法》的为"司法强制医疗模式"。[2]还有学者将涉刑和非涉刑精神病人的强制医疗称为"双轨格局"。然而反观这种二元模式或双轨格局，存在的弊端是对有危险的疑似精神障碍患者，公安机关可能会选择性执法。一方面，非自愿医疗的"行政—医学强制医疗模式"，由公安机关自己启动，没有检察机关的介入，最终由医疗机构单方面决定，程序简便，缺乏公开透明，相比于程序繁冗的"司法强制医疗模式"，非自愿医疗无疑更为"便捷"。这一差异将可能诱导公安机关优先选择非自愿医疗，从而使得刑事强制医疗被刻意规避。《精神卫生法》所规定的非自愿医疗程序可能使强制医疗司法化的意义大打折

---

[1]《精神卫生法》规定，具有伤害自身及伤害自身危险的患者的住院治疗，其监护人拥有否决权。具有伤害他人及伤害他人危险的患者住院治疗，给予了监护人享有程序上的救济权利。监护人申请救济的，如果再次诊断结论或者鉴定报告表明，精神障碍患者具有伤害他人或者伤害他人危险的，其监护人应当同意对患者实施住院治疗。但是如果监护人仍不配合，公安机关就可以依法介入非自愿住院治疗。

[2] 参见刘哲："预防'被精神病'的制度性思考"，载微信公众号"法律读库"，最后访问日期：2023年4月6日。

扣，存在制度性风险。[1]另一方面，二者表面上泾渭分明，但实质上不好区分。在紧急情况下，公安机关对于有危险性的疑似精神障碍患者享有送治的权力，送治医疗机构的权力具有强制性，必须严格遵守合法性原则和比例原则。实践中公安机关或因当事人质疑强制送治行为的合法性[2]，或以其急于履行送治职责，导致危害行为发生为由[3]，被行政诉讼的法律风险时有发生。事实上事发突然，要求公安机关快速准确判断出疑似精神障碍患者的伤害行为是否涉嫌构成犯罪，显然不切合实际，我们更倾向于认为公安机关为了规避放任行为人继续实施危害行为或者规避被提起行政诉讼的风险，采取立案启动刑事诉讼程序是否也很有可能。课题组通过研究强制医疗决定书，发现强制医疗适用存在侵害法益被扩大化的结论也验证了我们的猜测。

对此，有学者建议对强制医疗的适用标准和程序进行一体化改造[4]。然而，我们认为，精神病人强制医疗的二元模式或双轨格局是与我国治安违法行为和犯罪行为的双轨制惩治体系相呼应的。因为，刑法是最后的手段，其登场一定是在民法和行政法之后，即必须排在最后。只有在民法和行政法规制不够充分时，才应该通过刑法规制。刑法的谦抑性是必须坚持的。强制医疗虽不是刑罚，但是其具有刑事司法处理的性质。毕竟强制医疗的适用是建

---

[1] 参见刘哲："预防'被精神病'的制度性思考"，载微信公众号"法律读库"，最后访问日期：2023年4月6日。

[2] 2013年4月19日，杨某擅自进入他人房屋，被警察带到派出所讯问，但杨某自言自语，答非所问，言行举止异于常人，警察怀疑杨某精神异常，将其送治医院进行身体和精神检查，后被诊断为特重型颅脑外伤。术后杨某病情没有好转，出院后被家属带回家中照顾，后因病去世。杨某近亲属认为杨某的受伤及死亡是因中山市公安局古镇分局违法送治所致，遂提起行政诉讼。参见广东省中山市中级人民法院（2015）中法行终字第86号判决书。

[3] 2013年1月24日晚上，潘某琴在其侄子潘某江家中吃饭时，其子潘某兵叫其回家。因潘某琴未理睬，潘某兵即对潘某江及其爱人进行谩骂，并用石块砸潘某江家瓦房顶，双方发生了纠纷，潘某江遂打电话报警。民警达到现场时，潘某兵与潘某江等人互相辱骂，双方未发生抓扯、打架等严重行为，遂进行劝解，以平息事态。在得知潘某兵有精神病病史后，民警劝说潘某江一家不要刺激潘某兵，要求其父潘某琴严加监管，并告知他民警次日会同村干部进一步处理此事。第二天下午5点，潘某兵从菜地摘菜回家途中看见潘某江、陈某贵在堰塘梯坎处洗东西，突然产生杀死潘某江的念头，用随身携带的锄头将潘某江打伤、陈某贵打死。事后，受害人近亲属以公安机关对潘某兵未采取临时性的保护性约束措施为由向法院提起行政诉讼。参见重庆市第五中级人民法院（2014）渝五法少行赔终字第205号判决书。

[4] 参见刘仁文、刘哲："强制医疗特别程序的问题与对策"，载《河南财经政法大学学报》2014年第5期。

立在对精神病人行为刑事违法性的评价之上的。为了防止强制医疗被不当扩大，被采取非自愿医疗的精神病人虽然丧失了司法程序所提供的保障，但在实体处理上获得实质利益，避免了否定性的刑事评价。同时由于这种非自愿医疗具有行政性质，因此精神病人仍然可以通过诉讼获得司法救济。[1]区分两种模式的前提在于涉刑的精神病人人身危险性较高，涉及刑法保护的法益更为重大，因此对其设置相对严格的程序实属必要。因此，将二者进行一体化改造，并非现实选择。应该是在维持现有格局的条件下，适当提高精神病人非自愿医疗的程序待遇，处理好非涉刑的非自愿医疗和涉刑强制医疗二者之间的有效衔接或转化。

为了防止刑事强制医疗权力的滥用，避免"被精神病"，保障精神病人人权，我国强制医疗适用条件较严、适用对象范围较窄，那么对于人民法院判决不负刑事责任且不予强制医疗的决定，其本身是否可以用于抗辩《精神卫生法》所规定的"有危害他人安全的危险"，目前法律没有涉及。[2]同时，对于公安机关移送的强制医疗案件，检察机关经审查认为不符合强制医疗条件的，作出不提出强制医疗申请的决定。对于这两种情形下，涉案精神病人已被公安机关采取临时的保护性约束措施的，按照《程序规定》，公安机关采取临时的保护性约束措施的执行地点或许就在普通精神病院，那么公安机关是否可以将约束保护性约束措施直接转化为《精神卫生法》的非自愿医疗，立法需要明确。

由于刑事程序的封闭性，经鉴定无刑事责任能力的精神病人，不符合刑事强制医疗条件，如实施的不是暴力攻击行为，或者侵害的法益不是公共安全或者严重危害公民人身安全，或者人身危险性比较小没有必要实施强制医疗的，精神病人如何转入非自愿医疗程序，缺乏相应的法律规定和衔接机制，这就出现了强制医疗与非自愿医疗之间断裂的问题，导致不予强制医疗的精神病人的医疗问题难以有效对接。[3]

---

[1] 参见魏晓娜："从'被精神病'再现看我国非刑强制医疗制度之疏失"，载《国家检察官学院学报》2015年第4期。

[2] 参见裴炜、[荷] Michiel van der Wolf："精神病人刑事责任与管治措施的衔接——中西法律制度的比较"，载《河南社会科学》2015年第8期。

[3] 参见陈绍辉："美国精神卫生法庭的制度构造及其借鉴"，载《证据科学》2019年第3期，第299页。

即使没有必要政府强制医疗，也不能一放了之。至少还应当责令家属或监护人严加看管和治疗。问题的关键在于，涉刑精神病人的家属或监护人可否直接将其送治？公安机关是否有权直接将其送治？如果精神病人的危险性没有达到刑事强制医疗的标准，是否可以直接推定其具有伤害他人的危险，直接由医院收治入院？这些问题均有待立法明确。

我们认为，经过鉴定无刑事责任能力的精神病人，检察机关不申请强制医疗的，如果精神病人被采取临时的保护性约束措施的，应当立即解除。此时，公安机关是否有送治的义务，要考虑精神病人的症状以及其人身危险性是否具有紧迫性，如果有，公安机关就具有送治的权力和义务。

根据立法规定，强制医疗申请被驳回或强制医疗被解除的，或人民法院依职权启动的强制医疗程序，被告人被判不负刑事责任，但不符合强制医疗条件，被告人已经造成危害结果的，法院应当责令家属或者监护人严加看管和医疗的。责令实际上具有强制性和命令性。我们认为，如果法院的判决或决定书中有"责令"的表述，那么家属或者监护人具有送治的义务，即有义务陪同精神病人前往医疗机构进行诊治。然后，医疗机构根据《精神卫生法》的标准进行审查是否有必要非自愿住院医疗（见图10）。

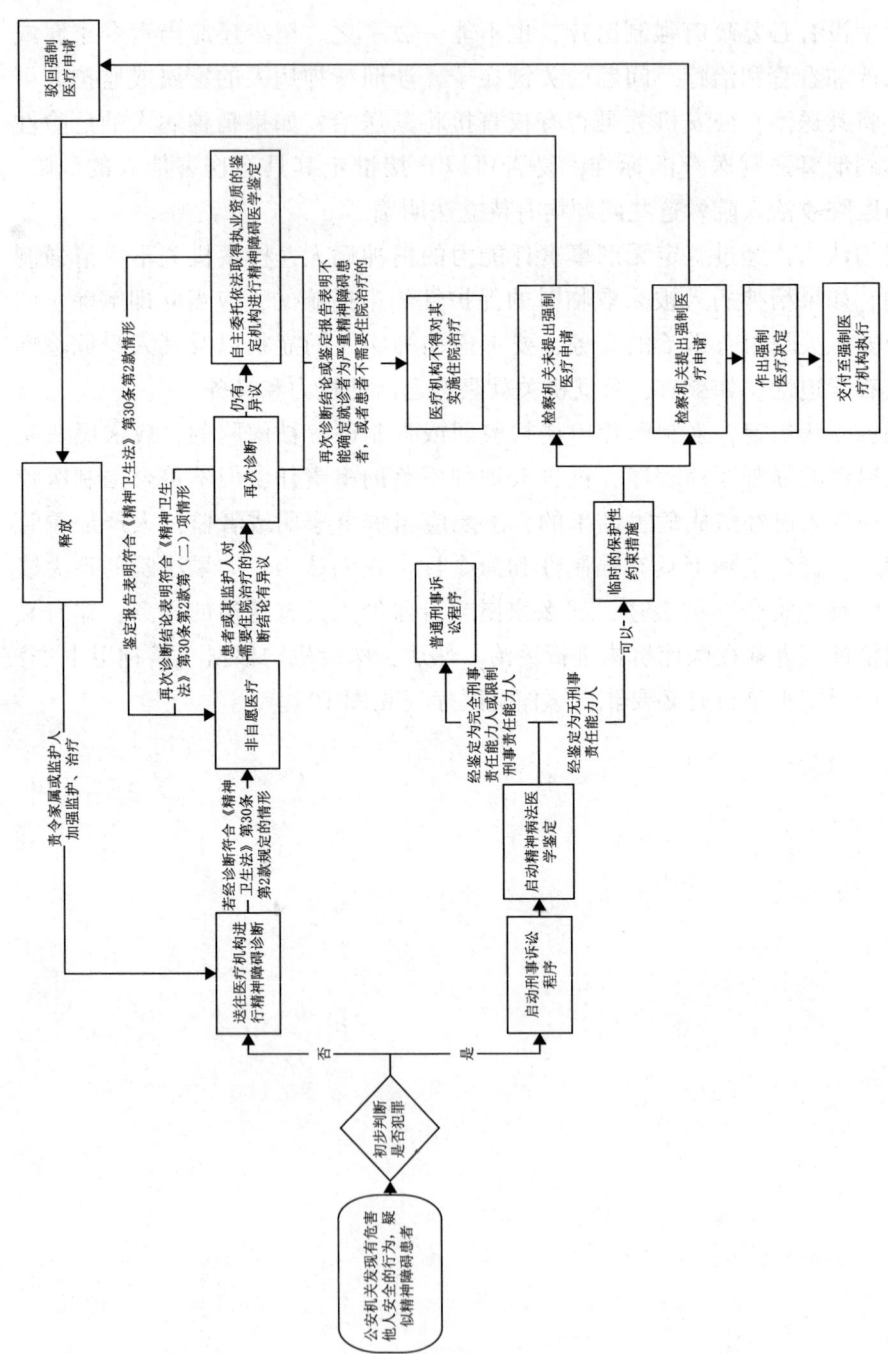

图10 强制医疗和非自愿医疗之间的关系示意图